AtV

Das antike Atlantis, Platons Fiktion eines untergegangenen Idealstaates, und das sagenhafte Vineta, die in der Ostsee versunkene Stadt, haben die Phantasie der Menschen immer wieder beschäftigt. Zahllose Variationen dieses Motivs haben sich in der Literatur aller Zeiten und Völker erhalten: Etwas versinkt und taucht wieder auf, längst Vergangenes und Gegenwärtiges vermischen sich. Die Berührung mit dem auf den Grund Gesunkenen, dem Abgelebten und Vergessenen ist von nachhaltiger Wirkung. Wen es trifft, der ist verstört und seinem bisherigen Leben entfremdet, vielleicht sogar dem Tod anheimgegeben. Aber auch Sehnsucht kann das Untergegangene wecken. Glockenklang über dem Wasser kündet von der schönen alten Wunderstadt und läßt im Herzen lang verschüttete Gefühle wieder aufsteigen.

Es sind poetisch reizvolle, spannende Geschichten. Sie konfrontieren den Leser mit dem Unvermuteten und wecken seine Neugier auf den Aufstieg des Versunkenen.

TILMAN SPRECKELSEN, geb. 1967, Studium der Germanistik und Geschichte in Freiburg, Promotion über Karl Immermann. Interessen: deutsche Literatur der Biedermeierzeit, Filmgeschichte, Reiseliteratur, Mittelalterrezeption. Publikationen in überregionalen Zeitungen sowie literaturwissenschaftliche Aufsätze und Editionen.

Versunkene Städte

Geschichten, Märchen, Legenden

Herausgegeben
von Tilman Spreckelsen

Aufbau Taschenbuch Verlag

Mit einer Karte

ISBN 3-7466-1404-X

1. Auflage 1998
© Aufbau Taschenbuch Verlag GmbH, Berlin 1998
Umschlaggestaltung und Bildbearbeitung Torsten Lemme
unter Verwendung eines Fotos von AKG Berlin
Satz LVD GmbH, Berlin
Druck Elsnerdruck GmbH, Berlin
Printed in Germany

Inhalt

* Titel vom Herausgeber

Vineta allerorten

1947 konnten Frederick Loewe und Alan Jay Lerner, die
später mit *My Fair Lady* einen Klassiker des Musicals schufen, ihren ersten großen Erfolg als Bühnenautoren feiern:
Brigadoon begeisterte das Publikum und die meisten Kritiker, erlebte fast 600 Aufführungen in New York und knapp
700 in London; 1954 gelang Vincente Minelli eine kongeniale
Verfilmung des Musicals mit Gene Kelly in der Hauptrolle.
Überschattet wurde dieser Erfolg einzig durch den Vorwurf
des Plagiats, den ein Kritiker erhob: *Brigadoon*, die Geschichte eines versunkenen Dorfes, das alle hundert Jahre
einmal auftaucht, sei eine Adaption der Erzählung *Germelshausen*, die Friedrich Gerstäcker hundert Jahre zuvor veröffentlicht hatte.

Tatsächlich sind die Parallelen offensichtlich. Der junge
Maler, der nach Germelshausen kommt und sich in ein Mädchen aus dem versunkenen Dorf verliebt, hat sein Gegen-
stück in dem Amerikaner Tommy Albright, der in Brigadoon für einen Tag sein Glück in Gestalt eines schottischen
Mädchens findet. Beide Texte leben von der Irritation des
Fremden, der, aus der Moderne des 19. oder 20. Jahrhunderts
kommend, plötzlich mit einer längst untergegangenen Kul-
turstufe konfrontiert wird. Die Handlung speist sich jeweils
aus dem Konflikt des Fremden, der eine Wahl zwischen den
gewachsenen Verbindungen mit der Außenwelt und der
Liebe zur Bewohnerin des verzauberten Dorfes treffen muß.

Und dennoch greift der Plagiatsvorwurf zu kurz. Er läßt
außer acht, daß die Erzählung Gerstäckers ihrerseits in einer
motivgeschichtlichen Tradition steht, die außerordentlich weit
zurückreicht: Daß Städte, Inseln, Kontinente versinken und

wieder auftauchen, wird in der Literatur beschrieben, seitdem es Literatur gibt. Sintflutlegenden finden sich in den Mythen der unterschiedlichsten Kulturen; Städte versinken in Lavaströmen oder im plötzlich aufgewühlten Ozean; die Siedlungen tauchen nach der Katastrophe dauerhaft wieder auf oder lassen sich periodisch sehen: als Warnung für die Überlebenden und als verwünschte Orte, deren Bewohner nicht leben und nicht sterben können.

Das Versinken trägt dabei häufig den Charakter eines Strafgerichts: in den Sintflutsagen ohnehin, wo wegen der Verfehlungen des Menschengeschlechts die ganze Erde unter Wasser gesetzt wird, aber auch in zahlreichen Ortssagen, die das Entstehen eines Moores oder Gewässers mit einer dort versunkenen Stadt in Verbindung bringen, deren Bewohner sich übertrieben hochmütig zeigten und zur Strafe in der Tiefe versanken. Berühmte Beispiele für ein solches selbstverschuldetes Untergehen sind etwa die Insel Atlantis und die Städte Rungholt und Vineta; es lassen sich allein im deutschsprachigen Raum über 200 weiträumig verteilte Ortssagen finden, die von versunkenen Städten, Klöstern oder Burgen handeln.

Zu diesen Sagen treten vor allem im 19. Jahrhundert in der deutschen Literatur Texte, die erheblich differenzierter mit dem Motiv umgehen. Autoren wie Heinrich Heine und Theodor Storm orientieren sich zwar an den tradierten Sagenelementen, bringen aber ein neues Moment in diesen Kontext ein: In der Begegnung mit dem untergegangenen Ort manifestiert sich die Konfrontation der Gegenwart mit einer Vergangenheit, die partout nicht weichen will und in irritierender Weise die Gegenwart der Protagonisten überschattet; Städte wie Vineta und Rungholt stehen dabei für hartnäckig präsente Erinnerungen, die sich nicht wegschieben lassen und plötzlich ihr Recht im Bewußtsein der Beteiligten fordern. Besonders in Storms Novelle wird Erinnerung permanent thematisiert und dabei ambivalent gezeichnet: als notwendige Basis und beglückende Bereicherung der Gegenwart, aber auch als lähmende Bürde, die für ein

Leben in der Moderne untauglich machen kann. In der bewußten Weltabkehr des Vetters bereitet sich in Storms Novelle ein weiterer Bedeutungswandel des Motivs vor: die rückwärtsgewandte Utopie eines Lebens unter den Bedingungen der Vergangenheit, fernab vom verhaßten Räderwerk der Moderne. Der Rückgriff auf diese Komponente prägt später die Gestaltung des versunkenen Dorfes Brigadoon durch Lerner und Loewe und läßt den Unterschied zu Gerstäckers eher düsterer Erzählung *Germelshausen* deutlich werden: Das verwünschte Dorf der Ortssagen wird in dieser Lesart zum verwunschenen Dorf und als ländliches Idyll zum magischen Gegenentwurf zur Moderne.

Die im vorliegenden Band versammelten Texte zeichnen die Entwicklung des Motivs nach. Den Anfang machen der biblische Bericht vom Untergang der Stadt Sodom und die beiden antiken Mythen von Deukalion und Pyrrha sowie von Philemon und Baucis. Hier wie auch in den jüngeren Ortssagen überwiegt das Ursprungsmuster von Verfehlung und Strafe, das in der Auslöschung des gesamten Anwesens mündet. Zwei weitere antike Texte lassen das Spektrum zwischen Mythos und Augenzeugenbericht deutlich werden, das sich bei dieser Zusammenstellung ergibt: In Platons Dialog *Timaios* wird von der sagenhaften, längst versunkenen Insel Atlantis gesprochen, deren Spuren nur noch in Berichten ägyptischer Priester erkennbar seien. In Anlehnung an diesen Mythos lokalisierten vor allem moderne Forscher die Insel an zahllosen Plätzen im Mittelmeerraum, im Atlantik und in der Nordsee; es blieb einem Deutschen vorbehalten, Atlantis mit einem ominösen Alt-Helgoland zu identifizieren. Dagegen schildert Plinius der Jüngere den sehr realen Untergang Pompejis und den damit verbundenen Tod seines Onkels.

Im zweiten Teil der Sammlung finden sich Texte, die das Motiv in der Neuzeit variieren: Ortssagen, die hier nur in einer kleinen Auswahl gebracht werden können, und literarische Gestaltungen, die wie die Gedichte von Wilhelm Müller und Detlev von Liliencron an die bekannteren Orte

Vineta und Rungholt anknüpfen. So läßt Selma Lagerlöf ihren Nils Holgersson ein Abenteuer in Vineta erleben, und in Theodor Storms Novelle *Eine Halligfahrt* wird einer Reisegesellschaft auf dem Weg zu einem Verwandten, der weltabgeschieden unter Relikten seiner Vergangenheit lebt, die Rungholtsage erzählt.

Der dritte Teil der Sammlung umfaßt eine Reihe von zumeist jüngeren Texten, die innerhalb der motivgeschichtlichen Tradition für eine Akzentverschiebung sorgen, indem sie den vorgeprägten Ablauf von Schuld und Untergang einer Menschengruppe nicht mehr in den Mittelpunkt stellen. So schildern Heinrich von Kleist und Arno Schmidt vor allem den Zustand nach der Katastrophe, der bei Kleist als unverhoffte Rettung aus Todesgefahr erscheint; erst die Rückkehr in die untergegangene Stadt unterwirft die Liebenden wieder den Gesetzen der Zivilisation und führt ihren Tod herbei. Auch in Lovecrafts Erzählung *Cthulhus Ruf* besteht die eigentliche Katastrophe nicht im Untergang, sondern im neuerlichen Auftauchen der Stadt, während sich im Jugendbuch Michael Endes das Schicksal der Protagonisten mit dem Wiederaufstieg des versunkenen Landes glücklich erfüllt. In den Texten von Risse und Buzzati schließlich ist das Motiv nur noch lose mit den älteren Ausprägungen der Ortssagen verbunden. In Risses Erzählung wird eine Stadt entworfen, deren Bewohner in verordneter Selbsttäuschung die eigene Entwurzelung nicht bemerken und gemeinsam versinken, während Buzzatis Hauptgestalt auch gegen den Augenschein an der Suche nach der verheißenen Stadt festhält. Das Vineta-Motiv konkretisiert sich in der Moderne zwischen Untergang und Verheißung, Apokalypse und Elysium, Erstarrung und Utopie.

Tilman Spreckelsen

I

Der Untergang von Sodom

1. Und der Herr erschien ihm im Hain Mamre, da er saß an der Tür seiner Hütte, da der Tag am heißesten war.

2. Und als er seine Augen aufhob und sah, siehe, da standen drei Männer vor ihm. Und da er sie sah, lief er ihnen entgegen von der Tür seiner Hütte und bückte sich nieder auf die Erde

3. und sprach: Herr, habe ich Gnade gefunden vor deinen Augen, so gehe nicht an deinem Knecht vorüber.

4. Man soll euch ein wenig Wasser bringen und eure Füße waschen, und lehnet euch unter den Baum.

5. Und ich will euch einen Bissen Brot bringen, daß ihr euer Herz labet; darnach sollt ihr fortgehen. Denn darum seid ihr zu eurem Knecht gekommen. Sie sprachen: Tue, wie du gesagt hast.

6. Abraham eilte in die Hütte zu Sara und sprach: Eile und menge drei Maß Semmelmehl, knete und backe Kuchen.

7. Er aber lief zu den Rindern und holte ein zartes, gutes Kalb und gab's dem Knechte; der eilte und bereitete es zu.

8. Und er trug auf Butter und Milch und von dem Kalbe, das er zubereitet hatte, und setzte es ihnen vor und blieb stehen vor ihnen unter dem Baum und sie aßen.

9. Da sprachen sie zu ihm: Wo ist dein Weib Sara? Er antwortete: Drinnen in der Hütte.

10. Da sprach er: Ich will wieder zu dir kommen über ein Jahr; siehe, so soll Sara, dein Weib, einen Sohn haben. Das hörte Sara hinter ihm, hinter der Tür der Hütte.

11. Und sie waren beide, Abraham und Sara, alt und wohl betagt, also daß es Sara nicht mehr ging nach der Weiber Weise.

12. Darum lachte sie bei sich selbst und sprach: Nun ich alt bin, soll ich noch Wollust pflegen, und mein Herr ist auch alt?

13. Da sprach der Herr zu Abraham: Warum lacht Sara und spricht: Meinst du, daß es wahr sei, daß ich noch gebären werde, so ich doch alt bin?

14. Sollte dem Herrn etwas unmöglich sein? Um diese Zeit will ich wieder zu dir kommen über ein Jahr, so soll Sara einen Sohn haben.

15. Da leugnete Sara und sprach: Ich habe nicht gelacht; denn sie fürchtete sich. Aber er sprach: Es ist nicht also; du hast gelacht.

16. Da standen die Männer auf von dannen und wandten sich gegen Sodom; und Abraham ging mit ihnen, daß er sie geleitete.

17. Da sprach der Herr: Wie kann ich Abraham verbergen, was ich tue,

18. sintemal er ein großes und mächtiges Volk soll werden, und alle Völker auf Erden in ihm gesegnet werden sollen?

19. Denn ich weiß, er wird befehlen seinen Kindern und seinem Hause nach ihm, daß sie des Herrn Wege halten und tun, was recht und gut ist, auf daß der Herr auf Abraham kommen lasse, was er ihm verheißen hat.

20. Und der Herr sprach: Es ist ein Geschrei zu Sodom und Gomorra, das ist groß, und ihre Sünden sind sehr schwer.

21. Darum will ich hinabfahren und sehen, ob sie alles getan haben nach dem Geschrei, das vor mich gekommen ist, oder ob's nicht also sei, daß ich's wisse.

22. Und die Männer wandten ihr Angesicht und gingen gen Sodom; aber Abraham blieb stehen vor dem Herrn

23. und trat zu ihm und sprach: Willst du denn den Gerechten mit dem Gottlosen umbringen?

24. Es möchten vielleicht fünfzig Gerechte in der Stadt sein; wolltest du die umbringen und dem Ort nicht vergeben um fünfzig Gerechter willen, die darin wären?

25. Das sei ferne von dir, daß du das tust und tötest den Gerechten mit dem Gottlosen, daß der Gerechte sei gleich wie

der Gottlose! Das sei ferne von dir, der du aller Welt Richter bist! Du wirst so nicht richten.

26. Der Herr sprach: Finde ich fünfzig Gerechte zu Sodom in der Stadt, so will ich um ihrer willen dem ganzen Ort vergeben.

27. Abraham antwortete und sprach: Ach siehe, ich habe mich unterwunden zu reden mit dem Herrn, wiewohl ich Erde und Asche bin.

28. Es möchten vielleicht fünf weniger denn fünfzig Gerechte darin sein; wolltest du denn die ganze Stadt verderben um der fünf willen? Er sprach: Finde ich darin fünfundvierzig, so will ich sie nicht verderben.

29. Und er fuhr fort mit ihm zu reden und sprach: Man möchte vielleicht vierzig darin finden. Er aber sprach: Ich will ihnen nichts tun um der vierzig willen.

30. Abraham sprach: Zürne nicht, Herr, daß ich noch mehr rede. Man möchte vielleicht dreißig darin finden. Er aber sprach: Finde ich dreißig darin, so will ich ihnen nichts tun.

31. Und er sprach: Ach siehe, ich habe mich unterwunden mit dem Herrn zu reden. Man möchte vielleicht zwanzig darin finden. Er antwortete: Ich will sie nicht verderben um der zwanzig willen.

32. Und er sprach: Ach zürne nicht, Herr, daß ich nur noch einmal rede. Man möchte vielleicht zehn darin finden. Er aber sprach: Ich will sie nicht verderben um der zehn willen.

33. Und der Herr ging hin, da er mit Abraham ausgeredet hatte; und Abraham kehrte wieder um an seinen Ort.

1. Mose 18, 1–33

1. Die zwei Engel kamen gen Sodom des Abends; Lot aber saß zu Sodom unter dem Tor. Und da er sie sah, stand er auf, ihnen entgegen, und bückte sich mit seinem Angesicht auf die Erde

2. und sprach: Siehe, liebe Herren, kehret doch ein zum Hause eures Knechtes und bleibet über Nacht; lasset eure Füße waschen, so stehet ihr morgens früh auf und ziehet

eure Straße. Aber sie sprachen: Nein, sondern wir wollen über Nacht auf der Gasse bleiben.

3. Da nötigte er sie sehr; und sie kehrten zu ihm ein und kamen in sein Haus. Und er machte ihnen ein Mahl und buk ungesäuerte Kuchen; und sie aßen.

4. Aber ehe sie sich legten, kamen die Leute der Stadt Sodom und umgaben das Haus, jung und alt, das ganze Volk aus allen Enden,

5. und forderten Lot und sprachen zu ihm: Wo sind die Männer, die zu dir gekommen sind diese Nacht? Führe sie heraus zu uns, daß wir sie erkennen.

6. Lot ging heraus zu ihnen vor die Tür und schloß die Tür hinter sich zu

7. und sprach: Ach, liebe Brüder, tut nicht so übel!

8. Siehe, ich habe zwei Töchter, die haben noch keinen Mann erkannt, die will ich herausgeben unter euch, und tut mit ihnen, was euch gefällt; allein diesen Männern tut nichts, denn darum sind sie unter den Schatten meines Daches eingegangen.

9. Sie aber sprachen: Geh hinweg! und sprachen auch: Du bist der einzige Fremdling hier und willst regieren? Wohlan, wir wollen dich übler plagen denn jene. Und sie drangen hart auf den Mann Lot. Und da sie hinzuliefen und wollten die Tür aufbrechen,

10. griffen die Männer hinaus und zogen Lot hinein zu sich ins Haus und schlossen die Tür zu.

11. Und die Männer vor der Tür am Hause wurden mit Blindheit geschlagen, klein und groß, bis sie müde wurden und die Tür nicht finden konnten.

12. Und die Männer sprachen zu Lot: Hast du noch irgend hier einen Eidam und Söhne und Töchter, und wer dir angehört in der Stadt, den führe aus dieser Stätte.

13. Denn wir werden diese Stätte verderben, darum daß ihr Geschrei groß ist vor dem Herrn; der hat uns gesandt, sie zu verderben.

14. Da ging Lot hinaus und redete mit seinen Eidamen, die seine Töchter nehmen sollten: Macht euch auf und geht aus

diesem Ort; denn der Herr wird diese Stadt verderben. Aber es war ihnen lächerlich.

15. Da nun die Morgenröte aufging, hießen die Engel den Lot eilen und sprachen: Mache dich auf, nimm dein Weib und deine zwei Töchter, die vorhanden sind, daß du nicht auch umkommst in der Missetat dieser Stadt.

16. Da er aber verzog, ergriffen die Männer ihn und sein Weib und seine zwei Töchter bei der Hand, darum daß der Herr ihn verschonte, und führten ihn hinaus und ließen ihn draußen vor der Stadt.

17. Und als sie ihn hatten hinausgebracht, sprach er: Errette deine Seele und sieh nicht hinter dich; auch stehe nicht in dieser ganzen Gegend. Auf den Berg rette dich, daß du nicht umkommst.

18. Aber Lot sprach zu ihnen: Ach nein, Herr!

19. Siehe, dieweil dein Knecht Gnade gefunden hat vor deinen Augen, so wollest du deine Barmherzigkeit groß machen, die du an mir getan hast, daß du meine Seele am Leben erhieltest. Ich kann mich nicht auf den Berg retten; es möchte mich ein Unfall ankommen, daß ich stürbe.

20. Siehe, da ist eine Stadt nahe, darein ich fliehen kann, und ist klein; dahin will ich mich retten (ist sie doch klein), daß meine Seele lebendig bleibe.

21. Da sprach er zu ihm: Siehe, ich habe auch in diesem Stück dich angesehen, daß ich die Stadt nicht umkehre, von der du geredet hast.

22. Eile und rette dich dahin; denn ich kann nichts tun, bis daß du hineinkommest. Daher ist diese Stadt genannt Zoar.

23. Und die Sonne war aufgegangen auf Erden, da Lot nach Zoar kam.

24. Da ließ der Herr Schwefel und Feuer regnen von dem Herrn vom Himmel herab auf Sodom und Gomorra

25. und kehrte die Städte um und die ganze Gegend und alle Einwohner der Städte und was auf dem Lande gewachsen war.

26. Und sein Weib sah hinter sich und ward zur Salzsäule.

27. Abraham aber machte sich des Morgens früh auf an den Ort, da er gestanden vor dem Herrn,

28. und wandte sein Angesicht gegen Sodom und Gomorra und alles Land der Gegend und schaute; und siehe, da ging ein Rauch auf vom Lande wie ein Rauch vom Ofen.

29. Und es geschah, da Gott die Städte in der Gegend verderbte, gedachte er an Abraham und geleitete Lot aus den Städten, die er umkehrte, darin Lot wohnte.

1. Mose 19, 1–29

Gustav Schwab

Deukalion und Pyrrha

Als das eherne Menschengeschlecht auf Erden hauste und
Zeus, dem Weltbeherrscher, schlimme Sage von seinen Freveln zu Ohren gekommen, beschloß er, selbst in menschlicher Bildung die Erde zu durchstreifen. Aber allenthalben
fand er das Gerücht noch geringer als die Wahrheit. Eines
Abends in später Dämmerung trat er unter das ungastliche
Obdach des Arkadierkönigs Lykaon, welcher durch Wildheit berüchtigt war. Er ließ durch einige Wunderzeichen
merken, daß ein Gott gekommen sei; und die Menge hatte
sich auf die Knie geworfen. Lykaon jedoch spottete über
diese frommen Gebete. »Laßt uns sehen«, sprach er, »ob es
ein Sterblicher oder ein Gott sei!« Damit beschloß er im
Herzen, den Gast um Mitternacht, wenn der Schlummer auf
ihm lastete, mit ungeahntem Tode zu verderben. Noch vorher aber schlachtete er einen armen Geisel, den ihm das Volk
der Molosser gesandt hatte, kochte die halb lebendigen
Glieder in siedendem Wasser oder briet sie am Feuer und
setzte sie dem Fremdling zum Nachtmahle auf den Tisch.
Zeus, der alles durchschaut hatte, fuhr vom Mahle empor
und sandte die rächende Flamme über die Burg des Gottlosen. Bestürzt entfloh der König ins freie Feld. Der erste
Wehlaut, den er ausstieß, war ein Geheul, sein Gewand
wurde zu Zotteln, seine Arme wurden zu Beinen: er war in
einen blutdürstigen Wolf verwandelt.

Zeus kehrte in den Olymp zurück, hielt mit den Göttern
Rat und gedachte das ruchlose Menschengeschlecht zu vertilgen. Schon wollte er auf alle Länder die Blitze verstreuen;
aber die Furcht, der Äther möchte in Flammen geraten und
die Achse des Weltalls verlodern, hielt ihn ab. Er legte die
Donnerkeile, welche ihm die Zyklopen geschmiedet, wieder

beiseite und beschloß, über die ganze Erde Platzregen vom Himmel zu senden und so unter Wolkengüssen die Sterblichen aufzureiben. Auf der Stelle ward der Nordwind samt allen andern die Wolken verscheuchenden Winden in die Höhlen des Äolos verschlossen und nur der Südwind von ihm ausgesendet. Dieser flog mit triefenden Schwingen zur Erde hinab, sein entsetzliches Antlitz bedeckte pechschwarzes Dunkel, sein Bart war schwer von Gewölk, von seinem weißen Haupthaare rann die Flut, Nebel lagerten auf der Stirne, aus dem Busen troff ihm das Wasser. Der Südwind griff an den Himmel, faßte mit der Hand die weit umherhangenden Wolken und fing an, sie auszupressen. Der Donner rollte, gedrängte Regenflut stürzte vom Himmel; die Saat beugte sich unter dem wogenden Sturm, darnieder lag die Hoffnung des Landmanns, verdorben war die langwierige Arbeit des ganzen Jahres. Auch Poseidon, des Zeus Bruder, kam ihm bei dem Zerstörungswerke zu Hilfe, berief alle Flüsse zusammen und sprach: »Laßt euren Strömungen alle Zügel schießen, fallt in die Häuser, durchbrechet die Dämme!« Sie vollführten seinen Befehl, und Poseidon selbst durchstach mit seinem Dreizack das Erdreich und schaffte durch Erschütterung den Fluten Eingang. So strömten die Flüsse über die offene Flur hin, bedeckten die Felder, rissen Baumpflanzungen, Tempel und Häuser fort. Blieb auch wo ein Palast stehen, so deckte doch bald das Wasser seinen Giebel, und die höchsten Türme verbargen sich im Strudel. Meer und Erde waren bald nicht mehr unterschieden; alles war See, gestadelose See. Die Menschen suchten sich zu retten, so gut sie konnten; der eine erkletterte den höchsten Berg, der andere bestieg einen Kahn und ruderte nun über das Dach seines versunkenen Landhauses oder über die Hügel seiner Weinpflanzungen hin, daß der Kiel an ihnen streifte. In den Ästen der Wälder arbeiteten sich die Fische ab; den Eber, den eilenden Hirsch erjagte die Flut; ganze Völker wurden vom Wasser hinweggerafft, und was die Welle verschonte, starb den Hungertod auf den unbebauten Heidegipfeln.

Ein solcher hoher Berg ragte noch mit zwei Spitzen im Lande Phokis über die alles bedeckende Meerflut hervor. Es war der Parnassos. An ihn schwamm Deukalion, des Prometheus Sohn, den dieser gewarnt und ihm ein Schiff erbaut hatte, mit seiner Gattin Pyrrha im Nachen heran. Kein Mann, kein Weib war je erfunden worden, die an Rechtschaffenheit und Götterscheu diese beiden übertroffen hätten. Als nun Zeus, vom Himmel herabschauend, die Welt von stehenden Sümpfen überschwemmt und von den vielen tausendmal Tausenden nur ein einziges Menschenpaar übrig sah, beide unsträflich, beide andächtige Verehrer der Gottheit, da sandte er den Nordwind aus, sprengte die schwarzen Wolken und hieß ihn die Nebel entführen; er zeigte den Himmel der Erde und die Erde dem Himmel wieder. Auch Poseidon, der Meeresfürst, legte den Dreizack nieder und besänftigte die Flut. Das Meer erhielt wieder Ufer, die Flüsse kehrten in ihr Bett zurück; Wälder streckten ihre mit Schlamm bedeckten Baumwipfel aus der Tiefe hervor, Hügel folgten, endlich breitete sich auch wieder ebenes Land aus, und zuletzt war die Erde wieder da.

Deukalion blickte um sich. Das Land war verwüstet und in Grabesstille versenkt. Tränen rollten bei diesem Anblick über seine Wangen, und er sprach zu seinem Weibe Pyrrha: »Geliebte, einzige Lebensgenossin! So weit ich in die Länder schaue, nach allen Weltgegenden hin, kann ich keine lebende Seele entdecken. Wir zwei bilden miteinander das Volk der Erde, alle andern sind in der Wasserflut untergegangen. Aber auch wir sind unsres Lebens noch nicht mit Gewißheit sicher. Jede Wolke, die ich sehe, erschreckt meine Seele noch. Und wenn auch alle Gefahr vorüber ist, was fangen wir Einsamen auf der verlassenen Erde an? Ach, daß mich mein Vater Prometheus die Kunst gelehrt hätte, Menschen zu erschaffen und geformtem Tone Geist einzugießen!« So sprach er, und das verlassene Paar fing an zu weinen; dann warfen sie vor einem halb zerstörten Altar der Göttin Themis sich auf die Knie nieder und begannen zu der Himmlischen zu flehen: »Sag uns an, o Göttin, durch welche Kunst stellen wir unser untergegangenes Menschengeschlecht wieder her? O hilf der versunkenen Welt wieder zum Leben!«

»Verlasset meinen Altar«, tönte die Stimme der Göttin, »umschleiert euer Haupt, löset eure gegürteten Glieder und werfet die Gebeine eurer Mutter hinter den Rücken.«

Lange verwunderten sich beide über diesen rätselhaften Götterspruch. Pyrrha brach zuerst das Schweigen. »Verzeih mir, hohe Göttin«, sprach sie, »wenn ich zusammenschaudre, wenn ich dir nicht gehorsame und meiner Mutter Schatten nicht durch Zerstreuung ihrer Gebeine kränken will!« Aber dem Deukalion fuhr es durch den Geist wie ein Lichtstrahl. Er beruhigte seine Gattin mit dem freundlichen Worte: »Entweder trügt mich mein Scharfsinn, oder die Worte der Götter sind fromm und verbergen keinen Frevel! Unsere große Mutter, das ist die Erde, ihre Knochen sind die Steine; und diese, Pyrrha, sollen wir hinter uns werfen!«

Beide mißtrauten indessen dieser Deutung noch lange. Jedoch, was schadet die Probe, dachten sie. So gingen sie denn seitwärts, verhüllten ihr Haupt, entgürteten ihre Kleider und warfen, wie ihnen befohlen war, die Steine hinter sich. Da ereignete sich ein großes Wunder: das Gestein begann seine Härtigkeit und Spröde abzulegen, wurde geschmeidig, wuchs, gewann eine Gestalt; menschliche Formen traten an ihm hervor, doch noch nicht deutlich, sondern rohen Gebilden oder einer in Marmor vom Künstler erst aus dem Groben herausgemeißelten Figur ähnlich. Was jedoch an den Steinen Feuchtes oder Erdichtes war, das wurde zu Fleisch an dem Körper; das Unbeugsame, Feste ward in Knochen verwandelt; das Geäder in den Steinen blieb Geäder. So gewannen mit Hilfe der Götter in kurzer Frist die vom Manne geworfenen Steine männliche Bildung, die vom Weibe geworfenen weibliche.

Diesen seinen Ursprung verleugnet das menschliche Geschlecht nicht, es ist ein hartes Geschlecht und tauglich zur Arbeit. Jeden Augenblick erinnert es daran, aus welchem Stamm es erwachsen ist.

Philemon und Baucis

Auf einem Hügel im Lande Phrygien steht eine tausendjährige Eiche und dicht neben ihr eine Linde von gleichem Alter, beide von einer niedrigen Mauer umgeben. Mancher Kranz ist an den Ästen des nachbarlichen Paares aufgehängt. Nicht weit davon breitet ein sumpfiger See die seichte Flut; wo vordem bewohntes Erdreich war, da flattern jetzt nur Taucher und Fischreiher umher. Einst kam in diese Gegend Vater Zeus mit seinem Sohne Hermes, der nur den Stab, nicht aber den Flügelhut trug. In menschlicher Gestalt wollten sie die Gastlichkeit der Menschen versuchen; darum klopften sie an tausend Türen, um ein Obdach für die Nacht bittend. Aber hart und selbstsüchtig war der Sinn der Bewohner, so daß die Himmlischen nirgends Einlaß fanden. Siehe, da stand ein Hüttchen am Ende des Dorfes, niedrig und klein nur, mit Stroh und Sumpfrohr gedeckt; aber im ärmlichen Hause wohnte ein glückliches Paar, der biedre Philemon und Baucis, sein gleichaltriges Weib. Dort hatten sie zusammen die frohe Jugend durchlebt, dort waren sie zu weißhaarigen Alten geworden. Sie machten keinen Hehl aus ihrer Armut, aber leicht ertrugen sie ihr dürftiges Los, heiter und freundlich, in herzlicher Liebe, wenn auch kinderlos, schalteten sie in dem niedrigen Häuschen, das sie allein miteinander bewohnten.

Als nun die hohen Gestalten der beiden Götter diesem ärmlichen Dache sich nahten und die niedere Pforte mit gebücktem Haupte durchschritten, kam ihnen das wackre Paar mit herzlichem Gruße entgegen, der Greis stellte die Sessel zurecht, die Baucis mit grobem Gewebe bedeckte, und bat die Gäste, sich auszuruhen. Das Mütterchen eilte geschäftig zum Herde, stöberte in der lauen Asche nach einem glimmenden Funken, häufte trocknes Holz und Reisig und blies aus dem Qualm mit schwachem Atem die Flamme an. Drauf trug sie gespaltenes Holz herzu und schob es unter den kleinen Kessel, der über dem Feuer hing. Unterdessen hatte Philemon Kohl aus dem wohlbewässerten Gärtchen

geholt, den die Alte eifrig entblätterte, hob mit der zwei-
zinkigen Gabel einen geräucherten Schweinsrücken von der
rußigen Decke des Gemaches (lange hatten sie ihn zu festli-
cher Gelegenheit aufgespart) und schnitt ein mäßiges Stück
von der Schulter, um es ins siedende Wasser zu werfen. Damit nun aber den Fremdlingen die Weile nicht lang werde,
bemühten sie sich, durch harmloses Gespräch sie zu unter-
halten. Auch gossen sie Wasser in die hölzerne Wanne, auf
daß jene am Fußbad sich erquickten. Freundlich lächelnd
nahmen die Götter das liebreich Gebotene an, und während
sie die Füße behaglich ins Wasser streckten, richteten die
guten Wirte das Ruhebett. Dieses stand inmitten der Stube,
mit Teichschilf waren die Polster gestopft, von Weidenge-
flecht die Füße und das Gestell; aber Philemon brachte Teppiche geschleppt, die sonst nur an festlichen Tagen hervor-
geholt wurden – ach, auch sie waren alt und schlecht, und
dennoch legten die göttlichen Gäste sich gern darauf, um
nun das fertige Mahl zu genießen. Denn jetzt stellte das
Mütterchen, geschürzt und mit zitternden Händen, den
dreibeinigen Tisch vor das Lager, und da er nicht fest stehen
wollte, schob sie dem zu kurzen Fuß eine Scherbe unter;
darauf rieb sie die Platte mit frischer Krauseminze und trug
die Speisen auf. Da waren Oliven, herbstliche Kornelkirschen,
eingemacht in klarem, dicklichtem Safte, auch Rettich, Endi-
vien und trefflicher Käse und Eier, in warmer Asche ge-
sotten. Alles das brachte Baucis auf irdenem Geschirr, und
dabei prangte der bunte tönerne Mischkrug und zierliche
Becher aus Buchenholz, innen mit gelbem Wachs geglättet.
Weder von hohem Alter noch gar zu süß war der Wein, den
der redliche Wirt einschenkte. Jetzt aber sandte der Herd die
warmen Gerichte, und die Becher wurden zur Seite ge-
schoben, damit es an Platz nicht mangle für den Nachtisch.
Nüsse, Feigen und runzlichte Datteln wurden herbeigetra-
gen, auch zwei Körbchen mit Pflaumen und duftenden Äp-
feln; selbst Trauben vom purpurnen Weinstock fehlten nicht,
und in der Mitte der Tafel prangte eine weißliche Honig-
scheibe. Die schönste Würze des Mahles aber waren die guten

freundlichen Gesichter der wackern Alten, aus denen Freigebigkeit und treuherziger Sinn sprachen.

Während nun alle an Speise und Trank sich labten, bemerkte Philemon, daß der Mischkrug trotz der immer von neuem gefüllten Becher sich nicht leeren wollte und stets der Wein wieder bis zum Rande emporwuchs. Da erkannte er mit Staunen und Furcht, wen er beherbergte; ängstlich flehte er samt seiner greisen Genossin mit emporgehobenen Armen und demütig gesenkten Augen, daß sie gnädig auf das dürftige Mahl schauten und ob der schlechten Bewirtung nicht zürnten. Ach, was sollen sie nur den himmlischen Gästen bieten? Richtig, da fällt ihnen ein: draußen im Ställchen ist ja die einzige Gans, die wollen sie sogleich opfern! Beide eilen hinaus, aber die Gans ist schneller als sie; mit Geschrei und flatternden Flügeln entwischt sie den keuchenden Alten und lockt sie bald hier-, bald dorthin. Zuletzt gar rannte sie ins Haus hinein und verkroch sich hinter den Gästen, als ob sie die Unsterblichen um Schutz flehte. Und er ward ihr gewährt; die Gäste wehrten dem Eifer der beiden Alten und sprachen mild lächelnden Mundes also: »Wir sind Götter! der Menschen Gastlichkeit zu erforschen, stiegen wir nieder zur Erde. Eure Nachbarn fanden wir ruchlos, und sie sollen der Strafe nicht entrinnen. Ihr aber verlaßt dieses Haus und folget uns hinauf auf die Höhe des Berges, damit ihr nicht unschuldig mit den Schuldigen leidet.« Die beiden gehorchten; auf Stäbe gestützt, strebten sie mühsam den steilen Berg hinan. Noch einen Pfeilschuß waren sie vom höchsten Gipfel entfernt, da wandten sie ängstlich den Blick und sahen die ganze Flur in einen wogenden See verwandelt, nur einzig ihr Häuschen war von allen Gebäuden noch übrig. Während sie noch staunten und das Schicksal der andern beweinten, siehe, da ward die alte ärmliche Hütte zum ragenden Tempel; von Säulen getragen, schimmerte das goldne Dach, Marmor deckte den Boden. Und jetzt wandte sich Zeus mit gütigem Antlitz zu den zitternden Alten und sprach: »Saget mir, du redlicher Greis und du, des Redlichen würdige Gattin, was wünschet ihr euch?« Nur wenige Worte wechselte Philemon mit seinem

Weibe, dann sprach er: »Eure Priester möchten wir sein! Vergönnet uns, jenes Tempels zu pflegen. Und weil wir so lange in Eintracht miteinander gelebt haben, o so lasset uns beide in *einer* Stunde dahinsterben; dann schau ich niemals das Grab des lieben Weibes, noch muß mich jene bestatten.« Ihr Wunsch ward erfüllt. Sie hüteten beide des Tempels, solange ihnen das Leben gegönnt ward. Und als sie einst, von Alter und Jahren aufgelöst, zusammen vor den heiligen Stufen standen, des wundervollen Geschickes gedenkend, da sah Baucis ihren Philemon und Philemon seine Baucis in grünem Laube verschwinden; schon wuchsen um beider Antlitz schattige Wipfel in die Höhe. »Leb wohl, du Trauter!« – »Leb wohl, du Liebe!« so sprachen sie beide wechselnd, solang sie noch zu reden vermochten. So endigte das ehrwürdige Paar; er ward, zur Eiche, sie zur Linde, und noch im Tode stehen sie traulich zusammen, wie sie im Leben unzertrennlich waren. Fromme sind den Göttern wert; Ehre wird denen zuteil, die Ehre erweisen.

Platon

Atlantis

Es gibt, begann Kritias, in Ägypten in dem Delta, an dessen Spitze der Nilstrom sich spaltet, einen Landbezirk, genannt der saïtische, dessen größte Stadt Sais ist, die Geburtsstadt des Königs Amasis. Als Gründerin der Stadt gilt den Einwohnern eine Gottheit, deren ägyptischer Name Neith ist, auf griechisch aber, wie sie versichern, Athene. Den Athenern sind sie, wie sie behaupten, sehr zugetan, ja sogar gewissermaßen stammverwandt mit ihnen. Dahin begab sich Solon, wie er erzählte, und ward mit allen Ehren aufgenommen. Als er nun die sachkundigsten unter den Priestern nach der Urgeschichte des Landes ausforschte, da stellte sich ziemlich klar heraus, daß er selbst ebenso wie die andern Hellenen über diese Dinge so gut wie gar nichts wußte. Um sie denn zu Mitteilungen über die Urzeit zu veranlassen, brachte er einmal die Rede auf die ältesten Zeiten Griechenlands, auf die Geschichten von Phoroneus, dem angeblich ältesten Menschen, und der Niobe, und wie nach der großen Flut Deukalion und Pyrrha übrig blieben, zählte dann ihre Nachkommen auf und versuchte zahlenmäßig die Jahre für alles was er erwähnte mit genauer Unterscheidung der Zeiten zu bestimmen. Da brach einer der Priester, ein hochbejahrter Mann, in die Worte aus: O Solon, Solon, ihr Hellenen bleibt doch immer Kinder, und einen greisenhaften Hellenen gibt es nicht!

Als Solon dies vernommen, fragte er: Was soll das und wie meinst du es?

Ihr seid, was eure Seele anlangt, allesamt jung; denn ihr tragt euch nicht mit irgendwelcher auf ehrfurchterweckender Kunde beruhenden uralten Meinung und mit keinem altersgrauen Wissen. Der Grund dafür ist folgender. Zahlreich und mannigfaltiger Art sind die vernichtenden Verheerungen, die über das Menschengeschlecht hereingebrochen sind und hereinbrechen werden, die gewaltigsten durch Feuer und Wasser, andere minder große durch tausenderlei andere Ursachen. Denn, was auch bei euch erzählt wird, nämlich daß einst Phaethon, des Helios Sohn, die Lenkung von seines Vaters Gespann an sich nahm, aber unfähig des Vaters Bahn einzuhalten, weite Landstrecken durch Brand verheerte und selbst durch einen Blitzschlag umkam, das hört sich zwar wie ein Märchen an, in Wahrheit aber handelt es sich um eine Abweichung der die Erde umkreisenden Himmelskörper und um eine in langen Zeiträumen sich wiederholende Verheerung der Erdoberfläche durch massenhaftes Feuer. Die Folge ist dann, daß alle Berg- und Höhenbewohner und alle Bewohner trockener Landstriche mehr von der Vernichtung betroffen werden als die Fluß- und Meeresanwohner. Uns aber erweist sich der Nil, der überhaupt unser Retter ist, auch in diesem Fall als Beschützer vor solcher Not; denn er hält sie fern von uns. Wenn aber anderseits die Götter die Erde zur Reinigung mit Wasser überschwemmen, bleiben die bergbewohnenden Schaf- und Rinderhirten verschont, wogegen die Städtebewohner bei euch von den Flüssen ins Meer geschwemmt werden; in unserem Lande dagegen strömt weder in diesem Fall noch sonst irgendein Wasser vom Himmel herab auf die Fluren, sondern im Gegenteil dringt von Natur alles von unten herauf. Daher und aus diesen Gründen behält hier alles seinen Bestand und steht darum im Rufe des größten Altertums. In Wahrheit aber steht die Sache so: in allen Gegenden, wo nicht übermäßige Kälte oder Hitze es unmöglich macht, gibt es stets einen Bestand von Menschen, bald zahlreicher bald geringer. Was nun immer, sei es bei euch sei es hierzulande oder auch anderswo jemals Herrliches oder Großes oder sonst irgend besonders Hervortretendes sich ereignet hat, das findet sich hier bei uns alles von alters her in schriftlichen Urkunden in den Tempeln niedergelegt und vor dem Untergang bewahrt. Anders bei euch und den übrigen Völkern: kaum nämlich, daß es da bis zur Entstehung des Schriftwesens und alles dessen, was sonst die städtische Kultur erfordert, gekommen ist, da ergießt sich schon wieder in periodischer Wiederkehr wie eine Krankheit die Regenflut des Himmels über euch und läßt nur Leute mit dem Leben davonkommen, die vom Schriftwesen nichts verstehen und aller Bildung ledig sind. So kommt es, daß ihr immer wieder gleichsam von neuem jung werdet, ohne jede Kunde von dem was sich in alten Zeiten sei es hier bei uns sei es bei euch ereignet hat. Die Abfolge der Geschlechter z. B., wie sie sich nach deiner Darstellung, Solon, bei euch vollzogen hat, unterscheidet sich kaum von einer Kindergeschichte. Denn erstens erinnert ihr euch nur einer einzigen Überschwemmung der Erde, während es doch schon so viele vorher gegeben hat; ferner wißt ihr nicht, daß die trefflichste und edelste Menschenrasse ihren Sitz in euerem Lande gehabt hat. Aus einem einstigen kleinen Überrest dieser Rasse stammst du und stammt euer ganzer jetziger Staat ab. Aber das entzieht sich euerer Kenntnis, weil die Übriggebliebenen und ihre Nachkommen viele Generationen hindurch dahinstarben ohne irgendwelche schriftliche Kunde von sich zu geben. Denn es gab eine Zeit, mein Solon, *vor* der größten verheerenden Flut, wo das jetzt unter dem Namen *Athen* bekannte Gemeinwesen an Trefflichkeit die erste Stelle einnahm sowohl in Beziehung auf den Krieg wie auf die ganze gesetzliche Ordnung, die ihresgleichen nicht hatte. Diesem euerem Staate werden die herrlichsten Taten und trefflichsten politischen Maßnahmen nachgerühmt, von denen wir überhaupt auf Erden Kunde erhalten haben.

Als Solon dies vernommen, gab er sein Erstaunen zu erkennen und bat die Priester auf das Angelegentlichste ihm von Anfang bis zu Ende alles zu berichten, was sich auf diese einstigen Bürger Athens bezöge.

Der Priester aber erwiderte: Es soll dir nichts vorenthalten bleiben, Solon; sondern ich werde dir alles mitteilen, dir und deiner Vaterstadt zuliebe [...] Nun gibt es der Leistungen dieses Staates, wie sie hier, viel bewundert, urkundlich verzeichnet stehen, zwar gar viele und große, aber eine ragt doch an Größe und edler Kraft vor allen hervor. Denn wie die Urkunde berichtet, hat euer Staat dereinst einer gewaltigen Heeresmacht Halt geboten, die in hellem Übermut gegen Europa und Asien zugleich zu Felde zog und ihren Ausgangspunkt im atlantischen Meere hatte. Damals nämlich war das Meer dort schiffbar; denn vor der Meerenge, die in euerer Sprache »die Säulen des Herakles« heißt, lag eine Insel; diese Insel war größer als Libyen (Afrika) und Asien zusammengenommen, und von ihr war damals der Übergang möglich nach den anderen Inseln, von diesen Inseln aber wieder der Übergang nach dem ganzen gegenüberliegenden Festland, welches jenes Meer umschließt, das eigentlich allein den Namen Meer verdient. Denn dieses unser Meer, das innerhalb der bezeichneten Meerenge liegt, erweist sich nur als eine Bucht mit schmalem Eingang; dagegen kann jenes Meer in Wahrheit so, und das es umschließende Festland mit vollem Recht Festland genannt werden. Auf dieser Insel Atlantis nun bildete sich eine große und staunenswerte Königsmacht aus, der nicht nur die ganze Insel, sondern auch noch viele andere Inseln sowie Teile des Festlandes untertan waren. Außerdem beherrschten diese Könige noch von den Ländern am Binnenmeer Libyen bis nach Ägypten, und Europa bis nach Tyrrhenien. Diese ganze zur Einheit zusammengeballte Macht schickte sich nun einst an alles euch und uns gehörende Land sowie überhaupt alles Land innerhalb der Meerenge durch einen einzigen Kriegszug in ihre Gewalt zu bringen. Das war denn, mein Solon, die Zeit, wo euere Staatsmacht der ganzen Welt die glänzende Probe ihrer Tüchtigkeit und Kraft gab; denn allen überlegen an Beherztheit und Kriegskunst stand sie zuerst an der Spitze der Hellenen, dann aber sah sie sich durch den Abfall der anderen auf sich allein beschränkt. So geriet sie in die äußerste Bedrängnis; gleichwohl errang sie den Sieg über die Angreifer und errichtete ihre Siegeszeichen. So verhinderte sie die Unterjochung der noch nicht unterworfenen Völker. Was aber uns andere Völker anlangt, die wir innerhalb der

Säulen das Herakles wohnen, so schenkte sie allen großmütig die Freiheit. Weiterhin aber brach dann eine Zeit gewaltiger Erdbeben und Überschwemmungen herein, und es kam ein Tag und eine Nacht voll entsetzlicher Schrecken, wo die ganze Masse euerer Krieger von der Erde verschlungen ward; ebenso tauchte die Insel Atlantis in die Tiefe des Meeres hinab und verschwand. Daher ist das dortige Meer auch heute noch unfahrbar und unerforschbar, infolge der ungeheuren Schlammassen, welche die sinkende Insel anhäufte.

Aus: Timaios

Plinius der Jüngere
Der Untergang von Pompeji

Zwei Briefe

Gaius Plinius grüßt seinen Tacitus.

Du bittest mich, Dir das Ende meines Onkels zu schildern, damit Du es desto wahrheitsgetreuer der Nachwelt überliefern kannst. Ich danke Dir; denn ich sehe, daß seinem Tod, wenn er von Dir beschrieben wird, unsterblicher Nachruhm bestimmt ist. Denn obwohl er bei der Verheerung der schönsten Landstriche, wie die Bevölkerung, wie ganze Städte, den Tod fand und wie sie durch diese denkwürdige Katastrophe gleichsam ewig leben wird und obwohl er selbst viele bleibende Werke verfaßt hat, wird die Unvergänglichkeit Deiner Schriften doch viel zu seinem Fortleben beitragen. Ich nun halte alle die für glücklich, denen es durch Geschenk der Götter gegeben ist, entweder etwas zu leisten, was aufgeschrieben zu werden, oder etwas zu schreiben, was gelesen zu werden verdient: für die Glücklichsten aber, denen beides gegeben ist. Zu diesen wird mein Onkel durch seine eigenen Werke und durch Deine gehören. Desto lieber übernehme ich, ja verlange ich, was Du mir aufträgst.

Er war in Misenum und kommandierte die Flotte persönlich. Am 24. August, um die siebente Stunde, machte ihn meine Mutter aufmerksam, daß eine Wolke von ungewöhnlicher Größe und Gestalt erscheine. Er hatte ein Sonnenbad genommen, dann ein Kaltbad, hatte im Liegen etwas gegessen und studiert. Er verlangte sofort seine Schuhe, ging zu einer Stelle hinauf, von wo aus diese erstaunliche Erscheinung am besten beobachtet werden konnte. Die Wolke erhob sich – aus welchem Berg, konnte man aus der Entfernung nicht deutlich erkennen; daß es der Vesuv war, erfuhr man erst später –, und ihre Erscheinungsform veranschaulicht wohl kein anderer Baum besser als eine Kiefer. Denn sie wuchs wie in einem sehr langen Stamm in die Höhe und breitete sich dann in mehreren Ästen aus, ich glaube, weil sie durch einen kräftigen Aufwind emporgerissen wurde und sich dann, als dieser nachließ, kraftlos oder auch unter der Last ihres eigenen Gewichtes in die Breite ergoß. Bisweilen war sie weiß, bisweilen schmutzig und fleckig, je nachdem sie Erde oder Asche mitgerissen hatte.

Als Gelehrtem schien es ihm etwas Wichtiges zu sein, das näher untersucht werden mußte. Er ließ ein kleines Schiff seeklar machen und gab mir, wenn ich mitkommen wollte, dazu die Möglichkeit. Ich antwortete, ich wolle lieber arbeiten, und zufällig hatte er mir selbst etwas zu schreiben gegeben.

Er verließ gerade das Haus, als er einen Brief von Rectina, der Gattin des Cascus, erhielt, die durch die drohende Gefahr ganz verängstigt war – denn ihr Landhaus lag am Fuße des Vesuv, und eine Fluchtmöglichkeit bestand nur zu Schiff –; sie bat darum, sie dieser großen Gefahr zu entreißen. Er änderte seinen Entschluß, und was er aus Forscherdrang begonnen hatte, das ging er jetzt mit Heldenmut an. Er ließ Kriegsschiffe auslaufen und ging selbst an Bord, um nicht nur der Rectina, sondern vielen – denn der Küstenstreifen war wegen seiner Schönheit stark besiedelt – Hilfe zu bringen. Er eilte dorthin, von wo andere flohen: er hielt Steuer und Kurs gerade auf die Gefahr zu und war so bar jeder Furcht, daß er alle Phasen dieser Tragödie, alle Phänomene, wie sie sich seinen Augen boten, diktierte und aufzeichnen ließ.

Schon fiel Asche auf die Schiffe, und je näher sie herankamen, desto heißer und dichter, schon Bimssteine und sogar schwarzgebrannte und durch Feuer geborstene Steine; schon bildeten sich plötzliche Untiefen, und der Strand war durch Geröll-Lawinen vom Berg unzugänglich.

Er zögerte kurz, ob er umkehren sollte, sagte dann aber zu dem Steuermann, der ihm das anriet: »Den Tapferen hilft das Glück! Fahre zu Pomponianus!«

Der war in Stabiae, also auf der gegenüberliegenden Seite des Golfs – denn das Meer ergießt sich da in allmählich sich herumziehende und geschwungene Gestade –; dort hatte er, obwohl sich die Gefahr noch nicht näherte, aber doch sichtbar und, wenn sie wuchs, sehr nahe war, seine Gepäckstücke auf ein Schiff bringen lassen, entschlossen zur Flucht, wenn der widrige Wind sich gelegt hätte. Mit diesem Wind, der für ihn außerordentlich günstig war, landete nun mein Onkel, umarmte den Verängstigten, tröstete und ermutigte ihn, und um dessen Angst durch seine Ruhe zu beschwichtigen, ließ er sich in das Bad bringen. Nach dem Bad legte er sich zu Tisch und speiste, sei es heiter, sei es – was gleichermaßen groß ist –, als wäre er heiter.

In der Zwischenzeit leuchteten aus dem Vesuv an mehreren Stellen sehr breite Flammenbänder und hohe Feuersäulen hervor, deren strahlende Helligkeit noch durch die Dunkelheit der Nacht verstärkt wurde. Um die Furcht zu stillen, sagte mein Onkel, daß die vor Schreck verlassenen Feuerstellen und aufgegebenen Gehöfte der Bauern in der Einsamkeit brennten. Dann begab er sich zur Ruhe und schlief tief und fest; denn sein Atemholen, das bei ihm wegen seiner Leibesfülle schwerer und lauter war, wurde von denen, die an seiner Zimmertür vorbeigingen, gehört. Aber der Hof, von dem man in das Zimmer gelangte, war schon mit einem Gemisch von Asche und Bimsstein so hoch angefüllt, daß, blieb man noch länger in dem Gemach, ein Verlassen unmöglich war. Er wurde also geweckt, kam heraus und gesellte sich wieder zu Pomponianus und den anderen, welche die Nacht durchwacht hatten. Gemeinsam berieten sie, ob sie im Hause bleiben oder ins Freie gehen sollten; denn unter den häufigen, furchtbaren Erdstößen wankten die Häuser und schienen, gleichsam aus ihren Fundamenten gerissen, sich bald hierhin, bald dorthin zu bewegen oder zurückgestoßen zu werden. Im Freien wiederum fürchtete man die herabfallenden Bimssteine, obwohl diese leicht und ausgebrannt waren, doch wählte man nach einem Abwägen der Gefahren das letztere. Und wie bei meinem Onkel eine Überlegung über die andere siegte, so bei den anderen eine Angst über die andere. Sie legten sich Kissen auf die Köpfe und banden sie mit Leinentüchern fest; das war ein Schutz gegen den Steinhagel.

Schon war es anderswo Tag, dort Nacht, schwärzer und dichter als alle Nächte, doch machten sie zahlreiche Fackeln und Lichter aller Art erträglich. Man beschloß, an den Strand zu gehen und aus der Nähe zu sehen, ob man es jetzt mit dem Meer versuchen könnte. Dies blieb aber nach wie vor aufgewühlt und feindlich. Dort ließ er sich auf einem hingebreiteten Laken nieder und verlangte und trank wiederholt kaltes Wasser. Dann trieben Flammen und der Vorbote der Feuersbrunst, der Schwefelgestank, die anderen zur Flucht, ihn schreckten sie hoch. Auf zwei Sklaven gestützt, richtete er sich auf und brach sofort zusammen, ich vermute, weil ihm durch den dichteren Qualm die Luft genommen und die Luftröhre verschlossen wurde, die bei ihm von Natur aus schwach, eng und häufig asthmatisch war. Als es Tag wurde – der dritte von dem an, den er zuletzt gesehen hatte –, fand man seinen Leichnam unversehrt, unverletzt und bedeckt, wie er bekleidet gewesen war: die Haltung des Körpers war einem Schlafenden ähnlicher als einem Toten.

Während dieser Zeit war ich mit meiner Mutter in Misenum – aber das gehört nicht mehr zur Geschichte, und Du wolltest nichts anderes als seine Todesumstände wissen. Ich will also schließen. Nur eins will ich noch hinzufügen: ich habe alles, was ich selbst erlebt und was ich unmittelbar danach, wenn es noch ganz wahrheitsgetreu erzählt wird, gehört hatte, berichtet. Du wirst das Wichtigste auswählen; denn es ist etwas anderes, einen Brief, etwas anderes, eine Geschichtsdarstellung, etwas anderes, für einen Freund, etwas anderes, für alle zu schreiben.

Leb wohl.

Gaius Plinius grüßt seinen Tacitus.

Du sagst, Du seist durch den Brief, den ich Dir auf Deine Bitte hin über den Tod meines Onkels geschrieben habe, zu dem Wunsch veranlaßt worden zu erfahren, welche Ängste nicht allein, sondern auch welche Gefahren ich, in Misenum zurückgelassen, überstanden habe – denn als ich davon anfing, habe ich abgebrochen:

Bebt auch schaudernd das Herz mir zurück bei dieser Erinnerung, will ich beginnen.

Mein Onkel war weggefahren, und ich selbst widmete den Rest des Tages meinen wissenschaftlichen Arbeiten – deshalb war ich ja zu Hause geblieben; dann Bad, Abendessen, Schlaf, unruhig und kurz. Vorangegangen war viele Tage lang ein Beben der Erde, das wenig Furcht erregte, weil in Kampanien häufig; in dieser Nacht aber verstärkte es sich derart, daß alles nicht sich zu bewegen, sondern auf den Kopf gestellt zu werden schien. Meine Mutter stürzte in mein Schlafzimmer; ich war meinerseits gerade aufgestanden, um, falls sie noch schliefe, sie zu wecken. Wir setzten uns auf den Vorplatz des Hauses, der das Meer von den Gebäuden in mäßigem Abstand trennte.

Ich weiß nicht, soll ich es Standhaftigkeit nennen oder Dummheit – denn ich war erst achtzehn Jahre alt –: ich lasse mir ein Buch des Titus Livius bringen und lese sozusagen in aller Ruhe und exzerpiere sogar, wie ich begonnen hatte. Da erscheint ein Freund meines Onkels, der vor kurzem aus Spanien zu ihm gekommen war. Wie er mich und meine Mutter sitzen, mich aber sogar lesen sieht, macht er uns wegen ihrer Geduld und meiner Sorglosigkeit Vorwürfe. Nichtsdestotrotz konzentrierte ich mich auf das Buch.

Es war schon um die erste Stunde, und doch wurde es nur zögernd und sozusagen schlaftrunken Tag. Da die umliegenden Gebäude schon erschüttert waren und obwohl wir an einer freien, wenn auch beengten Stelle standen, war die Furcht vor Einsturz groß und begründet.

Jetzt endlich schien es uns ratsam, die Stadt zu verlassen.

Es folgt uns eine verstörte Menschenmenge, und was in einer Panik den Anschein von Klugheit hat: sie zieht jeden fremden Entschluß dem eigenen vor und stößt und drängt in endlosem Zug uns Flüchtlinge weiter.

Als wir die Häuser hinter uns hatten, blieben wir stehen. Viel Atemberaubendes, viel Schreckliches erlebten wir da: denn die Wagen, die wir hatten herausbringen lassen, wurden, obwohl das Gelände ganz eben war, hin und her geworfen, und nicht einmal durch Steine blockiert blieben sie an derselben Stelle stehen.

Außerdem sahen wir, daß sich das Meer in sich selbst zurückzog und durch das Erdbeben gleichsam zurückgedrängt wurde: jedenfalls hatte sich die Küstenlinie weiter vorgeschoben und hielt viele Meerestiere auf dem trockenen Sand fest. Auf der anderen Seite eine schwarze, grauenerregende Wolke, von züngelnden und aufschießenden Streifen feuriger Lohen durchzuckt, die in langen Flammenerscheinungen aufriß: Blitzen waren sie ähnlich, nur größer.

Jetzt aber sagte jener selbe Freund aus Spanien schärfer und nachdrücklicher: »Wenn dein Bruder, dein Onkel noch lebt, dann will er, daß ihr in Sicherheit seid; wenn er umgekommen ist, dann wollte er, daß ihr überlebt. Was zaudert ihr also noch zu fliehen?« Wir antworteten, daß wir es nicht über uns brächten, solange sein Schicksal ungewiß sei, uns nur um uns zu kümmern. Da wartete er nicht länger, stürzte davon und entzog sich im vollen Lauf der Gefahr.

Bald darauf senkte sich jene Wolke auf die Erde, bedeckte das Meer: sie hatte schon Capri eingeschlossen und verhüllt, das Kap Misernum unseren Blicken entzogen. Da bat, mahnte, befahl meine Mutter, mich irgendwie der Gefahr zu entziehen: als junger Mann sei ich dazu noch imstande, sie trage schwer an den Jahren und an ihrem Körper und werde getrost sterben, wenn sie nur nicht schuld wäre an meinem Tod. Ich dagegen: nur mit ihr wolle ich in Sicherheit sein. Dann faßte ich ihre Hand und nötigte sie so, einen Schritt zuzulegen. Sie folgte ungern und machte sich Vorwürfe, daß sie mich aufhalte.

Nun fiel Asche, aber noch wenig. Ich schaute zurück: hinter uns drohte dichter Qualm, der, über die Erde gegossen, uns wie ein Sturzbach folgte. »Wir wollen abbiegen«, sagte ich, »solange wir noch sehen, damit wir nicht auf der Straße fallen und von der mitziehenden Masse in der Dunkelheit niedergetrampelt werden.« Kaum hatten wir uns gesetzt, war es Nacht, nicht wie in einer mondlosen oder bewölkten, sondern wie in einem geschlossenen Raum bei gelöschtem Licht. Man konnte das Heulen der Frauen hören, das Wimmern der Kinder, das Schreien der Männer: die einen suchten mit ihren Stimmen die Eltern, andere ihre Kinder, andere ihre Ehefrauen und suchten sie an der Stimme zu erkennen; diese klagten über ihr eigenes, jene über das Schicksal ihrer Angehörigen; da waren welche, die in ihrer Todesangst den Tod erflehten; viele hoben die Hände zu den Göttern, andere meinten, es gäbe schon nirgends irgendwelche Götter mehr und dies sei die ewige und letzte Nacht für die Welt. Auch solche fehlten nicht, die durch erdichtete und erlogene Schreckensnachrichten die wirklichen Gefahren vergrößerten; es gab auch welche, die meldeten, in Misenum sei dieses eingestürzt, jenes stehe in Flammen – lauter falsche Nachrichten, aber man glaubte alles.

Es wurde ein wenig hell, was uns aber nicht wie Tageslicht, sondern wie ein Vorbote des nahenden Feuers vorkam. Das Feuer freilich kam in ziemlicher Entfernung zum Stehen; die Dunkelheit brach wieder ein, von neuem fiel ein dichter und schwerer Ascheregen: immer wieder mußten wir aufstehen und ihn abklopfen, sonst wären wir davon zugeschüttet und durch die Last erdrückt worden. Ich könnte mich rühmen, daß mir kein Seufzer, kein kleinmütiges Wort entschlüpft ist in so großen Gefahren, wenn ich nicht fest geglaubt hätte, ich ginge mit allem und alles mit mir zugrunde: ein trauriger, aber wirksamer Trost in unserer Sterblichkeit.

Schließlich verminderte sich der Qualm und ging sozusagen in Rauch und Nebel über; bald wurde es wirklich Tag, sogar die Sonne schimmerte durch, doch nur fahl, wie sie bei einer Sonnenfinsternis zu sein pflegt. Den noch zitternden Augen bot sich alles verändert dar und mit einer hohen Aschenschicht wie mit Schnee überzogen.

Wir gingen nach Misenum zurück, stärkten uns, so gut es ging, und hangend und bangend zwischen Hoffnung und Furcht verbrachten wir die Nacht. Die Furcht behielt die Oberhand; denn das Beben der Erde hielt an, und viele, irrsinnig gemacht von schreckenerregenden Prophezeiungen, trieben ihren Spott mit eigenem und fremdem Unglück. Wir jedoch konnten uns, obwohl wir die Gefahr schon aus eigener Erfahrung kannten und sie noch weiterhin erwarteten, nicht einmal da entschließen wegzugehen, bevor wir Nachricht von meinem Onkel hätten.

Diese Details eignen sich keineswegs für ein Geschichtswerk, und so wirst Du sie nicht niederschreiben, sondern nur lesen; und Du hast es Dir selber, der schließlich darum gebeten hat, zuzuschreiben, falls sie nicht einmal eines Briefes wert zu sein scheinen.

Leb wohl.

II

Karl Müllenhoff

Flutsagen von Nord- und Ostsee

Woher die großen Fluten kommen

Die Nordsee ist eine Mordsee, ist ein Sprichwort hier zu
Lande, und wo einmal Wasser gewesen ist, kann auch wieder Wasser kommen, ist ein alter Glaube. Darum hat alles
Land von der Elbe an bis Riperfurt immer viel vom Wasser
zu leiden; es ist aber nicht immer so gewesen.

Um das Jahr 600 nach Christi regierte in England eine Königin, Namens Garhöven, der versprach der damalige König von Dänemark, sie zu heiraten. Aber er hielt sein Wort
nicht und ließ sie sitzen. Da ergrimmte die Königin und gedachte alle ihm zugehörigen Länder zu ertränken und zu
versenken. Darum ließ sie die Höveden (die Vorgebirge)
zwischen England und Frankreich, die sich sieben ganzer
Meilen erstreckend bis dahin das Wasser angehalten hatten,
von siebenhundert Mann, die sieben Jahre unaufhörlich arbeiteten, durchstechen. Gleich damals geschah durch das Hereinbrechen der Flut an unserer Küste ein merklicher Schade
und hunderttausend Menschen wurden ersäufet. Darüber
erzürnten die Leute im Lande so auf den König, daß einige
vom Adel ihn mit Gift töteten und sein Name ganz und gar
vertilgt und vernichtet ward. Seit der Zeit haben bis auf diesen Tag diese Küsten alljährlich zu leiden vom Zorn der Königin. Um dieselbe Zeit trieb mit dem Nordwestwind ein
Moor aus Island oder, wie andre wollen, aus Schottland in
Nordfriesland bei dem großen, dicken Walde an, der nur der
düstere Damswald geheißen ward, wo sich viele ungeheure
wilde Tiere aufgehalten haben. Das Moor ließ sich auf den
Wald nieder und bedeckte ihn ganz, also daß seit der Zeit
Friesland an Holz und Wald ganz arm ist. Im Kirchspiel
Niebüll sind noch einige Häuser aus dem gedachten Walde
gebaut. – Andre aber berichten, daß die Königin mit den

Aquitaniern und den See- und Holländern Krieg geführt und dieselben nicht eher habe bezwingen können, als bis sie jene Höveden durchgehauen. Da sollen die Länder also untergegangen und zur wüsten See geworden sein. Doch die Friesen, so nächst am Meere gewohnt, haben einen Teil derselben bei kleinen Kögen wieder eingeholt. Deshalb empfingen sie zum Lohn von Karl dem Großen ihre Küren und Freiheiten.

Rungholt

In Rungholt auf Nordstrand wohnten weiland reiche Leute; sie bauten große Deiche und wenn sie einmal darauf standen, sprachen sie: »Trotz nu, blanke Hans!« –

Ihr Reichtum verleitete sie zu allerlei Übermut. Am Weihnachtsabend des Jahres 1300 machten in einem Wirtshause die Bauern eine Sau betrunken, setzten ihr eine Schlafmütze auf und legten sie ins Bett. Darauf ließen sie den Prediger ersuchen, er möchte ihrem Kranken das Abendmahl reichen, und verschwuren sich dabei, daß wenn er ihren Willen nicht würde erfüllen, sie ihn in den Graben stoßen wollten. Wie aber der Prediger das heilige Sakrament nicht so greulich wollte mißbrauchen, besprachen sie sich untereinander, ob man nicht halten sollte, was man geschworen. Als der Prediger daraus leichtlich merkte, daß sie nichts Gutes mit ihm im Sinne hätten, machte er sich stillschweigends davon. Indem er aber wieder heimgehen wollte und ihn zween gottlose Buben, so im Kruge gesessen, sahen, beredeten sie sich, daß so er nicht zu ihnen hereingehen würde, sie ihm die Haut voll schlagen wollten. Sind darauf zu ihm hinausgegangen, haben ihn mit Gewalt ins Haus gezogen und gefragt, wo er gewesen. Und wie er's ihnen geklaget, wie man mit Gott und ihm geschimpfet habe, haben sie ihn gefragt, ob er das heilige Sakrament bei sich hätte, und ihn gebeten, daß er ihnen dasselbige zeigen möchte. Darauf hat er ihnen die Büchse gegeben, darin das Sakrament gewesen, welche sie voll Biers gegossen und gotteslästerlich gesprochen, daß so Gott darinnen sei, so müsse er auch mit ihnen saufen. Wie der Prediger auf sein freundliches Anhalten die Büchse wiederbekommen, ist er damit zur Kirche gegangen und hat Gott angerufen, daß er diese gottlosen Leute strafe. In der folgenden Nacht ward er gewarnet, daß er aus dem Lande, so Gott verderben wollte, gehen sollte; er stand auf und ging davon. Und sogleich erhob sich ein ungestümer Wind und ein solches Wasser, daß es vier Ellen hoch über die Deiche stieg und das ganze Land Rungholt, der Flecken und sieben andre Kirchspiele dazu, unterging, und niemand ist davon gekommen als der Prediger und zwo, oder wie andre setzen, seine Magd und drei Jungfrauen, die den Abend zuvor von Rungholt aus nach Bopschlut zur Kirchmeß gegangen waren, von welchen Bake Boisens Geschlecht auf Bopschlut entsprossen sein soll, dessen Nachkommen noch heute leben. Die Ulversbüller Kirche hat noch eine alte Kirchentür von Rungholt.

Nun gibt es eine alte Prophezeiung, daß Rungholt vor dem jüngsten Tage wieder aufstehen und zu vorigem Stande kommen wird. Denn der Ort und das Land steht mit allen Häusern ganz am Grunde des Wassers und seine Türme und Mühlen tun sich oft bei hellem Wetter hervor und sind klar zu sehen. Von Vorüberfahrenden wird Glockenklang und dergleichen gehört. – Imgleichen wird bei der Süderog am Hamburger Sand ein Ort gezeigt, welcher Süntkalf geheißen und es ist ein Sprichwort:

> Wenn upstaan wert Süntkalf,
> So werd Strand sinken half.

Das alte Plön

Der Berg, auf dem das Plöner Schloß steht, ist mit Schiebkarren zusammengefahren und jeder Arbeiter erhielt damals täglich einen Schilling. Von dem Berge aber steht nun nur noch ein kleiner Teil. Denn bei einem Erdbeben versank die eine Hälfte nebst dem alten Schlosse und einem Teil der

Stadt in den See. Anfangs hörte man noch die Glocken des Turmes läuten, der mit versunken war, und Fischer sollen ihn noch bei klarem Wetter erblicken. Ein alter Mann erzählte, er habe einmal am großen See einen Haufen Stecknadeln gefunden, so groß wie ein Maulwurfshügel. Die rührten noch von der alten Stadt her.

Bei diesem Erdbeben gewann der große See überhaupt sehr an Umfang. Alte Leute wissen zu erzählen, daß zwischen Godau und Bosau, wo jetzt eine große Bucht ist, früher gar kein Wasser war, sondern nur eine kleine Au in den See floß, die so seicht war, daß man auf einem hingelegten Pferdekopf hinüberging. Von dieser bösen Au hat Bosau später seinen Namen erhalten.

Den Wirkungen des unterirdischen Feuers verdankt auch Aschberg seinen Namen.

Der Ecksee und der Kattsee in Dithmarschen

Rechts am Wege von Schalkholz nach dem jetzigen Tellingstede, nicht weit vom Schalkholzer Tepel, lag das alte Tellingstede. Die Leute waren so gottlos und übermütig, daß sie einen Prediger zwangen, einer Sau das Abendmahl zu geben. Schon als er ins Haus kam, drang ihm ein Schwefelgeruch entgegen und als er nachher wieder auf die Diele trat, wimmelte sie von Aalen mit großen Augen und zischend wie Schlangen, und gräßliche Kröten und andres Ungeziefer lief umher und ein furchtbarer Sturm erhob sich und die Hunde heulten. Da rief der Prediger schnell die frommen Leute des Ortes zu sich und sie flohen und erbauten nachher das jetzige Tellingstede. Gleich hinter ihnen war mit Krachen das alte Dorf in die Erde gesunken und ein trüber bodenloser See, der Ecksee oder Nekssee, steht jetzt da, in dem kein Fisch lebt.

Ein paar Meilen weiter südlich bei Burg in Süderdithmarschen lag in der Dorfschaft Kuden auch einst ein reiches übermütiges Dorf Hardendorf. Da begingen sie denselben Frevel an dem Sakramente. Am andren Morgen lagen Wege und Häuser ganz voll von Fischen und der Prediger erhielt von Gott den Befehl, den Ort zu verlassen. Kaum war er fort, so trat Wasser über das Dorf und der Kattsee liegt da jetzt, anmutig von Hügeln umgeben. Anfangs hat man noch mit einem Windelbaum die Turmspitze fühlen können, aber jetzt ist der See längst ganz grundlos geworden.

Die Flut in Osterwisch

In der Propstei nahe am Strande der Ostsee lag das große Dorf Osterwisch. Nirgend gab es üppigere Wiesen und fruchtbareres Land; nirgend waren auch reichere und wohlhabendere Bauern. Aber obgleich das Christentum in diesen Gegenden schon Eingang gefunden hatte, so wurden die Leute doch übermütig und gottlos. Immer trieben sich die Männer in dem großen Walde umher, der hinter Osterwisch lag und voll von Bären, Wölfen und Schweinen war. Selbst die Frauen entliefen oft und gerne der Spinnstube und dem Herde, wenn sie einen Wolf im Garne oder in der Grube heulen hörten, und sie töteten ihn dann mit eigner Hand und sangen und jubelten dazu. Die übermütigen Leute ließen keinen Reisenden ungeplündert vorbei und jedem Fahrzeuge paßten sie auf, beraubten es und teilten sich die Beute im Walde. Da war ein alter Mann unter ihnen; der hielt ihnen oft ihre Gottlosigkeit vor und ermahnte sie zur Besserung. Vergebens forderte er sie auf, einen Damm gegen die See zu errichten, die schon einmal früher ein Stück Land mit fortgenommen habe. Aber sie lachten ihn aus und meinten, Gottes Hand könne sie nicht reichen. Da kam in einer Nacht ein Engel zum Greise und befahl ihm, den Ort zu verlassen; denn Gott wolle den Frevel nicht länger ansehn. Eilig erhob er sich und floh auf den Kapellenberg, wo damals eine kleine Kirche stand. Und nun erhob sich ein furchtbarer Sturm und das Wasser stieg so schnell von Nordost her, daß niemand entkam und die See von der Zeit an bis an die Hügel geht. Das Dorf und seine reichen Felder waren am andern Morgen verschwunden; nur bei niedrigem Wasserstande sieht man noch Backsteine und dergleichen am Grunde liegen.

Die übermütige Frau

Auf der Kolberger Heide an der Ostsee in der Propstei lag vorzeiten ein großes Gut, der Verwellenhof. Noch gibt es da einen Verwellenberg. Darauf wohnte eine Frau von Verwellen, eine stolze, übermütige und grausame Herrin, die allezeit auf ihren Reichtum trotzte. Sie hielt ihn für so unerschöpflich, daß, als sie einmal auf der See in einem Boot eine Lustfahrt machte, sie ihren kostbaren Ring vom Finger zog und in die See warf, indem sie dabei zu ihrer Gesellschaft die Worte sprach: »So unmöglich ich den Ring wieder erhalten werde, ebenso unmöglich wird es sein, daß ich je Not leide.« Nach ein paar Tagen brachte ein Fischer einen großen Dorsch aufs Schloß; als die Köchin ihn zerlegte, fand sie den Ring in seinem Bauche und zu nicht geringem Schrecken brachte sie ihn ihrer Herrin. Nicht lange nachher kam die große Flut, die die ganze Kolberger Gegend weit umher verschlang (1625), und man sieht noch oft in der Bucht bei dem Dorf Holm, die noch immer die Kolberger Heide heißt, bei niedrigem Wasser Backsteine und andres am Grunde liegen.

Die reiche Frau hatte nun all ihr Hab und Gut verloren und war so arm geworden, daß sie betteln ging. Früher in ihren guten Tagen hatte sie, wenn sie ins heimliche Gemach ging, immer eine Riste Flachs genommen. Eine Magd wusch ihn nachher sorgfältig aus und verspann ihn. Wenn das nun die reiche Frau sah, sprach sie immer: »Fu dik an!« (Pfui dich an!) und spottete über sie. Nun aber, als sie selber arm geworden war, kam sie bettelnd zu ihrer ehemaligen Magd und bat um Leinen für ein Hemd. Diese gab ihr das Verlangte, aber sprach dabei: »Dat is von ehren Fudikan!« Mit weinenden Augen ging die Frau fort. Seit der Zeit heißt in der Propstei aller Abfall vom Flachs Fudikan.

Theodor Storm
Eine Halligfahrt

Einst waren große Eichenwälder an unserer Küste, und so dicht standen in ihnen die Bäume, daß ein Eichhörnchen meilenweit von Ast zu Ast springen konnte, ohne den Boden zu berühren. Es wird erzählt, daß bei Hochzeiten, welche durch den Wald zogen, die Braut ihre Krone habe vom Haupte nehmen müssen; so tief hing das Gezweig herab. In den Tagen des Hochsommers war unablässige Schattenkühle unter diesen Waldesdomen, die damals noch der Eber und der Luchs durchstreiften, indessen oben, nur von den Augen der revierenden Falken gesehen, ein Meer von Sonnenschein auf ihren Wipfeln flutete.

Aber diese Wälder sind längst gefallen; nur mitunter gräbt man aus schwarzen Moorgründen oder aus dem Schlamm der Watten noch eine versteinte Wurzel, die uns Nachlebende ahnen läßt, wie mächtig einst im Kampfe mit den Nordweststürmen jene Laubkronen müssen gerauscht haben. Wenn wir jetzt auf unseren Deichen stehen, so blicken wir in die baumlose Ebene wie in eine Ewigkeit; und mit Recht sagte jene Halligbewohnerin, die von ihrem kleinen Eiland zum erstenmal hieher kam: »Mein Gott, wat is de Welt doch grot; un et gifft ok noch en Holland!«

Und wie erquicklich die Luft aus diesen Deichen weht! Ich komme eben heim; wo hätte ich besser den Sonntagmorgen feiern können!

Schon hatte unten in den Kögen der erste warme Frühlingsregen die unabsehbaren Wiesenlandschaften grün gemacht; schon weideten wieder die unzähligen Rinder auf der Rasendecke, in welcher die Wassergräben zwischen den einzelnen Fennen wie Silberstreifen in der Morgensonne funkelten. Von hüben und drüben, abwechselnd und sich antwortend, in unendlicher Abtönung, erhob sich Gebrüll und klang weit über die Ebene hinaus. Und wie lebendig die Stare waren, diese geflügelten Freunde der Rinder! In lärmendem Zuge kamen sie vom Kooge herauf, schwenkten vor mir hin und wider und fielen dann in dichtem Schwarm auf die Krone des Deiches nieder, um gleich darauf, hurtig um sich pickend, seewärts an der Böschung hinabzuspazieren.

Aber unten entlang dem Strome, der von der Stadt ins Meer hinausführt, schimmerte einladend die neue Strohbestickung, womit zum Schutze gegen die nagende Flut der Saum des Strandes überzogen war. – Wie anmutig es sich auf diesem sauberen Teppich wandelte! – Es war noch in der Morgenfrühe; das traumhafte Gefühl der Jugend überkam mich wieder, als müsse dieser Tag was unaussprechlich Holdes mir entgegenbringen; kommt doch für jeden die Zeit, wo auch die Gespenster des Glückes noch willkommen sind. – Und siehe! – während das Wasser weich, fast lautlos zu meinen Füßen anspülte, plötzlich mit leichten, unhörbaren Schritten ging die Erinnerung neben mir. Sie kam weit her aus der Vergangenheit; aber ihr Haar, das sie kurz in freien Locken trug, war noch so blond wie einst. – Es war deine Gestalt, Susanne, in der sie mir erschien; ich sah wieder dein junges, festumrissenes Gesichtchen, die kleine Hand, die lebhaft in die Ferne zeigte – wie deutlich sah ich es!

Auf einem solchen Teppich an ebendiesem Strande schritten wir auch damals nebeneinander. Deine geöffneten Lippen tranken die feuchte erquickende Luft; mitunter, wenn der weiche Südost aufwehte, griff deine Hand nach dem blauen Schleier und legte ihn zurück über das winzige Sommerhütchen. Dann warst du stehengeblieben und horchtest nach oben hinauf; deine jungen neugierigen Augen forschten in der durchsichtigen Luft. »Ich sehe nur eine einzige!« riefst du; »dort steigt sie eben in den Himmel!« Und jetzt vernahm auch ich es; so weit man horchen mochte, zur Höhe wie in die Ferne, der ganze Luftraum schien ein einziges unablässiges Lerchensingen. Die kleinen Sänger selbst aber entschwanden unseren Augen in der blendenden Fülle des Lichtes, das ihn durchströmte. – Und schweigend gingen wir weiter; die Welt war so still und klar, und die Lerchen sangen immerfort; was hätten wir auch reden sollen!

Doch wir waren nicht allein. Die Frau Geheimrätin, Susannes Mutter, ist mir nicht weniger unvergeßlich; sie hatte an der Böschung des Deiches ihr Schnupftuch voll von Champignons gepflückt und wandelte nun wie lauter Erdgeruch an unserer Seite. Es war eine gar stattliche Dame, und selbst die kleinen Ungeheuer der Tiefe, die Seekrabben, schienen ihr den schuldigen Respekt nicht zu verweigern. Sie waren heraufgekrochen, saßen am Rande des Wassers auf der Strohdecke und sonnten sich und drehten ihre knopfartigen Augen; wenn aber das Spiegelbild der Geheimrätin mit der ungeheueren lila Hutschleife über sie hinfiel, klappten sie grimmig mit den Scheren und schossen seitwärts in den Abgrund zurück. – – Nach einer Weile hatten wir ein kleines Schiff bestiegen; »Die Wohlfahrt« hieß es; der Name stand mit goldenen Buchstaben auf dem Spiegel eingegraben. Wir waren alle glücklich an Bord gelangt; nur daß die alte Dame einen zierlichen Schrei ausstieß, als ihre Champignons, die sie den »lieben Schiffer« zu verwahren bat, so ohne Umstände in den offenen Schiffsraum hinabflogen.

Und leise blähten sich die Segel, und leise schwamm das Schiff, man hörte das Wasser vorn am Kiele glucksen. Nach einer Stunde hatten wir die nachbarliche große Insel hinter uns und trieben nun auf der breiten Meeresflut. Eine Möwe schwebte über dem Wasser dicht an uns vorüber; ich sah, wie ihre gelben Augen in die Tiefe bohrten. »Rungholt!« rief der Schiffer, der eben das Segel umgelegt hatte.

Die Geheimrätin, die – ich weiß nicht durch welche Künste – ihren Champignonbeutel wieder in der Hand trug, blickte nach allen Seiten um sich. »Ich sehe nur den uferlosen Ozean!« sagte sie, indem sie ihr Augenglas einschlug und wieder in den Gürtel steckte. Der Schiffer, der mit beiden Armen über Bord lehnte, wandte sein wetterbraunes

Gesicht der Dame zu; aber nachdem er sie wie in mitleidiger Verachtung einige Sekunden gemustert hatte, starrte er wieder schweigend ins Meer hinaus.

»Sie müssen dorthin blicken«, sagte ich, »wo nach Senecas Ausspruch alle Erdendinge am sichersten verwahrt sind!«

»Und wo wäre das, mein Lieber?«

»In der Vergangenheit; – in diesem sicheren Lande liegt auch Rungholt. Einst zu König Abels Zeiten, und auch später noch, stand es oben im Sonnenlichte mit seinen stattlichen Giebelhäusern, seinen Türmen und Mühlen. Auf allen Meeren schwammen die Schiffe von Rungholt und trugen die Schätze aller Weltteile in die Heimat; wenn die Glocken zur Messe läuteten, füllten sich Markt und Straßen mit blonden Frauen und Mädchen, die in seidenen Gewändern in die Kirche rauschten; zur Zeit der Äquinoktialstürme stiegen die Männer, wenn sie von ihren Gelagen heimkehrten, vorerst noch einmal auf ihre hohen Deiche, hielten die Hände in den Taschen und riefen hohnlachend auf die anbrüllende See hinab: ›Trotz nu, blanke Hans!‹ Aber das rotwangige Heidentum, das hier noch in uns allen spukt –«

»Ich bitte doch, mich freundlich auszunehmen!« schob die Geheimrätin mit etwas strammem Lächeln dazwischen.

Ich verbeugte mich zustimmend. »Es bäumte sich noch einmal auf gegen den blassen aufgedrungenen Christengott; die Männer von Rungholt – so wenigstens haben es die geistlichen Chronisten aufgeschrieben – beriefen eines Tages einen Priester und hießen ihn einer kranken Sau das Abendmahl geben. Da ergrimmte der Herr und ließ wie zu Noä Zeiten seine Wasser steigen; und über die Deiche und Mühlen und Türme schwollen sie; und Rungholt mit seinen blonden Frauen und seinen trotzigen Männern« – und ich wies mit dem Finger rückwärts, wo noch vom Kiel unseres Schiffes das Wasser in der Sonne strudelte –, »dort steht es unten, unsichtbar und verschollen auf dem Boden des Meeres. Nur zuzeiten bei hellem Wetter, wenn in der einsamen Mittagsstunde die Wimpel schlaff am Mast herunterhängen und die Schiffer in der Koje schnarchen, dann – wie die Leute sagen –

›dühnt es auf‹. – Wer dann mit wachen Augen über Bord ins Wasser schaut, kann gewahren, wie Türme mit goldnen Gockelhähnen aus der grünen Dämmerung aufsteigen; vielleicht mag er sogar die Dächer der alten Häuser erkennen, und wie zwischen dem Seetang, der sie überstrickt hat, seltsam schwerfälliges Getier umherkriecht, oder zwischen den zackigen Giebeln in die Enge der Gassen hinabschauen, wo Muschelwerk und Bernstein die Tore der Häuser verbaut hat und der nie rastende Flut- und Ebbstrom mit den Schätzen versunkener Schiffe spielt. – Aber auch die Schiffer unter Deck erwachen und richten sich auf, denn unter sich aus der Tiefe hören sie es läuten; das sind die Glocken von Rungholt.«

Susanne war indes herangetreten und hatte mit großen Augen zugehört; aber sie bedurfte für diese Seegeschichte eines sachkundigeren Gewährsmannes.

»Läuten sie wirklich, Schiffer?« fragte sie. »Haben Sie es selbst gehört?«

Das klang so allerliebst, daß auch die Backen der alten Teerjacke sich zu einem Lächeln verzogen; und er spie weit ins Meer hinaus, bevor er antwortete. »Ick hev min Dag nich hört.«

Und weiter fuhren wir über Rungholt. Aber trotz der kühlen Antwort des Schiffers blickte Susanne noch ein paarmal verstohlen über Bord ins Wasser; begann doch auch jetzt die Mittagseinsamkeit sich brütend auf das Meer zu legen. Und als sie sich von mir ertappt sah, errötete sie nur leicht und lächelte; denn meine Augen mochten es den ihren schon verraten haben, wie gern auch ich an Wunder glaubte.

Vor uns in den Horizont trat jetzt ein grauer Punkt, der sich allmählich in die Breite streckte; und endlich stieg ein grünes Eiland vor uns auf. Eine geflügelte Wache schien es zu umgeben; so weit man an dem Strande entlang sehen konnte, wimmelte es in der Luft von großen weißen Vögeln, welche unablässig wie in stiller Geschäftigkeit durcheinander auf- und abstiegen. Stets in demselben Luftraume beharrend, glichen sie einem ungeheueren schwebenden Gürtel, der das ganze Eiland zu umschließen schien; ihre ausgebreiteten mächtigen Flügel erschienen wie durchsichtiger Marmor gegen den sonnigen Mittagshimmel. – Das war fast wie in einem Märchen; und dazu kam mir in den Sinn: mein Freund Aemil, ein leidenschaftlicher Regattenmann, als er in lauer Sommernacht in seinem Boote hier vorbeigetrieben war, wollte von dorther eine entzückende Musik vernommen haben. Der Mond sei über der stillen Insel gestanden, und während er nach langer Pause heimgerudert, sei in der Nacht und auf dem Meer kein anderer Laut gewesen als diese geisterhaften, allmählich hinter ihm verhallenden Töne.

Aber es war dennoch keine Zauberinsel, sondern eine Hallig des alten Nordfrieslands, das vor einem halben Jahrtausend von der großen Flut in diese Inselbrocken zerrissen wurde; die weißen Vögel waren Silbermöwen, welche dem Strande entlang über ihren Brutplätzen schwebten; larus argentatus, von den Naturforschern längst registriert und in ihren Systemen untergebracht. Als wir bald darauf zu Wagen unter ihrem Ringe durchfuhren, sah ich deutlich über unseren Köpfen die funkelnden Augen und die starken, vorn gebogenen Schnäbel. Dabei erklang in kurzen Pausen ein heiseres »Gack! Gack!«, ähnlich dem unserer Gänse, nur hastiger und wilder. Susanne drückte ängstlich den Kopf an ihre Mutter; aber unser Fuhrmann klatschte lachend mit der Peitsche, und das luftige Gesindel stob gackernd nach allen Seiten auseinander.

Und dort auf der hohen Werfte, inmitten der öden baumlosen Insel, lag das große Hallighaus mit dem tief hinabreichenden Strohdache, in welchem nun schon seit Jahren »der Vetter«, ein alter trefflicher Junggeselle, sich bei den schweigsamen Bewohnern eingemietet hatte. »Die Räder der Staatsmaschine« – so hatte er mir derzeit seine Übersiedelung angekündigt – »werden mir doch zu indiskret; ich weiß, es gibt Leute, die davon entzückt sind; mich anlangend, so kann ich's nicht ertragen, wenn sie mir fortwährend hinten in die Rockschöße haspeln.« – Und so war er denn mit seiner

Bibliothek und seinen allerlei Sammlungen in diese Meereseinsamkeit gezogen, wo er sich seiner Meinung nach außer dem Bereich der verhaßten Maschine befand.

Auf ihn auch war ohne Zweifel jene nächtliche Musik zurückzuführen; denn noch vor einigen Jahren hatte er in der Stadt, in der er damals lebte, für einen großen Geigenspieler gegolten; obgleich er, solang ich denken konnte, jede Aufforderung zum Spiel mit dem Bemerken ablehnte, daß das vorüber sei. Ich selbst hatte ihn nur einmal, da ich noch im Hause meiner Eltern lebte, spielen hören; dieses eine Mal aber wurde für mich die Ursache wiederholter Täuschungen; denn wenn ich später in den Konzerten weltberühmter Virtuosen saß, so trug ich selten etwas anderes davon als eine traumhafte Sehnsucht nach jenem Spiel des Vetters. Dennoch sollte er während meiner späteren Abwesenheit von der Heimat noch einmal, jedoch nur auf kurze Zeit, seine Geige wieder zur Hand genommen und, wie einstens, alles mit sich fortgerissen haben. Ein Näheres darüber hatte ich nicht erfahren. Für gewöhnlich war der Vetter ein munterer alter Herr, dem man nicht anmerkte, vor welch tiefer Erregung oft diese freundlichen Augen Wache hielten.

Aber schon war unser Wagen am Fuße der Werfte angelangt, und dort oben in der Tür unter dem steinernen Giebel stand er selbst, der kleine schmächtige Mann mit den tiefliegenden Augen und dem vollen weißen Haupthaar. »Willkommen im Ländchen der Freiheit!« rief er, während er eilig herabkam und dem Dienstjungen die Leiter an den Wagen legen half. Und wahrlich, frei genug war es hier; außer der Werfte mit dem breit darauf gelagerten Hause schien aus der grünen Inselfläche nichts hervorzuragen als etwa eine zerstreut umherweidende Schafherde; selbst das Gras war so niedrig, daß es kaum den dazwischen umherkletternden langbeinigen Schnaken ein Hindernis in den Weg legte.

Sein Wohnzimmer hatte sich der Vetter in dem größten Raume des Hauses, dem sogenannten Pesel, eingerichtet. Schränke mit Büchern, mit Konchylien und andern Sammlungen, Karten und Kupferstiche nach Claude Lorrain und

Ruisdael bedeckten die übrigens weiß getünchten Wände. Von dem Aufsatze des Schreibtisches schaute neben einer Statuette der Venus mit dem Delphin, die von einem Korallenbaume aus den Südseeinseln gleichsam überschattet war, das markige Antlitz Beethovens in der bekannten Kolossalbüste auf uns herab.

Als wir in die Tür traten, flog uns ein kleiner Vogel entgegen, flatterte einen Augenblick wie zweifelnd hin und her und setzte sich dann auf die Hand seines Herrn, mit dem lebhaft bewegten Köpfchen zu ihm aufblickend. »Nur ein Sperling!« sagte der Vetter lächelnd und den verwunderten Blick der alten Dame beantwortend; »Sie wissen, der Sperling gleicht dem Menschen, an sich ist er ohne Wert, aber er trägt die Möglichkeit zu allem Großen in sich. Der Bursche hier und ich, wir leben trefflich miteinander.« – Auf seinen Wink flog der Vogel wieder fort und ließ sich auf einen Ast des Korallenbaumes zu Häupten der schaumgeborenen Göttin nieder, als warte er wie einst darauf, mit lustigen Genossen vor ihren Wagen gespannt zu werden, um sie über das blaue griechische Meer in den Schatten ihrer heiligen Haine zu tragen. Wir aber schlürften bald aus zierlichen Tassen den Trank der modernen Welt; ich meine nicht den Kaffee, sondern den Tee, den wir Küstenbewohner auch an einem heißen Hochsommervormittage nicht verschmähen.

Durch die Fenster, welche in der Front des Hauses gegen Süden lagen, sah man auf die grüne Fläche der Hallig und fern am Strand die Brandung, welche silbern in der Sonne schimmerte. Unser Schiff war von hier aus nicht zu sehen; aber dort zu Westen starrte der Mast eines andern kleinen Fahrzeugs in die Luft; es war vor kurzem hier gestrandet und jetzt Eigentum der Halligleute. – Was überhaupt war hier nicht Strandgut! Der große schwarze Hund, der jetzt im Hause umherlief, nicht weniger als der edle Alicante, den wir späterhin bei Tische tranken. Und wie stand es um die Bibliothek des Vetters? –

Meinem angeborenen Triebe folgend, hatte ich die Bücherschränke durchstöbert und blätterte eben in einem abgegriffenen Exemplar des »Hesperus«, als eine kleine Hand sich leise auf das erste weiße Blatt des Buches legte. Der Name »Emma« stand hier eingeschrieben und ein Kreuz darunter.

Noch höre ich den Laut unschuldiger Teilnahme, den Susanne bei diesem Anblick ausstieß. »Wer war das, Onkel?« rief sie. »Hast du sie gekannt?«

»Gekannt, mein Kind?« wiederholte der Alte und strich mit dem Finger über eine Bücherreihe. »Das ist auch Strandgut; fast alles Antiquaria! Die einstigen Besitzer sind gescheitert oder zugrunde gegangen; ihre Bücher sind in alle Welt getrieben, von geschäftigen Leuten aufgefischt und verkauft; und nun stehen sie hier eine Weile, bis auch ihren jetzigen Besitzer das gleiche Los ereilt. – Aber freilich, dennoch kenne ich diese Emma, wenn sie auch schwerlich davon weiß, daß ich ihre posthume Bekanntschaft gemacht habe.«

Susanne blickte gespannt in die immer lebhafter mitredenden Augen des Vetters.

»Siehst du!« fuhr er fort – und er nahm mir das Buch aus der Hand und schlug einige Seiten darin auf – »hier steht es deutlich: sie liebte, litt und starb. Diese kurze Geschichte erzählen mir hier die Bleistiftstriche unter ihren Lieblingsstellen, das vertrocknete Vergißmeinnicht, dazu das Kreuz. Auch eine alte Jungfer ist sie gewesen und häßlich genug, daß ihre schönen Augen niemandem haben gefallen wollen; auch dem einen nicht, der nie daran gedacht hat, wie glücklich er sie an jenem Frühlingstage machte, als er die welke Blume so gedankenlos ihr gab, wie er sie vorhin gedankenlos gebrochen hatte. Ein Gesichtchen wie das deine wird das nie verstehen; aber« – und er blickte halb schmerzlich, halb in zärtlicher Bewunderung in das schöne Antlitz des jungen Mädchens – »nicht wahr? durch dich soll niemand Leid erfahren!«

Susanne öffnete die Lippen, als wolle sie eine Frage tun; aber der Vetter strich sanft mit der Hand über ihr blondes Haar; dann wandte er sich ab und setzte mit fast zarter Sorgsamkeit das Buch an seinen Ort. Er mag wohl gefühlt haben, daß ich das bemerkte; denn er sagte lächelnd: »Nun, nun! da ist nicht bloß der ›Hesperus‹, da ist auch noch ein armes treues Menschenherz darin.«

Zufällig sah ich in diesem Augenblick unter dem Bücherschranke den mir von früher wohlbekannten schwarzen Geigenkasten. Was war nach solchen Gesprächen natürlicher, als daß ich den alten Herrn an jene Melodie aus meiner Knabenzeit erinnerte und in ihn drang, sie mich jetzt noch einmal hören zu lassen. – Aber er schien fast erschrocken. »Nein, nein, mein Junge!« sagte er, den Kasten hastig in die äußerste Ecke schiebend. »Siehst du denn nicht, daß das ein Särglein ist? Man soll die Toten ruhen lassen.«

Und so war denn weiter von dem Geigespielen nicht die Rede.

Nicht zu leugnen stand übrigens, daß die äußerst zarte Organisation des Vetters im Anstoß mit den Außendingen ihn zu einem für Durchschnittsmenschen ziemlich seltsamen Kauz gemacht hatte. Auch verfehlte er nicht, die Frau Geheimrätin, welche ein seltenes Geschick hatte, ihn an seinen heikelen Stellen zu berühren, im Laufe dieses Tages mehr als einmal gründlich in Verwunderung zu setzen.

Die gute Dame konnte es nicht verwinden, daß er, »der hochgebildete Mann«, die feine Gesellschaft seines früheren Wohnorts mit dieser nur von Halligleuten und einem zahmen Sperling bevölkerten Einöde vertauscht habe, und nahm dies Thema stets von neuem wieder auf. – Die kleine Szene, welche zwischen den beiden alten Herrschaften hieraus entsprang, werde ich nie vergessen.

»Frau Cousine!« sagte der Vetter mit großem Nachdruck, indem er eine schon erfaßte Apfelsine in die Kristallschale zurückfallen ließ – denn wir saßen nach beendigter Mittagstafel eben noch am Nachtisch –, »wenn in Novembernächten der Sturm hier unser Haus gepackt hat, daß wir aufgeschüttelt aus den Betten springen; – wenn wir dann durchs Fenster in Augenblicken, wo eben die Wolken am Mond vorübergejagt sind, das Meer, aber das vom Sturm gepeitschte Meer hier unten am Fuße unserer Werfte sehen, die allein noch hervorragt aus den schäumenden, tobenden Wasserbergen; – Sie glauben nicht, Frau Cousine, wie erquicklich es ist, sich einmal in einer andern Gewalt zu fühlen als in der unserer kleinen regierungslustigen Mitkreaturen!«

Ich mag wohl stumm dazu genickt haben, denn ich wüßte auch jetzt noch nichts Erkleckliches dagegen einzuwenden; die Frau Cousine aber wollte das allerdings nicht glauben, sondern fuhr fort, heftig für das feste Land und dessen gute Gesellschaft zu plädieren.

Eine Weile hörte der alte Herr geduldig zu; dann aber begann es schalkhaft um seinen noch immer schönen Mund zu zucken.

»So will ich's offen denn bekennen«, sagte er; »die Exzellenzen und die Geheimen Ober-Gott-weiß-was-Räte begannen sich die letzte Zeit in unserer guten Stadt auf eine für mich äußerst beunruhigende Weise zu vermehren.«

Ich sah das herablassendste Lächeln in dem Antlitz der alten Dame aufsteigen.

»Aber, mein Gott, was taten Ihnen denn –?«

»Mir, Frau Cousine? Ich dächte doch; sie gingen überall dort in der Sonne, wo eben mir zu gehen beliebte. Es sind das aber, solange sie noch in ihren Drähten hängen, oftmals ganz verruchte Figuren, und man muß ihnen ausbiegen, damit man keine Schläge von ihren hölzernen Armen bekommt.«

Die Geheimrätin wurde unruhig.

»Aber, lieber Herr Vetter, mein seliger Mann –«

»Gewiß, gewiß, Frau Cousine!« Und der Vetter legte beschwichtigend seine Hand auf ihren Arm. »Ich kenne eine ganze Blumenlese davon, die alle einen unheimlichen Anstrich mit sich herumtragen; diese Kerle – ich wette! –, wischt man ihnen die Staatskalendernummer von der Stirn, so sitzen sie da wie ausgeblasene Hülsen; und ich sehe schon, wie ihnen die Augen verglasen, während das bißchen Akten- und Rangklassenbewußtsein daraus verdunstet.«

»Aber, Herr Vetter!« Und die Geheimrätin benutzte eine augenblickliche Pause; »mein trefflicher seliger Mann –«

Und der Vetter legte wieder beschwichtigend seine Hand auf ihren Arm.

»Gewiß, gewiß, Cousine! Und damit ich niemandem unrecht tue, es gibt auch recht scharmante Leute unter ihnen!«

Und sich plötzlich zu mir wendend, begann er immer schneller und heftiger zu reden, bis er zuletzt einige unleugbar handgreifliche Worte niederzuschlucken sich ehrlich, aber vergebens bemühte.

Die Geheimrätin hatte resigniert die Hände gefaltet und sagte gar nichts mehr; der Vetter aber war aufgesprungen, mit erhitztem Gesicht riß er die Stubentür auf und rief: »Mantje, ein Glas Wasser!«

Bevor aber Mantje noch erscheinen konnte, rannte er selber hintennach.

Die alte Dame schien allmählich aufzuatmen.

»Ein angenehmer Mann, der Vetter«, sagte sie hüstelnd, »indes, ich sehe ihn doch am liebsten hier auf seiner Insel.«

Aber schon trat er selber wieder in die Stube.

»Ich habe unziemlicherweise die Tafel abgebrochen«, sagte er entschuldigend; »Sie wissen ja: Herz schon so alt und noch immer nicht klug! – Lassen Sie uns nach Landesbrauch nun Martje Flors Gesundheit trinken!« Er füllte die Gläser und erhob das seine. »Frau Cousine! Susanne! Mein lieber Junge! Auf daß es uns wohl gehe in unseren alten Tagen!«

Und wir tranken, wie das diesem ernstesten aller Trinksprüche eigen zu sein scheint, schweigend und schüttelten uns die Hände.

Die Geschichte aber, welche demselben zugrunde liegt, verdient es, auch in weiteren Kreisen erzählt zu werden. Als nämlich Tönningen, die größte Stadt der Landschaft Eiderstedt, einst von den Schweden belagert wurde, hatte eine Gesellschaft feindlicher Offiziere in dem benachbarten Kathrinenherd Quartier genommen und trieb dort arge Wirtschaft; sie ließen sich Wein auftragen, zechten und lärmten, als seien sie die Herren hier. Martje Flor, die zehnjährige Tochter des Hauses, stand dabei und sah unwillig dem Gelage zu, denn sie gedachte ihrer Eltern, die das unter ihrem

Dache dulden mußten. Da reichte einer der Trinker ihr ein volles Glas und rief, was sie so trübselig dastehe, sie solle lieber auch eine Gesundheit ausbringen! Und Martje trat mit ihrem Glase an den Tisch, wo die feindlichen Kriegsleute saßen, und sprach. »Dat et uns wull ga up unse ole Dage!« – Und auf dieses Wort des Kindes wurde es still.

Seitdem versteht es jeder bei uns zu Hause, wenn am Schlusse des Mahles der Wirt es seinen Gästen zubringt: »Und nun noch – Martje Flors!«

Als wir nach aufgehobener Tafel vor die Haustür traten, führte uns der Vetter unter bedeutungsvollem Schweigen am Hause entlang bis an die südwestliche Ecke desselben. Hier stieß er ein unter herabhängendem Holunder fast verborgenes Pförtchen auf; und wie in ein Wunder blickten wir in einen großen baumreichen Garten hinab, den an diesem Orte, bei der rings umgebenden Öde, wohl niemand hätte vermuten können. – Drunten, von der Insel aus dem Auge ganz verborgen, lag er in einer kesselförmigen Vertiefung der Werfte, an deren schräg abfallenden Wänden sich zwischen verschiedenartigen Obstbäumen eine Reihe üppiger Gemüsebeete entlangzog.

Von unten aus dem Grunde blinkte ein kleiner Teich, ringsum von einem hohen Ligusterzaun umschlossen. Auf dem daran entlangführenden Steige erschien eben, vom Hause hinabspazierend, eine weiße Katze; aber sie verschwand gleich darauf unter dem Schatten der Obstbäume, welche vom Garten aus ihr dichtes Gezweig über den Steig hinüberstreckten. Die blanken Blätter glänzten in dem sattesten Grün, als seien sie nie von einem gefräßigen Insekt berührt worden; nur freilich, wo die Kronen der Bäume den oberen Gartenrand erreichten, waren sie sämtlich wie mit der Zaunschere abgeschoren, was nach des Vetters Erläuterung von dem Nordwestwinde ohne jegliche Bestellung ausgeführt wurde.

Die Aufmerksamkeit unserer »Maman« war durch eine Pumpe erregt worden, welche unweit des Einganges in dem kleinen Teiche stand; und während der alte Herr, unter lebhaften Schlägen mit dem Schwengel, ihr die Speisung und

Bedeutung dieses Süßwasserbehälters der Insel zu erklären begann, gingen Susanne und ich in das trauliche Gartennest hinab, wo der Sonnenschein wie eingefangen auf dem grünen Laube schlief. Wir schritten langsam der weißen Katze nach und verschwanden gleich ihr unter dem dichten Laube der Apfelbäume, das fast Susannens goldklares Haar berührte; um uns her schwamm der Duft von Federnelken und Rosen, die oben zwischen den Gemüsebeeten blühten. Unmerklich, wenn mich die Erinnerung nicht täuscht, waren wir in jenen träumerischen Zustand geraten, von dem in der Sommerstille, inmitten der webenden Natur, so leicht ein junges Paar beschlichen wird: sie schweigen, und sie meinen fast zu reden; aber es ist nur das Getön des unsichtbar in Laub und Luft verbreiteten Lebens, nur das Hauchen der Sommerwinde, die den Staub der Blüten zueinander tragen. Ich glaube, wir saßen auf einer kleinen Holzbank und blickten – wer weiß, wie lange schon! – durch die Lücken des Zauns auf das unten schimmernde Wasser, als plötzlich die akzentuierte Stimme der Geheimrätin mich auf die Oberfläche des Lebens zurückrief; und gleich darauf erschien auch der alte Herr und trieb uns mit munteren Worten zum Kaffee in das Haus.

Aber ich stahl mich bald davon, um mir nach meiner Weise allein und ungestört die verschiedenen Räume des großen, ganz im Viereck gebauten Hauses anzusehen.

Eine Weile stand ich in einer Art von Zimmerwerkstatt und plauderte mit dem Sohne des Hauses, der, gleich Robinson, alle Hantierungen vom Robbenjäger bis zum Zimmermann in sich vereinigte und augenblicklich in letzter Eigenschaft an den Blöcken eines Segelboots arbeitete, das von einer Nachbarinsel aus bei ihm bestellt war.

Von hier gelangte ich in einen langen, ziemlich düstern Stall. Er war leer, da das Vieh draußen auf der Hallig weidete; nur die weiße Katze saß jetzt hier auf der Krippe, und einige Hühner liefen gackelnd durch das Mauerloch aus und ein; an den Wänden sah ich hie und da ein Seehundsfell zum Trocknen angenagelt.

Zu Ende des Stalles, im rechten Winkel daranstoßend, noch stiller und noch mehr in Dämmerung, lag die Scheune; und dort in ihrer Mitte stand das neue Boot, noch duftend von dem Harz des Waldes, von keiner Welle noch berührt. Wie selbstverständlich stieg ich ein; ich setzte mich auf die Ruderbank und dachte an den Vetter, weshalb er denn vorhin sein Geigenspiel vor uns verleugnet habe.

Es war völlig einsam hier. Die kleinen, überdies mit Spinngewebe überzogenen Fenster lagen so hoch, daß sie keinen Ausblick zuließen. Vom Hause her vernahm ich keinen Laut; aber draußen um die Mauern, obgleich gegen Mittag der Wind sich fast gänzlich gelegt hatte, ertönte eine Art von Luftmusik, die mich die großen Register ahnen ließ, mit denen hier um Allerheiligen der Sturm sein Weltmeerkonzert in Szene zu setzen pflegt. Nach einer Weile mischten sich leichte Schritte, die durch den Stall daherkamen, in dieses Tönen der Luft, und als ich aufblickte, stand Susanne in der Tür, ihr Hütchen am Bande hin und her schwenkend.

»Weshalb sind Sie denn fortgelaufen?« rief sie, indem sie trotzig den Kopf zurückwarf. »Mama sitzt drinnen vor einer Seekarte, und Onkel hat ein großes Teleskop am offenen Fenster aufgestellt. Ich mag aber nicht durch Teleskope sehen.«

»So gehen Sie bei mir an Bord!« erwiderte ich, auf meiner Ruderbank zur Seite rückend, »es ist ein neues sicheres Fahrzeug.«

»In dieses Boot soll ich steigen? Weshalb? Es ist so düster hier.«

»Hören Sie nur, wie die zarten Geister musizieren!«

Sie horchte einen Augenblick, dann kam sie näher und hatte schon ihr Füßchen auf den Rand des Bootes gesetzt.

»Nun, was zögern Sie, Susanne? Haben Sie kein Vertrauen zu meiner Steuerkunst?«

Sie sah mich an; es war etwas von dem blauen Strahl eines Edelsteins in diesem Blicke, und es überfiel mich, ob mir nicht doch von diesen Augen Leids geschehen könne. Ich mag sie dabei wohl seltsam angestarrt haben; denn als wandle eine Furcht sie an, zog sie langsam ihren Fuß zurück.

»Wir wollen lieber an den Strand hinab!« sagte sie leise. »Ich möchte noch die Nester der Silbermöwen sehen!«

So verließ ich denn mein gutes Fahrzeug, und wir traten aus dem Hause, wo die Tageshelle fast blendend in unsere Augen strömte. – Ohne von den alten Herrschaften etwas wahrzunehmen, gingen wir die Werfte hinab und über die Hallig nach dem Strande zu. Ein Stengel duftenden Seewermuts, eine violette Strandnelke wurde im Vorbeigehen mitgenommen, sonst war hier nichts, das unsere Aufmerksamkeit hätte erregen können. An manchem der oft tiefen Gerinne, womit, wie mit einem Gewebe, die ganze Hallig überzogen war, mußten wir auf und ab wandern, bevor wir eine Stelle zum Hinüberspringen fanden. Aber Susanne hatte die Mädchenturnschule durchgemacht, und an ihren Schultern waren die unsichtbaren Flügel der Jugend; ich hörte deutlich ihr melodisches Rauschen, wenn der kleine Fuß zum Sprunge ansetzte und wenn sie dann so rasch hinüberflog.

Ein leichter Wind hatte sich aufgemacht, als wir den Strand erreichten. Das Meer, das bei der eingetretenen Flut nur etwa einen Büchsenschuß von dem grünen Lande entfernt war, lag jetzt wie fließendes Silber vor den schräg fallenden Strahlen der Nachmittagssonne; bis weit hinaus um den Strand der Insel hörte man das Getose der Brandung. In der Luft war noch immer, wie am Vormittage, das Steigen und Sinken der großen Silbermöwen, nur daß jetzt, da kein Licht von oben durchschien, das schneeige Weiß ihrer Flügel sich noch mehr gegen den blauen Himmel abhob. Auch kleinere schwarze Vögel mit storchartigem Schnabel sahen wir, die wie mit hellem Kriegsschrei durch das Gewimmel der großen Möwen hin- und herschossen.

Und jetzt ließ Susanne einen Ruf des Entzückens hören; in einem Tangbüschel, umgeben von einem rötlichen Kranze zermalmter Schaltiere, lagen zwei der großen graugrünen Eier; sechs Schritte weiter wieder zwei; und dort, etwas seitwärts, schimmerten gar drei von den kleineren Eiern des schwarzen Austerfischers. Die meisten lagen auf dem bloßen Sande; denn, wie der Vetter sagte, »diese Kreaturen machen wenig Umstände mit ihrer Häuslichkeit«. Die Vögel gackerten und schrien; Susanne aber, unbekümmert und mit vor Neugier leuchtenden Augen, schritt immer weiter hinaus, von Nest zu Nest.

Ich hatte mich gegen das Meer hin auf den Rand des Ufers gesetzt. Eine Weile blickte ich Susannen nach; wohin dann meine Gedanken gingen, hätte ich wohl selber kaum zu sagen gewußt, meine Augen aber buchstabierten immer wieder an dem Spiegel unseres unweit auf dem Wasser schaukelnden Schiffes den mir längst bekannten Namen »Die Wohlfahrt«, dessen goldene Buchstaben in der Sonne zu mir herüberglänzten. Das Anrauschen des Meeres, das sanfte Wehen des Windes – es ist seltsam, wie das uns träumen macht.

Als ich aufstand, war von Susanne nichts zu sehen. Ich ging eine Strecke an dem Ufer hin, während über mir die Möwen gleich ungeheuren Schneeflocken in der Luft tanzten. Ich rief, ich sang – keine Antwort. Endlich dort, weitab in einer Bodensenkung, sah ich sie im Sande knien. In der scharfen Beleuchtung der schon abendlichen Sonne gewahrte ich eines der großen Eier in ihrer Hand; sie hielt regungslos das Ohr darauf geneigt, als wolle sie das keimende Leben belauschen, das darin verschlossen war. Ihr zu Häupten aber schwebten zwei der mächtigen Vögel, die sich aus der langen Kette losgelöst hatten; sie stießen ihre heiseren Töne aus und schlugen wie zornig mit den weißen Flügeln. Unwillkürlich blieb ich stehen; so wild und doch so anmutvoll war dieses Bild. Die kniende Gestalt des Mädchens regte sich noch immer nicht. Da schoß eines der erzürnten Tiere so jäh auf sie herab, als hätte es mit seinem Schnabel ihre Locken pakken müssen.

Susanne stieß einen lauten Schrei aus, daß selbst die Vögel erschreckt zur Seite stoben; dann schleuderte sie das Ei weit von sich, und wie vorhin über die kleinen Abgründe, flog sie auf mich zu und schlang beide Arme um meinen Hals. – –

Nur ein Hauch darf beben,
Blitzen nur ein Blick;
Und die Engel weben
Fertig ein Geschick.

So sagt ein Dichterwort. – Aber dieser Hauch bebt oft auch nicht. – Ich war ein junger Advokat und längst von wohlmeinender Seite mir bedeutet worden, wenn ich in meinem Berufe »prosperieren« wolle, so müsse ich nicht nur meinen grauen Heckerhut beiseite legen, sondern mir auch den Schnurrbart abrasieren. Beides hatte ich unterlassen, bisher leichtsinnig und wohlgemut; jetzt aber fiel es mir zentnerschwer aufs Herz, und, seltsam, während die Brandung eintönig vor meinen Ohren rauschte und der blonde Mädchenkopf noch immer an meiner Schulter ruhte, konnte ich meine Gedanken zu nichts Besserem bewegen, als sich gegen diese Tyrannei der öffentlichen Meinung immer von neuem in Schlachtordnung aufzustellen; ja, der Heckerhut und der Schnurrbart selbst begannen zuletzt wie zwei feindliche Gespenster gegen mich aufzustehen.

»Susanne«, sagte ich endlich resigniert, »wir werden heimgehen müssen, es wird schon spät.«

Es ist dies jedenfalls recht ungeschickt gewesen; denn ich weiß noch gar wohl, wie Susanne mich erschrocken von sich stieß und dann, bis unter ihr lockicht Stirnhaar errötend, wie hülflos vor mir stehenblieb. Und ohne Zweifel war es nicht eben viel geschickter, als ich, um das wiedergutzumachen, ihre beiden Hände ergriff und tröstend zu ihr sagte: »Ich weiß wohl, daß es nur die wilden Vögel waren.«

Aber wie auch immer – da wir nun zurückgingen, es war doch anders als vorhin; sie hatte sich nun einmal doch in meinen Schutz begeben. Noch oft, wenn über uns ein Vogelschrei ertönte, warf sie hastig das Köpfchen herum, ob auch die geflügelten Feinde hinterdrein kämen, um ihre zerstörte Brut zu rächen; und wenn wir dann an ein Gerinne kamen, so reichte sie wie selbstverständlich mir die Hand, und es war unverkennbar, daß wir nun zusammen flogen.

Als wir auf der Werfte anlangten, stand der Vetter in der Tür.

»Susanne, mein liebes Kind«, sagte er mit einem seltsam geheimnisvollen Wesen, »deine Mutter ist drinnen im Zimmer; ich möchte ein Wort mit unserem jungen Freunde reden.«

Somit faßte er mich unter den Arm und führte mich um das Haus bis an die hintere Seite desselben. Hier machte er halt und sah mir lange und zärtlich in die Augen.

»Mein Herzensjunge!« sagte er dann, »jetzt weiß ich's ja, weshalb du vorhin das alte Liebeslied von mir verlangtest, denn ich will's dir nur gestehen, daß es ein solches war, und zwar ein echtes. Da es dich die langen Jahre und bis zu diesem Ziele begleitet hat« – der Vetter hielt einen Augenblick inne –, »wenn du mich demnächst selbander besuchen wirst, ich glaube wohl, daß ich die Melodie noch wiederfinde.«

Was sollte ich auf so verfängliche Reden antworten!

»Ich verstehe Sie nicht, lieber Vetter!« sagte ich.

»Du verstehst mich nicht?«

Ich mußte wiederholt diese Versicherung geben; dann aber kam es heraus.

Vom Zimmer aus hatte der Vetter sein Teleskop auf immer neue Inseln und Halligen gerichtet, und die Geheimrätin hatte immer treu hindurchgesehen, »bis wir«, fuhr er fort, »zuletzt auch unseren eigenen Strand und als Staffage dich und Susanne vor unser Glas bekamen. Die Frau Cousine blickte mit ganz mütterlichem Stolze auf euch beide hin, auf einmal aber springt sie mit einem ›O mein Himmel‹ in die Stube zurück. ›Vetter‹, ruft sie, ›ich verstehe die Situation nicht!‹ und schiebt dann mit großer Hast mich selber vor das Teleskop. Und wie nun ich hindurchsehe – ›Erstaunlich!‹ rufe auch ich, ›aber doch nicht völlig unverständlich!‹ und ›Meinen herzlichen Glückwunsch, Frau Cousine!‹ Denn, leugne es nur nicht, Vetter! Du hieltest sie richtig in deinen Armen, und ich sage nur: Halte fest, mein Junge, halte fest! Denn dieses Kind ist Gott und den Menschen ein Wohlgefallen!«

Das Gesicht des alten Herrn strahlte vor Freude, und mir

selbst begann das Herz sehr laut zu klopfen. Aber was half das alles!

»Es tut mir leid«, sagte ich, »aber bestellen Sie den Glückwunsch nur wieder ab; denn es ist nichts, Vetter!«

»Nichts?«

»Nein, nichts!«

Und ich erzählte ihm nun, daß es nur die großen Vögel gewesen seien.

»Erstaunlich!« Er sah mich eine Weile zweifelnd an; dann, wie plötzlich entschlossen, drückte er mir kräftig die Hand und sagte: »Mein Herzensjunge, ich glaube, nun verstehst du die Situation nicht.«

Ob inzwischen auch Susanne ihre Mutter in dieser Weise aufgeklärt hatte, weiß ich nicht; ich bemerkte, da wir ins Zimmer traten, nur ein noch etwas feierlicheres Wesen an der alten Dame, als ihr sonst zu eigen war.

Nicht lange nachher kam die Zeit des Abschieds. Die Damen fuhren; ich, in Begleitung des Vetters, ging zu Fuß an den Strand hinab. Als der Wagen uns schon fast erreicht hatte, ergriff der Alte noch einmal meinen Arm und führte mich ein Stückchen an dem Wasser hin.

»Also es ist wirklich nichts, mein Junge?«

»Wirklich nichts, Vetter!«

Er sah mich traurig an.

»Nun, so komm zu mir auf meine Hallig; wir lassen zu Ostern drei Fach für dich anbauen; überleg dir's wohl!«

Und er drückte kräftig meine beiden Hände.

Dann gingen wir zu Schiffe. Als wir schon weit vom Lande auf dem tiefen Wasser schwammen, sahen wir noch lange den Vetter, wie er grüßend seine Mütze schwenkte und wie die Abendsonne auf seine weißen Haare schien.

Nach Sonnenuntergang drehte sich der Wind; eine sanfte Brise wehte aus Südwest; vor uns aus dem dunkeln Wasser stieg der Mond und erhellte mit seinem sanften Licht das Meer. Die Geheimrätin hatte ihren Atlasmantel mit Silberfuchs umgetan und der Kühle wegen sich unten in dem offenen Schiffsraum eingerichtet. Susanne, in weiche Tücher eingehüllt, lehnte neben mit an der Schanzkleidung; ihr Antlitz erschien fast blaß in der nächtlichen Beleuchtung.

Einmal aus der Ferne drang das Winseln eines Tieres über das Wasser zu uns her, und die Schiffer sagten, daß es ein junger Seehund sei, der seine Mutter suche. Dann war es wieder still, und nur die Wellen an unserem Schiffe rauschten. Wir aber standen noch immer und blickten über das Meer hinaus. Wohin in dieser leeren Weltenferne unsere Blicke gingen, wer vermöchte das sagen! Ob etwa auch Susanne noch an die wilden Vögel dachte? Sie verriet mir nichts davon, und ich habe es auch später nicht erfahren. Ebenso unsicher bin ich, ob der Klabautermann an Bord gewesen ist. Einmal, da ich den Kopf wandte, war mir zwar, als ob dort am Bugspriet unter dem Klüversegel sich etwas wie Nebel zusammenkauere, allein ich achtete nicht darauf. Zwei junge Augen, die sich, still wie diese Nacht, mitunter zu mir wandten, waren ein holderes Geheimnis. Wohl aber fühlte ich, daß Geister mit uns fuhren, denen selbst die Nähe der Geheimrätin kein Gegengewicht zu leisten vermochte.

Als wir dann endlich wieder auf unserem Deiche nach der Stadt zurückkehrten, sang über dem dämmernden Koog unsichtbar noch eine Lerche. Zur anderen Seite stand der Mond und warf gelblich blinkende Lichter auf den von der eintretenden Ebbe bloßgelegten Schlamm.

Es gibt Tage, die den Rosen gleichen; sie duften und leuchten, und alles ist vorüber; es folgt ihnen keine Frucht, aber auch keine Enttäuschung, keine von Tag zu Tag mitschreitende Sorge. – Ich habe meinen Hut und meinen Schnurrbart beibehalten, bis endlich beide zur allgemeinen Mode wurden und darin verschwanden. Es ist mir andererseits verhüllt geblieben, ob etwa im Verlaufe des Lebens der Blick jener blauen Augen neben dem Strahl des Edelsteins nicht auch die Härte desselben angenommen hat. Der Tag auf des Vetters Hallig und mitten darin Susannens süße jugendliche Gestalt steht mir, wie Rungholt, wohlverwahrt in dem sicheren Lande der Vergangenheit.

Noch einmal, einige Jahre später, habe ich den Vetter auf seiner Hallig besucht; freilich nicht selbander, wie er derzeit es so herzlich mit mir im Sinne hatte. Sein Geist schien noch rüstig, aber mit seinem Körper ruhte er doch am liebsten am Fenster in dem weichen Lehnstuhl und ließ statt seiner Füße nur die Augen über die Hallig nach dem Strande wandern. Als ich hier ihm gegenübersaß, sah ich draußen aus dem blauen Himmel zwei jener weißen Möwen gegen das Haus fliegen. Auf halber Höhe der Werfte ließen sie sich nieder, und der Vetter öffnete das Fenster und warf ihnen Brot- und Fleischschnitte zu, die er neben sich auf der Fensterbank für sie in Bereitschaft hatte. »Früher kam ich zu ihnen«, sagte er, »nun müssen sie schon zu mir kommen.« – –

Jetzt suchen sie vergebens ihren Freund. Zwar ist er auf seiner Hallig geblieben, aber aus dem Hause hat man ihn hinausgetragen; die grüne Rasendecke liegt schützend über ihm. Er hat es gewagt, sich hier zur Ruhe zu begeben; wohl wissend, daß der Sturm die Flut zu seinem Grabe treiben, daß die Flut es aufwühlen und ihn in seinem schmalen Ruhebette auf das weite Meer hinaustragen könne. Aber wie hätte er jene großen Mächte fürchten sollen, in deren Schutz er sich so gern gesichert glaubte!

Mir hatte der treffliche Mann außer seiner Bibliothek und seinem handschriftlichen Nachlaß auch seine Cremoneser Geige vermacht, welche ich zufolge testamentarischer Anordnung, obgleich des Geigenspiels ganz unkundig, weder verschenken noch verkaufen, sondern nur vererben darf. So liegt sie denn jetzt unberührt bei anderen Gedächtnisstükken. Unter den Papieren aber finden sich einige kurze Aufzeichnungen von der Hand des Verstorbenen, welche vermuten lassen, daß derzeit bei seiner Flucht aus der Welt noch ein besonderer Hebel mitgewirkt habe. Auch die Zeit stimmt hiemit überein, denn nach dem beigefügten Datum stammen sie sämtlich aus den letzten Jahren vor seinem Halligleben. Er wohnte damals noch in seinem eigenen Hause, das dicht neben der Stadt in einem baumreichen Garten gelegen war. Aus seinem Wohnzimmer, welches sich im oberen Stocke

befand, sah man durch einige davorstehende Lindenbäume
über ein paar grüne Felder auf die Heide, die sich damals noch
weit nach Westen hinauszog. Ich weiß noch wohl – denn ich
habe dort oft bei ihm gesessen –, wie sehr er diesen Ausblick
liebte. Die Heide war ihm ein vertrauter Ort; nicht nur daß
er sie unablässig für seine entomologischen und botanischen
Studien durchforschte, sondern er fand dort auch, wie er
sich ausdrückte, »die nötige Erholung von dem Menschen-
leben«.

An diesem Fenster sitzend muß ich mir ihn denken, als er
jene Zeilen niederschrieb, die jetzt in seiner kleinen, aber
deutlichen Handschrift vor mir liegen.

Sie lauten also:

Wie gut es sich hier in den Oktobernachmittag hinausschaut!
So golden scheint noch die Sonne; doch lösen sich unter
ihrem Strahle schon die Blätter und sinken lautlos auf den
feuchten Rasen; immer sichtbarer werden die nackten Äste.
Von drunten aus den Holunderbüschen klang ein Drossel-
schlag; nach einer Weile rief es noch einmal aus der Ferne –
es nimmt alles Abschied.

Die lichtgraue Dämmerung des Herbstabends hat sich
verbreitet, Haus und Garten liegen schon im Schatten, hinter der Heide ist die Sonne hinabgegangen. Nur ganz fern am
Himmel, dort, wohin wie Schatten jetzt die Vögel fliegen, ist
noch eine leuchtende Wolkenschicht gebreitet. Sie steht über
einem Lande jenseit des Horizonts, den meine Augen noch
erreichen können. Aber auch dort wird bald der goldne Tag
erlöschen. – –

Als ich in das Zimmer zurückblickte, lag noch ein Schimmer jenes Abendscheines auf meinem schwarzen Geigenkasten, der nun schon seit Jahren uneröffnet dort unter dem
Bücherschranke steht. Die Geige, die er verbirgt, erstand ich
einst aus dem Nachlasse eines früh verstorbenen florentini-
schen Musikers, und erst seitdem wußte auch ich, daß ich
spielen könne. Auf dem innern Rande des Kastens fand ich
damals eine italienische Strophe eingeschrieben, und seltsam,

da ich sie in unsere Sprache übertrug, war mir's, als hätte ich diese nun deutschen Verse einst selbst gemacht, und suchte lange, wiewohl vergebens, danach unter meinen alten Papieren. Aber sowie ich die Geige mit meinem Bogen anstrich, da sang es und schwoll es an zu einer Gewalt, die mich selbst erbeben machte. Das war nicht ich allein, der diese Töne schuf; ein geistig Erbteil war in dieser Geige, und ich war der rechte Erbe, der es mit eigner Kraft vermehrte. Nun ruht sie seit lange klanglos in ihrer schwarzen Truhe; denn schon vor Jahren hatte ich es erkannt: nur bis zu einer gewissen Grenze des Lebens fließt um unsere Nerven jener elektrische Strom, der uns über uns selbst hinausträgt und auch andere unwiderstehlich mit sich reißt.

Und nun? Und heute abend?

Ich muß vor den Spiegel treten, damit ich meine grauen Haare nicht vergesse.

Nein, nein! Ich will die Geige, meine klingende Seele, aus ihrem Sarge nehmen, und meine Hände sollen nicht zittern.

Eveline führte mich in den Saal. Er war noch leer, aber die Kerzen brannten schon; unter der Kristallkrone stand der geöffnete Flügel.

»Hier sollen Sie spielen!« sagte sie. »Dort auf dem Tischchen steht Ihr Geigenkasten.«

»Soll ich wirklich, Eveline?«

Sie legte, wie sie das zuweilen tat, ihre Wange in die Hand und sah mich ernsthaft an.

»Sie haben es mir doch versprochen!«

– »Und vor so hoher Gesellschaft?«

Denn in großen, ziemlich mäßigen Steindrucken, aber aus desto dickeren Goldrahmen schaute fast die ganze erste Rangklasse unseres Staatskalenders von den Wänden herab.

Sie lachte.

»Pst! Nicht spotten! Das sind Papas Penaten. Weshalb sehen Sie nicht auf meine Bilder, die bescheiden, aber tröstlich unter ihnen hängen?«

Und freilich, auch Goethe und Mozart waren, wenn auch in kleinerem Format, vertreten.

Die Gesellschaft drängte aus den andern Zimmern in den Saal.

»Adieu!« sagte Eveline.

Sie reichte mir flüchtig die Hand, ihr dunkles Auge streifte mich; dann ging sie den Eintretenden entgegen. Ich suchte mir in der fernsten Ecke einen Platz. Der weiche, etwas müde Klang ihrer Stimme lag noch in meinem Ohr; aus ihren einfachsten Worten spricht es oft, ich weiß nicht, wie die schmerzliche Erwartung oder wie die heimliche Zusage eines Glückes. Bald aber gesellte sich mein werter Vetter, der Geheimrat, zu mir und sprach irgend etwas über Kunst; und ich besah mir indes die noch immer unter Geplauder und Komplimenten Platz nehmende Gesellschaft und verglich sie mit der, die an den Wänden hing.

Und jetzt wurde ein Akkord angeschlagen. Unser Adolf, der Musikdirektor, begann das Largo aus Beethovens D-Dur-Sonate. Und es wurde völlig still und blieb es auch; denn er versteht es, wenn die Stunde günstig ist, seinen Beethoven so eindringlich zu Gehör zu bringen, daß es schon sehr große Geister oder aber sehr große Flegel sein müssen, die dabei sich noch selber sollten hören mögen. Mit dem Einsatze der Menuett war mir sogar, als gehe ein Aufatmen des Entzückens durch den ganzen Saal. Ist doch Musik die Kunst, in der sich alle Menschen als Kinder eines Sterns erkennen sollen!

Dann führte der Musikdirektor seine jungen Scharen vor. Es waren frische, anmutige Stimmen darunter, und sie sangen ihre Tee- und Kaffeeliedchen, in denen sie sich so wohl fühlen, die wie die Sommervögel kommen und verschwinden. Sie sangen aber auch von den Liedern des neuen großen Komponisten, durch welchen Eichendorffs wunderbare Lyrik zuerst in der Musik ihren Ausdruck erhalten hat. Ahnungslos schwebten die jungen Stimmen über dem Abgrund dieser Lieder. – Ich weiß nicht, ob der Kapellmeister Johannes Kreisler davongelaufen wäre; ich saß ganz still und horchte auf den süßen, taufrischen Lerchenschlag der Jugend. Dazwischen immer behagliches Klatschen und liebkosende Worte der älteren Herren und Damen und laute Komplimente der jungen Kavaliere. Weshalb denn auch nicht?

Und nun – ich glaube fast, daß mir die Brust beklommen war – stand ich selbst am Flügel. Eveline hatte die Geige schweigend vor mich hingelegt und war dann ebenso zurückgetreten. Spohrs neuntes Konzert lag aufgeschlagen. Adolf sah mich an: »Nun, wollen wir?«

Wir kannten uns. Vor Jahren hatte mancher Abend, manche Nacht uns so vereint gesehen. Schon lag mein Bogen an den Saiten; ein paar Akkorde noch des Flügels, und sicher und kristallhell flog der erste Ton durch den Saal.

Und meine Geige sang, oder eigentlich war es meine Seele. Sie sang wie einst der Neck am Wasserfall, von dem die Kinder sagten, daß er keine Seele habe. – Du weißt es, meine Muse, denn du standest mir gegenüber neben dem Bilde deines Lieblings, des Jünglings Goethe, die schönen Hände in deinem Schoß gefaltet. Deine Augen waren hingegeben offen, und ich trank aus ihnen die entzückende Götterkraft der Jugend. Und die Wände des Gemaches schwanden, und der rauschende Wasserfall stand, und alle die jungen Vögel, die eben noch so laut geschlagen hatten, verstummten lauschend. Ich war eins mit dir, schöne jugendliche Göttin, hoch oben stand ich herrschend; ich fühlte, wie die Funken unter meinem Bogen sprühten; und lange, lange hielt ich sie alle in atemlosem Bann.

Wir waren zu Ende. Adolf nahm die Hände vom Klavier, sah zu mir auf und nickte leis.

Und da ich den Bogen fortgelegt hatte, blickten die Jungen auf mich, halb scheu, mit erstaunten großen Augen, als hätten sie plötzlich entdeckt, ich sei noch einer von den ihren, den sie nicht erkannt, der nun plötzlich die Maske des Alters fortgeworfen habe.

Erst als Adolf seinen Stuhl rückte und aufstand, wurde die Stille unterbrochen, und die Gesellschaft drängte sich zu uns. Nur ich wußte, daß plötzlich Evelinens Hand in meiner lag. Oder war es die Hand meiner Muse, die noch einmal flüchtig mich berührte?

Sie haben dich gescholten, Eveline.

Und wenn ihr wahr gesprochen hättet – laßt sie mir! Auch die Natur, von welcher, gleich der Rose, sie nur ein Teil ist, vermag uns nichts zu geben, als was wir selber ihr entgegenbringen. Vielleicht gelangt der Mensch überall nicht weiter, und wir sterben einsam, wie wir einsam geboren wurden. Und dennoch, was wäre das Leben, wenn es keine Rosen gäbe!

Weißt du, daß es Vorgesichte gibt? – Mitunter, als könne sie nicht warten, bis auch ihre Zeit gekommen ist, wirft die Zukunft ihr Scheinbild in die Gegenwart. – Du ahntest nichts davon, aber ich habe es gesehen; es war mitten im kerzenhellen Saale. Du hattest getanzt und lehntest atmend in der Sofaecke; da sah ich dein Antlitz sich verwandeln, deine Züge wurden scharf, deine Wangen schlaff und fahl. Schon streckte meine Hand sich aus, um leis die Rose aus deinem Haar zu nehmen; denn sie saß dort wie ein Hohn für dein armes Angesicht. Aber es verschwand, da ich fest dich anblickte; du lächeltest, du warst wieder nicht älter als deine achtzehn Jahre. Unmächtig wich das Gespenst zurück; nur ich sah es noch immer wie eine verhüllte Drohung in der Ferne stehen.

O Eveline! Der Strom der Schönheit ergießt sich ewig durch die Welt, aber auch du bist nur ein Wellenblinken, das aufleuchtet und erlischt; und alle Zukunft wird einst Gegenwart.

> Im eigenen Herzen geboren,
> Nie besessen,
> Dennoch verloren.

Wie seltsam, diese Worte auf meinem Geigenkasten!

Auch das ist nun vorüber. –

Hier scheinen in den Aufzeichnungen des Vetters ein oder mehrere Blätter zu fehlen; denn das Folgende, womit dort ein neues Blatt beginnt, ist augenscheinlich nur der Schluß eines längeren Aufsatzes.

– – »Aber ein Hauch der ewigen Jugend, die in mir ist, hat doch dein Herz berührt; mögen noch so übermütig deine jungen Lippen zucken. Einst, wenn auch du zu den Schatten gehörst, deren Mund vergebens nach dem Kelche dürstet, aus dem vor ihren Augen die Jugend in vollen Zügen trinkt, wird die Erinnerung an mich dich jäh überfallen; vielleicht am stillen Abend, wenn du hinter abgeheimsten Stoppeln die Sonne sinken siehst, vielleicht – auch das ist möglich – erst in den Schauern des Todes, in jenem letzten Augenblicke, wo alle Erdengeister dich verlassen. – Und nun geh, Eveline; denn jetzt sind sie alle noch in deinem Dienst!«

Ihre Hand zitterte, die, wie ich jetzt erst fühlte, in der meinen lag. Aber sie zog sie schweigend zurück und ging.

»Gute Nacht, Eveline!«

Du aber, o Muse des Gesanges, verlasse du mich noch nicht! Laß mich mein Haupt an deine Schulter lehnen, denn ich bin müde, müde wie ein gehetztes Wild; und sollte ich heimlich bluten, so lege du die Hand auf meine Wunde! – –

Hier enden diese Aufzeichnungen. Kein Band, keine Locke, keine Blume liegt bei den vergilbten Blättern.

Wer war jene Eveline, welche dies alternde Herz noch einmal so tief zu erschüttern vermochte? – Ich kenne keine ihres Namens. Requiescat! Requiescat!

Detlev von Liliencron

Trutz, Blanke Hans

Heut bin ich über Rungholt gefahren,
Die Stadt ging unter vor sechshundert Jahren.
Noch schlagen die Wellen da wild und empört,
Wie damals, als sie die Marschen zerstört.
Die Maschine das Dampfers schütterte, stöhnte,
Aus den Wassern rief es unheimlich und höhnte:
    Trutz, Blanke Hans.

Von der Nordsee, der Mordsee, vom Festland
    geschieden
Liegen die frisischen Inseln im Frieden.
Und Zeugen weltenvernichtender Wut,
Taucht Hallig auf Hallig aus fliehender Flut.
Die Möwe zankt schon auf wachsenden Watten,
Der Seehund sonnt sich auf sandigen Platten.
        Trutz, Blanke Hans.

Mitten im Ozean schläft bis zur Stunde
Ein Ungeheuer, tief auf dem Grunde.
Sein Haupt ruht dicht vor Englands Strand,
Die Schwanzflosse spielt bei Brasiliens Sand.
Es zieht, sechs Stunden, den Atem nach innen
Und treibt ihn, sechs Stunden, wieder von hinnen.
        Trutz, Blanke Hans.

Doch einmal in jedem Jahrhundert entlassen
Die Kiemen gewaltige Wassermassen.
Dann holt das Untier tiefer Atem ein,
Und peitscht die Wellen und schläft wieder ein.
Viel tausend Menschen im Nordland ertrinken,

Viel reiche Länder und Städte versinken.
　　　　Trutz, Blanke Hans.

Rungholt ist reich und wird immer reicher,
Kein Korn mehr faßt selbst der größeste Speicher.
Wie zur Blütezeit im alten Rom,
Staut hier täglich der Menschenstrom.
Die Sänften tragen Syrer und Mohren,
Mit Goldblech und Flitter in Nasen und Ohren.
　　　　Trutz, Blanke Hans.

Auf allen Märkten, auf allen Gassen
Lärmende Leute, betrunkene Massen.
Sie ziehn am Abend hinaus auf den Deich:
Wir trotzen dir, Blanker Hans, Nordseeteich!
Und wie sie drohend die Fäuste ballen,
Zieht leis aus dem Schlamm der Krake die Krallen.
　　　　Trutz, Blanke Hans.

Die Wasser ebben, die Vögel ruhen,
Der liebe Gott geht auf leisesten Schuhen.
Der Mond zieht am Himmel gelassen die Bahn,
Belächelt der protzigen Rungholter Wahn.
Von Brasilien glänzt bis zu Norwegs Riffen
Das Meer wie schlafender Stahl, der geschliffen.
　　　　Trutz, Blanke Hans.

Und überall Friede, im Meer, in den Landen.
Plötzlich wie Ruf eines Raubtiers in Banden:
Das Scheusal wälzte sich, atmete tief,
Und schloß die Augen wieder und schlief.
Und rauschende, schwarze, langmähnige Wogen
Kommen wie rasende Rosse geflogen.
　　　　Trutz, Blanke Hans.

Ein einziger Schrei – die Stadt ist versunken,
Und Hunderttausende sind ertrunken.

Wo gestern noch Lärm und lustiger Tisch,
Schwamm andern Tags der stumme Fisch.
Heut bin ich über Rungholt gefahren,
Die Stadt ging unter vor sechshundert Jahren.
Trutz, Blanke Hans?

Heinrich Heine

Strandgang

Ich gehe hier oft am Strande spazieren und gedenke solcher seemännischen Wundersagen. Die anziehendste derselben ist wohl die Geschichte vom Fliegenden Holländer, den man im Sturm mit aufgespannten Segeln vorbeifahren sieht und der zuweilen ein Boot aussetzt, um den begegnenden Schiffern allerlei Briefe mitzugeben, die man nachher nicht zu besorgen weiß, da sie an längst verstorbene Personen adressiert sind. Manchmal gedenke ich auch des alten, lieben Märchens von dem Fischerknaben, der am Strande den nächtlichen Reigen der Meernixen belauscht hatte und nachher mit seiner Geige die ganze Welt durchzog und alle Menschen zauberhaft entzückte, wenn er ihnen die Melodie des Nixenwalzers vorspielte. Diese Sage erzählte mir einst ein lieber Freund, als wir, im Konzerte zu Berlin, solch einen wundermächtigen Knaben, den Felix Mendelssohn-Bartholdy, spielen hörten.

Einen eigentümlichen Reiz gewährt das Kreuzen um die Insel. Das Wetter muß aber schön sein, die Wolken müssen sich ungewöhnlich gestalten, und man muß rücklings auf dem Verdecke liegen und in den Himmel sehen und allenfalls auch ein Stückchen Himmel im Herzen haben. Die Wellen murmeln alsdann allerlei wunderliches Zeug, allerlei Worte, woran liebe Erinnerungen flattern, allerlei Namen, die wie süße Ahnung in der Seele widerklingen – »Evelina!« Dann kommen auch Schiffe vorbeigefahren, und man grüßt, als ob man sich alle Tage wiedersehen könnte. Nur des Nachts hat das Begegnen fremder Schiffe auf dem Meere etwas Unheimliches; man will sich dann einbilden, die besten Freunde, die wir seit Jahren nicht gesehen, führen schweigend vorbei und man verlöre sie auf immer.

Ich liebe das Meer wie meine Seele.

Oft wird mir sogar zumute, als sei das Meer eigentlich meine Seele selbst; und wie es im Meere verborgene Wasserpflanzen gibt, die nur im Augenblick des Aufblühens an dessen Oberfläche heraufschwimmen und im Augenblick des Verblühens wieder hinabtauchen, so kommen zuweilen auch wunderbare Blumenbilder heraufgeschwommen aus der Tiefe meiner Seele und duften und leuchten und verschwinden wieder –»Evelina!«

Man sagt, unfern dieser Insel, wo jetzt nichts als Wasser ist, hätten einst die schönsten Dörfer und Städte gestanden, das Meer habe sie plötzlich alle überschwemmt, und bei klarem Wetter sähen die Schiffer noch die leuchtenden Spitzen der versunkenen Kirchtürme, und mancher habe dort in der Sonntagsfrühe sogar ein frommes Glockengeläute gehört. Die Geschichte ist wahr; denn das Meer ist meine Seele –

> »Eine schöne Welt ist da versunken,
> Ihre Trümmer blieben unten stehn,
> Lassen sich als goldne Himmelsfunken
> Oft im Spiegel meiner Träume sehn.«
>
> W. *Müller*

Erwachend höre ich dann ein verhallendes Glockengeläute und Gesang heiliger Stimmen –»Evelina!«

Aus: Reisebilder. Zweiter Teil. Die Nordsee

Heinrich Heine

Seegespenst

Ich aber lag am Rande des Schiffes,
Und schaute, träumenden Auges,
Hinab in das spiegelklare Wasser,
Und schaute tiefer und tiefer –
Bis tief, im Meeresgrunde,
Anfangs wie dämmernde Nebel,
Jedoch allmählich farbenbestimmter,
Kirchenkuppel und Türme sich zeigten,
Und endlich, sonnenklar, eine ganze Stadt,
Altertümlich niederländisch,
Und menschenbelebt.
Bedächtige Männer, schwarzbemäntelt,
Mit weißen Halskrausen und Ehrenketten
Und langen Degen und langen Gesichtern,
Schreiten, über den wimmelnden Marktplatz,
Nach dem treppenhohen Rathaus,
Wo steinerne Kaiserbilder
Wacht halten mit Zepter und Schwert.
Unferne, vor langen Häuserreihn,
Wo spiegelblanke Fenster
Und pyramidisch beschnittene Linden,
Wandeln seidenrauschende Jungfern,
Schlanke Leibchen, die Blumengesichter
Sittsam umschlossen von schwarzen Mützchen
Und hervorquellendem Goldhaar.
Bunte Gesellen, in spanischer Tracht,
Stolzieren vorüber und nicken.
Bejahrte Frauen,
In braunen, verschollnen Gewändern,
Gesangbuch und Rosenkranz in der Hand,

Eilen, trippelnden Schritts,
Nach dem größen Dome,
Getrieben von Glockengeläute
Und rauschendem Orgelton.

Mich selbst ergreift des fernen Klangs
Geheimnisvoller Schauer!
Unendliches Sehnen, tiefe Wehmut
Beschleicht mein Herz,
Mein kaum geheiltes Herz; –
Mir ist, als würden seine Wunden
Von lieben Lippen aufgeküßt,
Und täten wieder bluten –
Heiße, rote Tropfen,
Die lang und langsam niederfall'n
Auf ein altes Haus, dort unten
In der tiefen Meerstadt,
Auf ein altes, hochgegiebeltes Haus,
Das melancholisch menschenleer ist,
Nur daß am untern Fenster
Ein Mädchen sitzt,
Den Kopf auf den Arm gestützt,
Wie ein armes, vergessenes Kind –
Und ich kenne dich, armes, vergessenes Kind!

So tief, meertief also
Verstecktest du dich vor mir,
Aus kindischer Laune,
Und konntest nicht mehr herauf,
Und saßest fremd unter fremden Leuten,
Jahrhundertelang,
Derweilen ich, die Seele voll Gram,
Auf der ganzen Erde dich suchte,
Und immer dich suchte,
Du Immergeliebte,
Du Längstverlorene,
Du Endlichgefundene –

Ich hab dich gefunden und schaue wieder
Dein süßes Gesicht,
Die klugen, treuen Augen,
Das liebe Lächeln –
Und nimmer will ich dich wieder verlassen,
Und ich komme hinab zu dir,
Und mit ausgebreiteten Armen
Stürz ich hinab an dein Herz –

Aber zur rechten Zeit noch
Ergriff mich beim Fuß der Kapitän,
Und zog mich vom Schiffsrand,
Und rief, ärgerlich lachend:
»Doktor, sind Sie des Teufels?«

Albert Burkhardt

Vineta, die Stadt auf dem Meeresgrund

An einem Ostermorgen hütete ein Schäferjunge seine Herde nahe dem Strande von Koserow, und wie er so über die weite See blickte, die, in der Sonne schimmernd, ruhig dalag, stieg mit einem Male eine alte, ehrwürdige Stadt aus dem Wasser empor. Gerade vor ihm tat sich das hohe, reich verzierte Tor in der Mauer auf. Erstaunt und wie von einem Trugbild geblendet saß er da. Dann aber sprang er auf und lief neugierig hinein.

Die Wächter, bärtige Männer mit Spießen und Hellebarden, ließen ihn ungehindert hindurch, und gleich sah er sich mitten unter Menschen, die sonderbar altertümlich, aber prächtig gekleidet waren. So trugen die Männer lange pelzbesetzte Mäntel und federgeschmückte Barette. Die Frauen gingen kostbar in Samt und Seide gekleidet, und vom Halse hingen ihnen schwere, mit Edelsteinen eingelegte Goldketten herab. Von den Häusern war eines immer prunkvoller gebaut als das andere, mit Fenstern aus buntem Glas, mit Säulen von weißem Marmor und Alabaster, mit reich verzierten Giebeln, und die vergoldeten Ziegel ihrer Fassaden tauchten die Straßen in hellen Glanz und Schein.

Eilig lief der Junge auf und ab, ihm wurde unheimlich zumute, denn alles in dieser seltsamen Stadt geschah ohne den geringsten Laut: stumm bewegten sich die Menschen auf den Straßen, stumm drängten sie sich auch um die Tische auf dem Markt, wo Kaufleute ihre Waren ausbreiteten und stumm ihre Stoffballen entrollten: schimmernden Samt, glänzenden Brokat, leuchtende Seide, hauchdünne Spitzen, dazu weiche Decken und schwere Teppiche. Vor Staunen blieb der Junge stehen. Da winkte ihm einer der Kaufleute zu, und als er weiterlaufen wollte, winkte er wieder und lachte freundlich, breitete dabei herrlichen Stoff aus und bot ihn dem Jungen an, doch der schüttelte den Kopf. Woher sollte er, ein armer Schäferjunge, denn Geld haben, um etwas zu kaufen? Jetzt aber begannen auch die anderen Kaufleute ihm zuzuwinken, ihre schönsten Sachen holten sie hervor, um sie ihm anzubieten. Was sollte er nur tun?

Da streckte er ihnen seine beiden leeren Hände hin, nun mußten sie doch verstehen, daß er nichts hatte. Der Kaufmann zeigte ihm ein kleines Geldstück und wies auf seinen ganzen Tisch voll Ware, und der Junge suchte in allen Taschen seines alten Anzugs, allein, er wußte, daß er nicht einen Pfennig besaß. Traurig und enttäuscht sahen ihm alle zu.

Da lief er eilig durch die Straßen und durch das hohe Tor zurück zum Strande und zu seinen Schafen, und als er sich umwandte, schimmerte vor ihm in der Sonne nur wieder die See, und nichts war mehr zu sehen von der schönen alten Stadt, von Pracht und Glanz. Lautlos, wie sie emporgestiegen, war sie wieder in den Fluten versunken.

Betrübt und nachdenklich saß der Junge noch am Strand, als ein alter Fischer vorbeikam, sich zu ihm setzte und ihn ansprach: »Höre, wenn du ein Sonntagskind bist, so kannst du heute, am Ostermorgen, die Stadt Vineta aus dem Meer steigen sehen, die hier vor vielen, vielen Jahren untergegangen ist.«

»Oh, ich hab sie gesehen!« rief der Junge und berichtete dem alten Mann, was er erlebt hatte und daß die Stadt dann gleich wieder verschwunden war.

Der Fischer nickte bedächtig und begann zu erzählen, was ihm von Vineta bekannt geworden war: »Siehst du, hättest du auch nur einen Pfennig gehabt und damit bezahlen können, so wäre Vineta erlöst und die ganze Stadt mit allem, was darin ist, an der Oberfläche geblieben.

Diese Stadt Vineta ist einst größer gewesen als irgendeine andere Stadt in Europa, größer selbst als die gewiß sehr große und schöne Stadt Konstantinopel, und ihre Bewohner waren über alle Maßen reich, da sie mit allen Völkern der Erde Handel trieben und ihre Schiffe aus allen Teilen der Welt die

Auf dieser alten Pommern-Karte wird das sagenhafte
Vineta vor Usedom lokalisiert.
Andere Überlieferungen bringen die Stadt mit der
Insel Wolin in Verbindung.

schönsten und kostbarsten Waren brachten. Ihre Stadttore waren aus Erz und die Glocken aus Silber, welches überhaupt für so gewöhnlich galt, daß man die einfachsten Dinge daraus herstellte und die Kinder auf der Straße sogar mit Silbertalern Klingpenning spielten.

Je mehr Reichtum in Vineta Einzug hielt, desto mehr verfielen die Bewohner aber auch dem Hochmut und der Verschwendung. Bei den Mahlzeiten aßen sie nur die auserlesensten Speisen, und Wein tranken sie aus Bechern von purem Silber oder Gold. Ebenso beschlugen sie die Hufe ihrer Pferde nur mit Silber oder Gold anstatt Eisen und ließen selbst die Schweine aus goldenen Trögen fressen. Und Löcher in den Häuserwänden verstopften sie mit Brot und Semmeln.

Drei Monate, drei Wochen und drei Tage vor dem Untergang der Stadt erschien sie über dem Meer mit allen Häusern, Türmen und Mauern als ein deutliches, farbiges Luftgebilde. Darauf rieten alte, erfahrene Einwohner allen Leuten, die Stadt zu verlassen, denn sehe man Städte, Schiffe oder Menschen doppelt, so bedeute das immer deren sicheren Untergang. Aber man gab nichts auf diese Warnungen und verlachte sie nur. Einige Wochen danach tauchte eine Wasserfrau dicht vor der Stadt aus dem Meer und rief dreimal mit hoher, schauerlicher Stimme, daß es laut in den Straßen widerhallte:

> ›Vineta, Vineta, du rieke Stadt,
> Vineta sall unnergahn,
> wieldeß se het väl Böses dahn!‹

Auch darum kümmerte sich keiner, alle lebten weiter in Saus und Braus, bis sie das Strafgericht ereilte. In einer stürmischen Novembernacht brach eine furchtbare Sturmflut über die Stadt herein. Im Nu durcheilte der riesige Wogenschwall die Straßen und Gassen, und das Wasser stieg und stieg, bis es alle Häuser und Menschen unter sich begrub.

Daß man Vineta erlösen kann, wenn es alle hundert Jahre am Ostermorgen auftaucht aus dem Meere, hast du ja schon erfahren und erlebt, wenn es dir auch nicht glückte. Wisse nun noch, daß die silbernen Glocken der versunkenen Stadt am Johannistag in der Mittagsstunde aus der Tiefe heraufklingen, daß aber jeder, der ihren dumpfen, traurigen Tönen lauscht, eilends davongehen muß, er wird sonst unwiderstehlich angelockt von ihrem Klang und folgt ihm nach, bis er selbst da drunten ruht.«

Wilhelm Müller

Vineta

Aus des Meeres tiefem, tiefem Grunde
Klingen Abendglocken dumpf und matt,
Uns zu geben wunderbare Kunde
Von der schönen alten Wunderstadt.

In der Fluthen Schooß hinabgesunken,
Blieben unten ihre Trümmer stehn.
Ihre Zinnen lassen goldne Funken
Widerscheinend auf dem Spiegel sehn.

Und der Schiffer, der den Zauberschimmer
Einmal sah im hellen Abendroth,
Nach derselben Stelle schifft er immer,
Ob auch rings umher die Klippe droht.

Aus des Herzens tiefem, tiefem Grunde
Klingt es mir, wie Glocken, dumpf und matt.
Ach, sie geben wunderbare Kunde
Von der Liebe, die geliebt es hat.

Eine schöne Welt ist da versunken,
Ihre Trümmer blieben unten stehn,
Lassen sich als goldne Himmelsfunken
Oft im Spiegel meiner Träume sehn.

Und dann möcht' ich tauchen in die Tiefen,
Mich versenken in den Wiederschein,
Und mir ist, als ob mich Engel riefen
In die alte Wunderstadt herein.

Selma Lagerlöf

Die Stadt auf dem Meeresgrunde

Es war eine stille, klare Nacht. Die Wildgänse brauchten nicht in einer der Höhlen Schutz zu suchen; sie schliefen oben auf dem Felsengipfel, und der Junge hatte sich neben den Gänsen auf dem kurzen, trockenen Grase ausgestreckt.

Der Mond schien hell in jener Nacht, so hell, daß der Junge lange nicht einschlafen konnte. Er besann sich, wie lange er nun schon von zu Hause fort war, und als er nachrechnete, waren seit dem Beginn seiner Reise gerade drei Wochen verflossen. Da fiel ihm ein, daß heute der stille Sonnabend vor Ostern war.

›Heute nacht sind alle Hexen vom Blocksberg unterwegs‹, dachte er und kicherte ein wenig. Vor dem Nöck und dem Wichtelmännchen fürchtete er sich wohl ein wenig, aber an die Hexen glaubte er ganz und gar nicht.

›Wenn in dieser Nacht das Hexenpack unterwegs wäre, dann müßte ich es doch sehen. Bei so vollständig hellem und klarem Himmel könnte sich nicht der kleinste Punkt durch die Luft bewegen, ohne daß ich ihn wahrnähme‹, dachte er weiter.

Während er nun zum Himmel aufschaute und an alles dies dachte, bot sich ihm plötzlich ein sehr schöner Anblick. Ziemlich hoch über dem Horizont segelte der Vollmond rund und hell dahin, und vor ihm flog ein großer Vogel. Er flog nicht am Mond vorüber, sondern tauchte so auf, als flöge er gerade aus ihm heraus. Ganz schwarz hob sich der Vogel von dem hellen Hintergrunde ab, und seine Schwingen reichten von dem einen Rand der Mondscheibe bis zum andern. Sein Körper war klein, der Hals lang und schmal, die Beine hingen lang und dünn herab, und der Junge erkannte bald, daß es ein Storch sein mußte.

Ein paar Augenblicke später ließ sich auch wirklich der Storch, Herr Ermenrich, neben dem Jungen nieder. Er neigte sich über ihn und stieß ihn mit dem Schnabel an, um ihn zu wecken.

Der Junge setzte sich sogleich auf. »Ich schlafe nicht, Herr Ermenrich«, sagte er. »Aber warum sind Sie mitten in der Nacht unterwegs, und wie steht es auf Glimmingehaus? Wollen Sie mit Mutter Akka sprechen?«

»Diese Nacht ist zu hell zum Schlafen«, antwortete Herr Ermenrich. »Ich bin daher über die Karlsinsel geflogen, um dich, meinen Freund Däumling, zu besuchen, denn ich habe von einer Fischmöwe gehört, du seiest heute nacht hier. Nach Glimmingehaus bin ich noch nicht gezogen, sondern wohne noch in Pommern.«

Der Junge freute sich über die Maßen, daß Herr Ermenrich ihn aufgesucht hatte. Sie plauderten eine Weile über alles mögliche wie alte Freunde. Plötzlich fragte der Storch den Jungen, ob er nicht Lust hätte, in dieser schönen Nacht einen Ausflug zu machen?

Doch, das wollte der Junge von Herzen gern, wenn der Storch ihn nur bis zum Sonnenaufgang wieder zu den Gänsen zurückbringen wolle. Herr Ermenrich versprach es, und sogleich ging es auf die Reise.

Wieder flog Herr Ermenrich geradenwegs auf den Mond zu. Höher und höher ging es hinauf, das Meer versank unter ihnen; aber sie schwebten gar leicht dahin, es war fast, als lägen sie ganz still.

Als Herr Ermenrich sich auf die Erde hinabsinken ließ und anhielt, war es dem Jungen, als sei erst eine unbegreiflich kurze Zeit vergangen; und doch hatte der Storch einen ganz bedeutenden Weg zurückgelegt, denn in demselben Augenblick, als er den Jungen auf die Erde setzte, sagte er: »Dies ist Pommern. Jetzt bist du in Deutschland, Däumling.« Der Junge war über die Nachricht, daß er sich in einem fremden Lande befinde, ganz verdutzt. Das hätte er nie gedacht. Schnell sah er sich um. Er stand auf einem einsamen, mit weichem, feinem Sand bedeckten Meeresstrand. Auf der

Landseite lief eine lange Reihe oben mit Strandhafer bewachsener Dünenhügel hin, die zwar nicht sehr hoch waren, dem Jungen aber die Aussicht ins Land hinein vollständig versperrten.

Herr Ermenrich stieg auf einen Sandhügel hinauf, zog das eine Bein in die Höhe und legte den Hals zurück, um den Schnabel unter die Flügel zu stecken. »Während ich mich ausruhe, kannst du eine Weile am Strande umherwandern«, sagte er zu Däumling. »Aber verlaufe dich nicht, damit du mich wiederfinden kannst.«

Der Junge wollte zuerst einen der Dünenhügel erklettern, um zu sehen, wie das Land dahinter aussehe. Aber kaum hatte er ein paar Schritte gemacht, als er mit der Spitze seines Holzschuhs an etwas Hartes stieß. Er bückte sich, und da sah er auf dem Sande eine kleine, von Grünspan durch und durch zerfressene, dünne Kupfermünze. Sie war so schlecht, daß sie ihn nicht einmal des Aufhebens wert deuchte, und er schleuderte sie mit dem Fuße weg.

Aber als sich der Junge wieder aufrichtete, wie grenzenlos überrascht war er da! Keine zwei Schritte vor ihm erhob sich eine dunkle Mauer mit einem großen turmgekrönten Tor.

Vor einem Augenblick, als er sich nach der Münze bückte, hatte sich das Meer noch glänzend und glitzernd vor ihm ausgebreitet, jetzt aber war es durch eine lange Mauer mit Zinnen und Türmen verdeckt. Und gerade vor dem Jungen, wo vorher nur einige Tangbänke gewesen waren, öffnete sich das große Tor in der Mauer.

Der Junge war sich ganz klar darüber, daß dies eine Art Geisterspuk sein mußte. Aber er dachte, davor brauche er sich wahrlich nicht zu fürchten. Was er sah, war ja gar nicht unheimlich oder grauenhaft. Die Mauern und Türme waren prächtig gebaut, und jetzt regte sich auch gleich der Wunsch in ihm, zu sehen, was dahinter sei. ›Ich muß untersuchen, was das ist‹, dachte er, und damit ging er durchs Tor.

Unter dem kleinen Torgewölbe saßen in bunten, gepufften Anzügen, langstielige Streitäxte neben sich, die Wächter und spielten Würfel. Sie waren ganz in ihr Spiel vertieft und gaben nicht auf den Jungen acht, der hastig an ihnen vorbei-eilte.

Dicht am Tor war ein freier, mit glatten Steinfliesen gepflasterter Platz. Ringsum standen hohe, prachtvolle Häuser, und zwischen diesen öffneten sich lange, schmale Straßen.

Auf dem Platz vor dem Tor wimmelte es von Menschen. Die Männer trugen lange, pelzverbrämte Mäntel über seidenen Unterkleidern, federngeschmückte Barette saßen ihnen schräg auf dem Scheitel, und über die Brust herunter hingen ihnen wunderschöne Ketten. Alle waren herrlich gekleidet; es hätten lauter Fürsten sein können.

Die Frauen trugen spitze Hauben und lange Gewänder mit engen Ärmeln. Sie waren auch prächtig geschmückt, aber ihr Staat konnte sich bei weitem nicht mit dem der Männer messen.

Dies alles glich ja ganz den Bildern in dem alten Märchenbuch, das Mutter ab und zu einmal aus ihrer Truhe holte und ihm zeigte. Der Junge wollte seinen Augen nicht trauen.

Aber noch viel merkwürdiger als die Männer und die Frauen war die Stadt selbst. Jedes Haus hatte einen Giebel nach der Straße zu, und diese Giebel waren so reich verziert, daß man hätte glauben können, sie wollten miteinander wetteifern, welcher von ihnen am schönsten geschmückt sei.

Wer rasch viel Neues zu sehen bekommt, kann sich nachher nicht mehr an alles erinnern. Aber der Junge erinnerte sich später doch noch, daß er ausgezackte Giebel gesehen hatte, auf deren verschiedenen Absätzen die Figuren von Christus und den Aposteln standen, Giebel, die an beiden Seiten hinauf mit Figuren geschmückte Nischen hatten, dann wieder solche, die mit buntem Glas oder mit weißem und schwarzem Marmor eingelegt waren und die ihm gewürfelt und gestreift entgegenschimmerten.

Doch während der Junge alles dies bewunderte, wurde er von einer ihm selbst unbegreiflichen Hast überfallen. ›So etwas haben meine Augen noch nie gesehen. So etwas werde ich meiner Lebtage nicht wieder sehen‹, sagte er sich. Und er begann in die Stadt hineinzulaufen, Straße auf, Straße ab, ohne anzuhalten. Die Straßen waren eng und schmal, aber durchaus nicht leer und düster wie in den Städten, die er bis jetzt gesehen hatte. Überall waren Menschen; alte Weiber saßen vor ihren Türen und spannen ohne Spinnrädchen, nur an der Kunkel. Die Warenlager der Kaufleute waren wie Marktbuden nach der Straße zu offen. An einem Platz wurde Tran gekocht, an einem andern wurden Häute gegerbt, ein Stück weiter gab es eine Seilerbahn.

Wenn der Junge nur Zeit gehabt hätte, ja dann hätte er hier alles mögliche lernen können! Er sah, wie die Waffenschmiede dünne Brustharnische hämmerten, wie die Goldschmiede Edelsteine in Ringe und Armbänder einsetzten, wie die Drechsler ihre Dreheisen handhabten, wie die Schuhmacher weiche rote Schuhe sohlten, wie der Goldspinner Goldfäden drehte und wie die Weber Seide und Gold in ihr Gewebe hineinwoben.

Aber der Junge hatte keine Zeit zum Verweilen. Er stürmte nur immer vorwärts, um soviel als möglich zu sehen, ehe alles wieder verschwinden würde.

Die Stadtmauer ging rund um die ganze Stadt herum und umschloß sie, gerade wie in Schweden die Steinmäuerchen die Äcker einfrieden. Am Ende jeder Straße sah man die Mauer turm- und zinnengekrönt hervorschauen. Und oben darauf wanderten Kriegsknechte umher in glänzendem Harnisch und blankem Helm.

Als der Junge die ganze Stadt durchquert hatte, kam er wieder an ein Stadttor. Da draußen lag das Meer und der Hafen. Hier sah der Junge altertümliche Schiffe mit Ruderbänken in der Mitte und mit hohen Aufbauten vorn und hinten. Lastträger und Kaufleute liefen eifrig hin und her. Überall war Leben, und alle hatten es eilig.

Aber auch hier erlaubte ihm seine innere Unruhe nicht, sich aufzuhalten. Er eilte wieder in die Stadt hinein und kam jetzt auf den großen Marktplatz. Hier lag die Domkirche mit drei hohen Türmen und tiefen, mit steinernen Figuren geschmückten Toren. Die Wände waren mit Bildhauerarbeit so reich verziert, daß auch nicht ein einziger Stein zu sehen war, der nicht seinen Schmuck gehabt hätte. Und welch eine Pracht schimmerte durch das offne Portal heraus! Goldene Kruzifixe, mit vergoldeter Schmiedearbeit verzierte Altäre und Priester in goldnen Meßgewändern! Der Kirche gegenüber stand ein Haus mit Zinnen auf dem Dach und mit einem einzigen schlanken himmelhohen Turm. Das war wohl das Rathaus. Und von der Kirche bis zum Rathaus, rings um den ganzen Markt herum, standen die schönsten Giebelhäuser mit den mannigfaltigsten Verzierungen.

Der Junge hatte sich warm und müde gelaufen; er dachte, er habe nun so ziemlich das Wichtigste gesehen, und ging deshalb etwas langsamer weiter. Die Straße, in die er eben eingebogen war, war wohl die, wo die Stadtbewohner ihre prächtigen Kleider kauften. Die Leute drängten sich vor den kleinen Läden, wo die Kaufleute auf ihren Tischen starre, geblümte Seidenstoffe, dicken Goldbrokat, schillernden Samt, leichte, flockig gewobene seidene Tücher und spinnwebdünne Spitzen ausbreiteten.

Vorher, als der Junge so rasch gelaufen war, hatte niemand auf ihn achtgegeben. Die Leute hatten gewiß geglaubt, es springe nur eine graue Ratte vorbei. Aber jetzt, wo er ganz langsam durch die Straße dahinwandelte, gewahrte ihn einer der Kaufleute, und sogleich begann er ihm zu winken.

Der Junge wurde zuerst ängstlich und wollte davonlaufen; aber der Kaufmann winkte ihm nur, lachte ihm zu und breitete ein herrliches Stück Seidensamt auf seinem Tische aus, als ob er ihn damit herbeilocken wollte.

Der Junge schüttelte den Kopf. ›Ich werde in meinem ganzen Leben nicht so reich sein, um auch nur einen Meter von diesem Stoff kaufen zu können‹, dachte er.

Aber jetzt hatte man ihn die ganze Straße entlang von jedem Laden aus bemerkt. Wohin er auch sah, überall stand ein Krämer und winkte ihm. Sie ließen ihre reichen Kunden stehen und dachten nur noch an ihn. Er sah, wie sie in den verstecktesten Winkel des Ladens liefen, um das Beste, was sie zu verkaufen hatten, hervorzuholen, und wie ihnen, während sie es auf den Tisch legten, vor Hast und Eifer die Hände zitterten.

Als der Junge nicht anhielt, sondern weiterging, sprang einer der Kaufleute über seinen Tisch weg, hielt ihn fest und breitete Silberbrokat und in allen Farben schillernde gewebte Tapeten vor ihm aus. Der Junge konnte nicht anders, als den guten Mann auslachen. Er hätte ihm doch ansehen müssen, daß ein so armer Schlucker wie er keine solchen Waren kaufen konnte. Er blieb stehen und streckte dem Krämer seine beiden leeren Hände hin, um den Leuten zu zeigen, daß er nichts besaß und daß sie ihn in Ruhe lassen sollten.

Da hob der Kaufmann einen Finger auf, nickte ihm zu und schob ihm den ganzen Haufen von herrlichen Waren hin.

›Kann er meinen, er wolle dies alles für ein einziges Geldstück verkaufen?‹ fragte sich Däumling.

Der Kaufmann zog ein kleines abgegriffenes, schlechtes Geldstück heraus, das geringste, das es überhaupt gibt, und hielt es dem Däumling hin. Und in seinem Eifer, zu verkaufen, legte er noch zwei große silberne Becher auf den Haufen.

Da begann der Junge in seinen Taschen zu suchen. Er wußte zwar wohl, daß er nicht einen einzigen roten Heller besaß, aber unwillkürlich sah er doch nach.

Alle die andern Kaufleute sahen eifrig zu, wie der Handel ablaufen würde, und als sie den Jungen in seinen Taschen suchen sahen, sprangen sie über ihre Tische, ergriffen so viel Gold- und Silberschmuck, als ihre Hände zu fassen vermochten, und boten es ihm an. Und alle machten ihm Zeichen, daß sie als Bezahlung nichts weiter verlangten als einen einzigen Heller.

Aber der Junge drehte seine Westen- und Hosentaschen um und um; er besaß nichts, gar nichts. Da traten allen diesen stattlichen Kaufleuten, die doch soviel reicher waren als er, die Tränen in die Augen, und der Junge fühlte sich seltsam bewegt, denn sie sahen gar so ängstlich aus. Er besann sich, ob er ihnen denn nicht auf irgendeine Weise helfen könnte, und da fiel ihm plötzlich die grünspanige Kupfermünze ein, die er vorhin am Strand gesehen hatte.

Sofort lief er in größter Eile die Straße hinunter; und er

hatte Glück, denn er kam an dasselbe Tor, durch das er zuerst gegangen war. Er stürzte hinaus und suchte nach der Kupfermünze, die vorhin hier gelegen hatte.

Und richtig, da lag sie; aber als er sie aufgehoben hatte und mit ihr in die Stadt zurückeilen wollte, sah er nur noch das Meer vor sich. Keine Stadtmauer, kein Tor, keine Wächter, keine Straßen, keine Häuser waren mehr zu sehen, nichts, nichts als das Meer!

Unwillkürlich traten dem Jungen die Tränen in die Augen. Von Anfang an hatte er ja alles, was er gesehen hatte, für eine Täuschung gehalten, aber nachher hatte er dies ganz vergessen und nur noch daran gedacht, wie schön alles sei; und jetzt, wo die Stadt verschwunden war, fühlte er sich aufs tiefste betrübt.

In demselben Augenblick erwachte Herr Ermenrich und ging zu Däumling hin. Aber der Junge hörte ihn nicht, und der Storch mußte ihn mit dem Schnabel anstoßen, um sich bemerklich zu machen. »Ich glaube, du hast ebenso fest geschlafen wie ich«, sagte er.

»Ach, Herr Ermenrich«, sagte Däumling. »Was war das für eine Stadt, die eben hier stand?«

»Hast du eine Stadt gesehen?« erwiderte der Storch. »Du hast geschlafen und geträumt, ich hab' es ja gesagt.«

»Nein, ich habe nicht geschlafen«, sagte Däumling. Und er erzählte dem Storch alles, was er erlebt hatte.

Da sagte Herr Ermenrich: »Was mich selbst anbetrifft, so glaube ich doch, daß du hier am Strande geschlafen und alles dies geträumt hast. Aber ich will dir nicht verschweigen, daß Bataki, der Rabe, der gelehrteste aller Vögel, mir einmal erzählt hat, hier habe einst eine Stadt gestanden namens Vineta. Diese Stadt sei über die Maßen reich und schön gewesen, und keine einzige Stadt auf der Welt habe sich mit ihr vergleichen können. Aber unglückseligerweise seien ihre Einwohner hochmütig und prunksüchtig geworden. Und«, fuhr der Storch fort, »Bataki sagt, zur Strafe dafür sei Vineta von einer Sturmflut überschwemmt und ins Meer hinab versenkt worden. Seine Einwohner aber dürften nicht sterben und auch ihre Stadt nicht zerstören. Nur alle hundert Jahre einmal dürfe diese in all ihrer Pracht aus dem Meere aufsteigen und liege dann genau eine Stunde lang auf dem Festlande.«

»Ja, das muß wahr sein«, sagte Däumling, »denn ich habe sie gesehen.«

»Aber wenn die Stunde vorübergegangen und es während dieser Zeit niemand in Vineta gelungen sei, irgend etwas an ein lebendiges Wesen zu verkaufen, dann versinke die Stadt wieder ins Meer. Wenn du, Däumling, auch nur ein einziges, noch so ärmliches Geldstück gehabt hättest, um den Kaufmann zu bezahlen, dann hätte Vineta am Strande liegenbleiben dürfen, und seine Menschen hätten wie andre Menschen leben und sterben dürfen.«

»Ach, Herr Ermenrich«, sagte der Junge, »jetzt weiß ich, warum Sie mitten in der Nacht gekommen sind und mich geholt haben. Sie glaubten, ich könne die alte Stadt retten. Ach, Herr Ermenrich, ich bin tief betrübt, daß es mir nicht gelungen ist!«

Er verbarg sein Gesicht in den Händen und weinte; und man hätte kaum sagen können, welcher von den beiden betrübter aussah, der Junge oder Herr Ermenrich.

Aus: Wunderbare Reise des kleinen
Nils Holgersson mit den Wildgänsen

Ludwig Uhland
Das versunkene Kloster

Ein Kloster ist versunken
Tief in den wilden See,
Die Nonnen sind ertrunken
Zusammt dem Pater, weh!
Der Nixen muntre Schaaren,
Sie schwimmen stracks herbei,
Nun einmal zu erfahren,
Was in den Mauern sei.

Das plätschert und das rauschet
In Kreuzgang und Dorment!
Am Lokutorium lauschet
Der schäkernde Konvent;
Man hört Gesang im Chore
Und lustig Orgelspiel;
Das Glöcklein ruft zur Hore,
Wann's ihnen just gefiel.

Bei heitrem Vollmondglanze
Lockt sie der grüne Strand
Zu einem Ringeltanze
In geistlichem Gewand;
Die weißen Schleier flattern,
Die schwarzen Stolen wehn,
Die Kerzenflämmchen knattern,
Wie sie im Sprung sich drehn.

Der Kobold dort im Schutte
Der hohlen Felsenwand,
Er nimmt des Paters Kutte,

Die er am Ufer fand;
Die Tänzerinnen schreckend,
Kommt er zur Mummerei,
Sie aber tauchen neckend
Hinab in die Abtei.

Flutsagen aus dem Binnenland

Das traurige Schicksal
der schönen Königstochter Meredith

Vor den Toren der Stadt Cork, unterhalb des Galgenbergs, liegt ein großer Weiher. Im Winter, wenn das Wasser gefroren ist, gehen die Einwohner Corks dorthin zum Schlittschuhlaufen. Aber all das rege Leben und Treiben über der gefrorenen Wasserfläche ist nichts gegen das, was sich unter dem Wasser tut. Auf dem Grunde des Weihers blühen Hecken und Gärten, da stehen Türme und reichgeschmückte Gebäude – weit schöner als alle Paläste von heute. Und wie sie dort unter das Wasser kamen, berichtet eine alte Geschichte.

Vor langer, langer Zeit lebte in Irland ein mächtiger König mit Namen Corc. Sein Palast stand mitten in einem weiten, grünen Tal. Heute ist das Tal verschwunden, nur das Wasser des Weihers ist dort zu sehen. In dem Schloßhof des Königs sprudelte eine Quelle. Ihr Wasser war so klar, so süß und rein, daß es in der damaligen Zeit aller Welt als Wunder galt. Dem König gefiel es gar wohl, eine solche Kostbarkeit in seinem Palast zu haben. Nun kamen aber die Menschen in großen Scharen von nah und fern angefahren, und täglich wurden es mehr. Sie wollten das kostbare Wasser aus seiner Quelle schöpfen. Der König befürchtete, seine Quelle könne eines Tages austrocknen und versiegen. Also ließ der König eine hohe Mauer um seine Quelle bauen und erlaubte niemandem mehr, von dem Wasser zu trinken.

Für die armen Leute, die um seinen Palast herum lebten, war das ein herber Verlust. Verlangte es aber den König selbst nach dem Quellwasser, so schickte er seine Tochter. Keinem seiner Diener mochte er den Schlüssel anvertrauen, der die kleine Pforte zwischen den Mauern öffnete, denn er mißtraute seinen Leuten und wollte nicht, daß auch nur ein Tropfen seines kostbaren Wassers verschenkt würde.

Eines Tages nun gab König Corc ein großes Fest. Vornehme Herren und fremdländische Prinzen waren geladen, zahllose Adlige, Fürsten und Grafen. Es war ein prächtiges Fest mit allerlei Feuerwerk: purpurne, grüne und blaue Sterne, die bis in den Himmel fuhren, Tänzer traten auf, auch Akrobaten und Flöten und Geigen, Brummbaß und Sackpfeifen wurden gespielt. Die Musik klang so süß, daß sie die Toten in ihren Gräbern hätte erwecken können. Zu essen gab es im Überfluß, genug für alle, die kommen wollten, und niemand wurde abgewiesen. »Sei willkommen, tritt ein«, sagten die Palastwachen vor den Toren zu jedem, reich oder arm.

Nun war aber unter all den Geladenen einer, ein junger Königssohn, schöner und anmutiger als alle, schlank und hochgewachsen, mit lockigem Haar und feurigen Augen, der tanzte so ausgelassen mit des alten Königs einziger Tochter, der sprang so mächtig und drehte sich so federleicht, daß alle Augen ihm bewundernd folgten. Die Musiker übertrafen sich selbst, die Trommler trommelten noch wilder, die Pfeifer und Flötenspieler bliesen noch schöner, als sie das Paar so behende tanzen sahen, und König Corcs Tochter tanzte mit dem jungen Mann, als ginge es um ihr Leben.

Nach dem Tanzen ließ man sich zum Festmahl nieder. Der junge Prinz saß Seite an Seite neben seiner lieblichen Tänzerin, und sie lächelte ihm zu, so oft er es nur wünschte. Die Gäste rund um die königliche Tafel blickten bewundernd zu den beiden und meinten, noch nie so ein schönes Paar gesehen zu haben.

Der siebte Gang wurde gerade aufgetischt, da erhob sich einer der adligen Herren und sagte zu König Corc: »Hochverehrter Gastgeber, alles, was das Herz begehrt, steht hier auf der königlichen Tafel. Speisen und Getränke in Hülle und Fülle. An alles wurde gedacht, an alles – außer an Wasser.« »Wasser?« rief der alte König und freute sich sehr, daß man nach dem verlangte, was absichtlich auf seiner Tafel fehlte. »Ja, Wasser sollt ihr haben, werter Freund, auf der Stelle! Und was für ein Wasser! Eine solche Köstlichkeit ist auf der ganzen Welt nicht zu finden! – Tochter«, rief der König, »geh zur Quelle und hole uns Wasser. Nimm den großen goldenen Krug, den ich eigens für diesen Anlaß schmieden ließ.« König Corcs Tochter, die auf den schönen Namen Meredith getauft war, zögerte unwillig. Es schien ihr beschämend, einen solch niedrigen Mägdedienst vor den Augen aller zu verrichten. Da sie es aber nicht wagte, ihrem Vater zu widersprechen, blieb sie unschlüssig sitzen und sah zu Boden. Der König sah ihr Zaudern, er liebte seine Tochter sehr und bereute seinen Befehl, doch war er ausgesprochen, und wie Könige so sind, nahm er niemals sein Wort zurück. Er überlegte, wie er es ihr erträglicher machen könnte, den Krug mit Quellwasser zu füllen, und schlug vor: »Meine liebe Tochter, fürchtest du dich, ganz allein in die Nacht hinauszugehen? Vielleicht möchte der junge Prinz dich begleiten?« Der junge Mann sprang erfreut auf. Er nahm den goldenen Krug und geleitete Meredith, die Königstochter, durch die Halle, und alle blickten dem schönen Paar nach.

Sie gingen über den Schloßhof zu der ummauerten Quelle, und die Königstochter schloß die Pforte auf. Sie trat zu dem Brunnen, beugte sich herab und tauchte den goldenen Krug in das Wasser. Sie füllte ihn randvoll und wollte ihn hochheben, doch der Krug war schwer, zu schwer für die zarte Königstochter. Meredith wankte, sie verlor das Gleichgewicht und fiel in den Brunnen. Der junge Prinz sprang hinzu und wollte sie halten, aber Meredith entglitt seinen Händen, und das Wasser stieg.

Der Prinz beugte sich tief hinunter, er versuchte verzweifelt, seine schöne Tänzerin zu greifen, und das Wasser stieg und stieg; schon vermeinte er den Saum ihres Kleides zu sehen, er legte sich über den Rand und griff ins Leere, das Wasser aber stieg unaufhörlich. Der Prinz sprang in den Brunnen. Was galt ihm sein Leben?

Er wollte die schöne Meredith retten!

Das Wasser aber floß über den Brunnenrand, floß durch die Pforte, sickerte durch die Mauern und strömte in den Schloßhof.

Zu lange war die Quelle eingemauert gewesen, zu lange war ihr Wasser nicht ausgeschöpft worden – nun stand die Pforte weit offen, und das Quellwasser quoll und quoll, es sprudelte über die Treppen, drang in den Königssaal, bald waren der alte König Corc und seine Gäste bis zum Halse im Wasser, und immer mehr Wasser schoß nach, überflutete den Palast, bedeckte die Türme, die höchsten Bäume im Garten und endlich das ganze weite grüne Tal.

So entstand der Weiher am Fuße des Galgenbergs, vor den Toren der heutigen Stadt Cork.

König Corc aber war nicht ertrunken. Auch seine Gäste nicht, ob adlige Herren oder Fürsten, ob Höflinge oder arme Leute. In der folgenden Nacht, nach der furchtbaren Überschwemmung, erschien die schöne Königstochter Meredith, Hand in Hand mit ihrem Tänzer, dem jungen Prinzen mit dem lockigen Haar. Sie schritten in die große Halle unter dem Wasser. Die Musiker stimmten ihre Instrumente, und der Ball begann. Seit jenen Tagen vor langer, langer Zeit feiert man dort, tief unter dem Wasser des Weihers, Nacht für Nacht das gleiche Fest. Tänzer und Akrobaten treten auf, das Feuerwerk steigt, die Flöten und Geigen singen, die Brummbässe brummen, die Sackpfeifer blasen den Dudelsack, die Königstochter und der junge Prinz drehen sich im Tanze, Nacht für Nacht – seit vierzehnhundert Jahren. Und sie müssen weitertanzen, bis einmal einer unter den Weiher taucht und den großen goldenen Krug hebt, der auf dem Grunde der Quelle liegt.

Wer diese Geschichte nicht glaubt, der möge zu dem Weiher vor den Toren der Stadt Cork gehen; die Straße nach Kinsale führt daran vorbei. Im Herbst, wenn das Wasser niedrig steht und kein Wind weht, kann man die prächtigen Gebäude und hohen Türme, die Schloßmauern und blühenden Gärten auf dem Grunde des Weihers klar erkennen, und man braucht nicht einmal eine Brille dazu.

Das versunkene Kloster

In der sumpfigen Niederung rechts an der Straße nach Sinzheim liegt unterhalb dieses Dorfes der Landsitz Tiefenau. Fruchtbare üppige Wiesen liegen um denselben her, und ein tiefer Bach fließt langsam durch die Ebene. Der ganze tiefe Grund soll früher ein großer See gewesen sein, über dessen Entstehung eine seltsame Sage erzählt wird.

Vor vielen Jahren stand hier ein Frauenkloster. In einer kalten, stürmischen Winternacht klopfte ein wankender Greis an der Pforte, und bat um Obdach für die Nacht. Die hartherzige Pförtnerin wies ihn ab mit harten Worten; er flehte vergebens. Selbst die Priorin und ihre Mitschwestern blieben taub bei seinem kläglichen Bitten; nur eine Jungfrau, welche das Gelübde des Ordens noch nicht abgelegt hatte, und die nur gezwungen und gegen ihren Willen ins Kloster gegangen war, bat bei den Uebrigen für ihn. Doch diese spotteten ihres Mitleides, und die Pforte blieb dem armen Wanderer verschlossen. Da berührte dieser mit seinem Stabe die Erde, und das Kloster versank plötzlich in ihren Schooß, der sich flammensprühend öffnete; an die Stelle des prächtigen Gebäudes trat ein dunkler See zum warnenden Gedächtniß.

Die Novize aber hatte ein Liebesverständniß mit einem edlen Ritter der Nachbarschaft. Oft wandelte dieser in nächtlicher Stille zum einsamen Kloster, und wenn alles ringsumher in den Armen des Schlummers lag, sprach er durch das Gitter ihres Fensters Stunden lang mit ihr. So kam er auch in dieser schrecklichen Nacht, um mit der Geliebten zu kosen. Von starrem Entsetzen ergriffen, erblickte er nicht mehr die stattlichen Thürme des Klosters; statt aller verschwundenen Pracht, erscheint vor seinen Blicken der schwarze See. Laut klagend erhob der Ritter wieder seine Stimme, rief den Namen der Geliebten, daß er weithin ertönte durch die Stille der Nacht, und sprach: »Nur noch ein Mal kehre zurück in meine Arme.« Da vernahm er eine Stimme aus dem See: »Morgen um die eilfte Stunde der Nacht kehre wieder zu dieser Stätte; auf der Oberfläche des Wassers gewahrst du dann einen Faden von blutrother Seide, nimm ihn auf, und zieh ihn empor.« Die Stimme verhallte, der Ritter schlich traurig nach Hause, doch um die bestimmte Stunde kam er wieder, und that, was ihn die Stimme geheißen hatte. Kaum zog er den Faden empor, so stand die Geliebte vor ihm. »Das unerforschliche Schicksal, das mich schuldlos mit den Schuldigen versenkte, vergönnt mir, dich jeden Tag von der eilften bis zur zwölften Stunde der Nacht zu sehen und zu sprechen; nie darf ich die bestimmte Stunde überschreiten, sonst siehst du mich nie wieder, und außer dir darf keines Mannes Aug' mich erblicken, sonst schneidet eine unsichtbare Hand den Faden meines Lebens entzwei.« Lange setzte der Ritter seine nächtlichen Wanderungen fort, allein die Neugierde und die Mißgunst belauschten seine Schritte. Einst nahte er sich in einer mondhellen Nacht dem See. Doch ach! sein klares Wasser war mit Blut gefärbt; bebend ergriff er den Faden, seine Farbe war verbleicht, und derselbe entzwei geschnitten. Da stürzte sich der trostlose Jüngling hinab in die Tiefe und versank.

Lange Zeit war der See dort noch zu erblicken; endlich vertrocknete er nach und nach, er ward von den Umwohnern vollends ausgefüllt, und jetzt ist sein Grund grünes Mattenfeld.

Der Titisee

Unterhalb der Seesteige stand in alter Zeit eine reiche Stadt mit einem Kloster. Als die Üppigkeit ihrer Bewohner so groß geworden war, daß sie die Weißbrotlaiber aushöhlten, die Brosame dem Vieh verfütterten und in der Kruste, wie in Schuhen, umhergingen, versank die Stadt in die Erde, und an ihrer Stelle entstand der Titisee. In dessen Tiefe ist bei hellem Wetter die Turmspitze des Klosters noch sichtbar, das, wenn jenes zu Friedenweiler versinkt, wieder aus dem Wasser emporsteigt. Vor vielen Jahren begann der See an der Schanze auf der Höllensteige auszubrechen. Da kam in der Nacht eine alte Frau, verstopfte, indem sie etwas sprach, die

Öffnung mit ihrer weißen Haube und verhinderte dadurch den Ausfluß. Von der Haube verfault jedes Jahr ein Faden, und wenn der letzte verwest ist, bricht der See heraus und überschwemmt das ganze Dreisamtal. Einige sagen, daß zur Abwendung dieses Unglücks in dem Freiburger Münster täglich eine Messe gelesen werde.

Nachdem schon manche vergebens gesucht hatten, die Tiefe des Sees zu ergründen, nahm einer sich vor, diese auszumitteln. Er fuhr mit einem Kahn in die Mitte des Sees und warf an einer fast endlosen Schnur das Senkblei aus. Schon waren achtzehn Spulen Faden im Wasser und noch genug zum Nachlassen vorhanden, da rief aus den Wellen eine fürchterliche Stimme:

> »Missest du mich,
> So fresse ich dich!«

Oder, wie andere sagen:

> »Willst du mich messen,
> So will ich dich fressen!«

Voll Schrecken ließ nun der Mann von seinem Unternehmen ab, und seitdem hat niemand mehr gewagt, nach der Tiefe des Sees zu forschen.

In einem Sumpf bei Hinterzarten, eine Stunde vom See, ist einmal ein Paar zusammengejochter Ochsen versunken, und ihr Joch einige Jahre nachher im See an der Wutachbrücke gefunden worden.

Der Bodenlose See

Bei Nordstetten liegt ein See, der ist nicht zu ergründen und heißt deshalb der Bodenlose See. An seiner Stelle soll früher ein Kloster gestanden sein. Die Nonnen darin führten aber ein schändliches Leben und tanzten mit den Burschen aus

Empfingen und Nordstetten und liebten sie. Dafür traf bei einem Gewitter ein Blitzstrahl das Kloster, worauf es mitsamt den Nonnen in die Tiefe gesunken ist. Wenn ein Unglück bevorsteht, sieht man eine kleine nackte weibliche Gestalt, die bis an die Brust im Wasser schwimmt, in diesem See und bemerkt deutlich, daß sie weint. Man vermutet, daß die untere Hälfte dieses Seeweibchens, die noch niemand gesehen hat, die Gestalt eines Fisches habe.

Andere erzählen, daß da, wo der Bodenlose See ist, ein Wirtshaus gestanden habe, in dem man immer am Sonntag getanzt und allerlei Gottloses verübt habe. Deshalb sei es versunken. In dem See leben drei weiße Fräulein, die oft um den See herumspazierten und auch nach Empfingen hinein zu Hochzeiten und Tänzen kamen. Dort heißt auch ein Platz, auf dem früher eine alte Linde gestanden hat, Tanzplatz, und auf dem haben sie oftmals getanzt. Einst hat sie jemand gefragt, woher sie denn eigentlich kämen. Da haben sie es zwar gesagt, sind aber seitdem weggeblieben. Nur zur Adventszeit solle man sie noch im Seewald sehen können.

Der Drachensee

Zu den mythischen Sagen von den Gottesgerichteten durch Versinkung gehört auch die vom Drachensee. Derselbe liegt an dem Mieminger Gebirge unterm Sonnenspitz mitten auf grünen Matten von starren Felsenwänden überragt. In den allerfrühesten Zeiten der Ansiedelung soll der heilige Magnus in diese Gegend gekommen sein (wovon freilich die Legende dieses Heiligen nichts verkündet) und den Bewohnern das Christenthum gepredigt, sie auch den Bergbau gelehrt haben. Auf diesem Wege wurde ein Goldschacht entdeckt und ausgebeutet, der die Bewohner des Gebirges zwar reich machte, aber auch selbe aus frommen Menschen in übermüthige und hoffärtige umwandelte, wie das so häufig geschah und noch geschieht. Gott und sein heiliges Evangelium, Christus und seine Mutter, der heil. Geist und alle lieben Gottesheiligen wurden vergessen, und nur dem Mammon wurde gefröhnt, der Wollust, der Kleiderpracht, und die Armuth wurde ganz und gar verachtet, da es in dem Orte, der auf jener Bergeshöhe entstanden war, durch den Bergsegen keine Armen mehr gab.

Da kam eines Morgens ein alter eisgrauer Mann im Bettlergewande in den Ort, und bat um Aufnahme für die Nacht, wurde aber überall abgewiesen und vor die Thüren gestoßen. Darauf wandte er sich hinweg, kam im unwirthbaren Gebirge um und sprach sterbend einen Fluch aus über Dorf, Bewohner und Bergwerk. Da begannen Donner zu rollen und die Erde zu beben, und der Ort versank, und am andern Morgen deckte ein ruhiger aber dunkler See die Stätte sammt allen ihren Bewohnern. Diese leben noch ein ruheloses Geisterleben; aus dem See heraus dürfen sie nicht, ein Drache bewacht sie, den man oftmal auftauchen gesehen, und deßhalb führt der See den Namen: Drachensee. – In der Christnacht hört man das Glöcklein in der mitversunkenen Dorfkapelle läuten, und sieht auch wohl die büßenden Bewohner zur Kirche ziehen, die dann empor zu steigen scheint, aber wehe dem, der nicht nur sieht, sondern auch gesehen wird. Der Drache fährt dann aus dem Wasser, faßt ihn und gesellt ihn zur Schaar der Verdammten.

Die Seaba

Auf den ziemlich umfangreichen Villandereralpen mit ihrem beständig feuchten Moorboden, liegt ein stiller, schwarzer, unheimlicher Bergsee, über dessen Moordecke zu schreiten gefährlich genug ist. Das Volk nennt ihn insgemein nur die »Seaba« (See).

Hier stand einst ein glückliches Bergdorf, dessen Bewohner durch die nahen Metallgruben und üppigen Alpentriften unendlich reich, aber auch so hochmüthig und schwelgerisch geworden waren, daß Saufen, Tanzen und Buhlen zur Tagesordnung wurde; daher ging es bei ihnen zu wie in den Städten Sodoma und Gomorrha. Aber endlich, nachdem drei Mal eine Warnungsstimme vergeblich erschollen war, versank das Dorf tiefer und tiefer in den Boden und schwarze Gewässer stiegen empor und überflutheten so weit hinauf den Grund, als das Dorf gestanden hatte. Zugleich verdorrten die grünen Waldungen, ringsum spalteten sich die Felsen, verschütteten sich die edlen Metallgruben und versumpften die Alpenfluren, so daß es ein Jammer war, wie es noch heute wohl zu sehen ist. Kein Vogel, kein Wild läßt sich sehen, die Gegend ist fluchbeladen – todt! Wenn es bei dem geblieben wäre, so wäre es doch vorbei, aber in den Sommernächten wird es da droben gar lebendig und unheimlich: Gestalten tauchen aus dem See in luftigen Hüllen empor und tanzen Paar an Paar auf dem Wasserspiegel bei Gesang und Musikklang, welchen der Wind manchmal bis zum Horn (ein Berg) hinaufweht; in die Schachte der Bergwerke schreiten Knappen mit dem Grubenlichte in der Hand und graben und hämmern am funkelnden Gesteine, dort dengeln bleiche Jünglinge die Sensen auf einem Stein, dort im Moose mähen blutlose Dirnen das Geröhricht ab; eine goldene Kugel rollt auf einer langen Bahn auf 9 Kegel, welche ebenfalls vom reinsten Golde sind und welche man bei hellen Tagen im Wasser erblicken, aber nicht heraufziehen kann. So spukt und bewegt sich die verdammte Geisterwelt und zeigt gleißendes Gold. Erst wenn die geweihte Glocke in Villanders zum Gebete läutet, wird alles gelähmt und stumm, dumpf rauschen die Wellen am See und mit einem Weheruf ist Alles verschwunden.

Diese Sage hat ungemein viel Verwandtschaft mit der von den Moorjungfrauen auf dem Rhöngebirge in Baiern; auch dort weite Sumpfstrecken; auch dort in Folge gottlosen Lebens versunkene Dörfer; auch dort zur Nachtzeit tanzende Paare.

Das versunkene Schloß bei Dubring

Am Fußwege von Wittichenau nach Dubring hat einst ein Schloß gestanden. Die Besitzer aber waren böse und ungerecht. Daher versank das Schloß im Moor. Nachts sieht der einsame Wanderer noch Gestalten aus dem Sumpf auftauchen und hört ein Heulen und Wehklagen.

Einmal wollte ein Priester aus Wittichenau das Schloß wieder ans Licht bringen. Er zog mit den Bürgern der Stadt und einem Singechor hinaus bis zu der Stelle, wo das Schloß versunken war. Dort hielt der Zug. Der Priester murmelte eine Beschwörungsformel und schrieb seltsame Zeichen in die Luft. Da plötzlich begann der Boden zu schwanken, die Spitze des Schloßturmes wurde sichtbar, und langsam wuchs das ganze Gebäude aus dem sumpfigen Boden, bis ein schönes, stattliches Gebäude vor aller Augen stand.

Nun wandten sich die Wittichenauer zum Heimweg. »Niemand darf sich umschauen!« hatte der Priester geboten. Doch auf einmal tönte leises, fernes Geläut vom Schloßturm, das immer mehr anschwoll und die Luft erfüllte. Da wurde die Schar neugierig, und viele blickten sich um. Im selben Augenblick aber bebten die Türme, und so langsam, wie es aufgestiegen war, sank das prächtige Schloß wieder zurück. Heute breitet sich schwarz und düster das Dubringer Moor über jene Stelle.

Seeburger See

Zwei kleine Stunden von Göttingen liegt der Seeburger See. Er vermindert sich jährlich, ist jetzt 30–40 Fuß tief und von einer guten halben Stunde Umkreis. In der Gegend sind noch mehr Erdfälle und gefährliche Tiefen, die auf das Dasein eines unterirdischen Flusses vermuten lassen. Die Fischer erzählen folgende Sage.

In alten Zeiten stand da, wo jetzt der See ist, eine stolze Burg, auf welcher ein Graf, namens Isang, wohnte, der ein wildes und gottloses Leben führte. Einmal brach er durch die heiligen Mauern des Klosters Lindau, raubte eine Nonne und zwang sie, ihm zu Willen zu sein. Kaum war die Sünde geschehen, so entdeckte sich, daß diejenige, die er in Schande gebracht, seine bis dahin ihm verborgen gebliebene Schwester war. Zwar erschrak er und schickte sie mit reicher Buße ins Kloster zurück, aber sein Herz bekehrte sich doch nicht zu Gott, sondern er begann aufs neue nach seinen Lüsten zu leben. Nun geschah es, daß er einmal seinen Diener zum Fischmeister schickte, einen Aal zu holen, der Fischmeister aber dafür eine silberweiße Schlange gab. Der Graf, der etwas von der Tiersprache verstand, war damit gar wohl zufrieden, denn er wußte, daß, wer von einer solchen Schlange esse, zu allen Geheimnissen jener Sprache gelange. Er hieß sie zubereiten, verbot aber dem Diener bei Lebensstrafe, nichts davon zu genießen. Darauf aß er so viel, als er vermochte, aber ein weniges blieb übrig und wurde auf der Schüssel wieder hinausgetragen; da konnte der vom Verbot gereizte Diener seiner Lust nicht widerstehen und aß es. Dem Grafen aber fielen nach dem Genuß alsbald alle je begangenen Sünden und Frevel aufs Herz und standen so hell vor ihm, daß die Gedanken sich nicht davon abwenden konnten und er vor Angst sich nicht zu lassen wußte. »Mir ist so heiß«, sprach er, »als wenn ich die Hölle angeblasen hätte!« Er ging hinab in den Garten, da trat ihm ein Bote entgegen und sprach: »Eben ist Eure Schwester an den Folgen der Sünde, zu der Ihr sie gezwungen habt, gestorben.« Der Graf wendete sich in seiner Angst nach dem Schloßhof zurück, aber da ging alles Getier, das darin war: die Hühner, Enten, Gänse, auf und ab und sprachen von seinem ruchlosen Leben und entsetzlichen Frevel, den er all verbracht, und die Sperlinge und die Tauben auf dem Dache mengten sich in das Gespräch und riefen Antwort herab. »Nun aber«, sagten sie, »haben die Sünden ihr volles Maß, und das Ende ist gekommen: in kurzer Stunde werden die prächtigen Türme umfallen und die ganze Burg wird versunken sein.« Eben als der Hahn gewaltig auf dem Dache krähte, trat der Diener, der von der Schlange gegessen hatte, herzu, und der Graf, der ihn versuchen wollte, fragte: »Was ruft der Hahn?« Der Diener, der in der Angst sich vergaß und es wohl verstand, antwortete: »Er ruft: Eil, eil! eh die Sonne untergeht, willst du dein Leben retten, eil, eil! aber zieh allein!« »O du Verräter«, sprach der Graf, »so hast du doch von der Schlange gegessen, packe zusammen, was du hast, wir wollen entfliehen.« Der Diener lief hastig ins Schloß, aber der Graf sattelte sich selber sein Pferd, und schon war er aufgesessen und wollte hinaus, als der Diener zurückkam, leichenblaß und atemlos ihm in die Zügel fiel und flehentlich bat, ihn mitzunehmen. Der Graf schaute auf, und als er sah, wie die letzte Sonnenröte an den Spitzen der Berge glühte, und hörte, wie der Hahn laut kreischte: »Eil, Eil! Eh die Sonne untergeht, aber zieh allein!« da nahm er sein Schwert, zerspaltete ihm den Kopf und sprengte über die Zugbrücke hinaus. Er ritt auf eine kleine Anhöhe bei dem Städtchen Gieboldehausen, da schaute er sich um, und als er die Turmspitzen seines Schlosses noch im Abendrot glänzen sah, deuchte ihm alles ein Traum und eine Betäubung seiner Sinne. Plötzlich aber fing die Erde an unter seinen Füßen zu zittern, erschrocken ritt er weiter, und als er zum zweitenmal sich umschaute, waren Wall, Mauern und Türme verschwunden und an des Schlosses Stelle ein großer See.

Nach dieser wundervollen Errettung bekehrte sich der Graf und büßte seine Sünden im Kloster Gieboldehausen, welchem er seine übrigen reichen Besitzungen schenkte. Nach seiner Verordnung werden noch jetzt reuigen Sündern an einem gewissen Tage Seelenmessen gelesen. In dem Dorfe Berenshausen stiftete er den Chor und die Altarstühle, worüber sogar noch ein Schenkungsbrief da sein soll. Auch werden noch jetzt aus dem See behauene Quadern und Eichenbohlen herausgeholt; vor einiger Zeit sogar zwei silberne Töpfe mit erhabenen Kränzen in getriebener Arbeit, von denen der Wirt in Seeburg einen gekauft hat.

Die Jungfrauen und das Rote Moor

Einsam liegt das Rote Moor in der Hohen Rhön. Dort stand früher das Dorf Poppenrode. Weil seine Bewohner habgierig und neidisch waren, wurden sie furchtbar bestraft. Eines Tages versank das Dorf mit allen seinen Häusern, Tieren und Bewohnern im Moor.

Wenn in Wüstensachsen, das ganz in der Nähe liegt, Kirmes gefeiert wurde, erschienen dort alljährlich drei Jungfrauen aus dem versunkenen Poppenrode. Sie trugen große Blumensträuße. Alle Mädchen, denen sie eine Blume schenkten, wurden im nächsten Jahr Bräute. Mit dem Glockenschlag 12 aber verschwanden sie wieder im Moor.

Die Jungfrauen kamen Jahr für Jahr. Einmal jedoch hielten die Burschen sie fest, so daß sie nicht pünktlich bis Mitternacht zurückkehren konnten. Da weinten sie sehr, und kaum waren sie weggelaufen, hörte man aus der Richtung des Roten Moores furchtbare Schreie. Als die Burschen am nächsten Morgen dort hinkamen, war das Wasser des Moores rot gefärbt. Die Jungfrauen aber kehrten niemals zurück.

Friedrich Gerstäcker

Germelshausen

Im Herbst des Jahres 184 – wanderte ein junger, lebensfrischer Bursch, den Tornister auf dem Rücken, den Stab in der Hand, langsam und behaglich den breiten Fahrweg entlang, der von Marisfeld hinauf nach Wichtelhausen führte.

Es war kein Handwerksbursch, der Arbeit suchend von Ort zu Ort ging; das sah man ihm auf den ersten Blick an, hätte ihn nicht schon die kleine, sauber gefertigte Ledermappe verraten, die er auf den Tornister geschnallt trug. Den Künstler konnte er überhaupt nicht verleugnen. Der keck auf einer Seite sitzende, schwarze breiträndige Hut, das lange blonde, gelockte Haar, der weiche, noch ganz junge, aber volle Bart – alles sprach dafür, selbst der etwas abgetragene schwarze Samtrock, der ihm jedoch bei dem warmen Morgen ein wenig zu heiß werden mochte. Er hatte ihn aufgeknöpft, und das weiße Hemd darunter, denn er trug keine Weste, wurde um den Hals von einem schwarzseidenen Tuch nur locker zusammengehalten.

Als er sich ein Viertelstündchen von Marisfeld entfernt haben mochte, läutete es dort zur Kirche, und er blieb stehen, stützte sich auf seinen Stecken und lauschte aufmerksam den vollen Glockentönen, die gar wundersam zu ihm herüberschallten.

Das Läuten war lange vorüber, und noch immer stand er dort und blickte träumerisch hinaus auf die Bergeshänge. Sein Geist war daheim bei den Seinen, in dem kleinen freundlichen Dorf am Taunusgebirge – bei seiner Mutter, bei seinen Schwestern, und es schien fast, als ob sich eine Träne in sein Auge drängen wollte. Sein fröhliches Herz aber ließ die trüben Gedanken nicht aufkommen. Nur den Hut nahm er ab und grüßte mit einem herzlichen Lächeln der Richtung zu, in der er die Heimat wußte, und dann, fester seinen derben Stecken fassend, schritt er munter die Straße entlang, der begonnenen Bahn folgend.

Die Sonne brannte indessen ziemlich warm auf den breiten eintönigen Fahrweg nieder, auf dem der Staub in dicker Kruste lag, und der Wanderer hatte sich schon eine Zeitlang nach rechts und links umgeschaut, ob er nicht irgendeinen bequemeren Fußpfad entdecken könne. Rechts zweigte allerdings einmal ein Weg ab, der aber zu weit aus seiner Richtung führte. Er behielt also den alten noch eine Zeitlang bei, bis er endlich an ein klares Bergwasser kam, an dem er die Trümmer einer steinernen Brücke erkennen konnte. Drüben lief ein Rasenweg, der in den Grund hineinführte. Mit keinem bestimmten Ziel vor sich, da er ja nur dem schönen Werratal zuzog, seine Studienmappe zu bereichern, sprang er auf einzelnen großen Steinen trockenen Fußes über den Bach zur kurz gemähten Wiese drüben und schritt hier, auf dem federnden Rasen und im Schatten dichter Erlenbüsche, rasch und sehr zufrieden mit seinem Tausch, vorwärts.

»Jetzt hab' ich den Vorteil«, lachte er dabei vor sich hin, »daß ich gar nicht weiß, wohin ich komme. Hier steht kein langweiliger Wegweiser, der einem immer schon Stunden vorher sagt, wie der nächste Ort heißt und dann jedesmal mit der Entfernung unrecht hat. Wie die Leute hier nun ihre Stunden messen, möcht' ich wissen! Merkwürdig still ist es hier im Grunde. Freilich, am Sonntag haben die Bauern draußen nichts zu tun, und wenn sie die ganze Woche hinter ihrem Pflug oder neben dem Wagen herlaufen müssen, halten sie am Sonntag nicht viel vom Spazierengehen, schlafen morgens erst in der Kirche tüchtig aus und strecken die Beine dann nach dem Mittagessen unter den Wirtstisch – hm – ein Glas Bier wäre jetzt nicht so übel. Aber bis ich das bekommen kann, löscht auch diese klare Flut den Durst.« Damit warf er Tornister und Hut ab, stieg zum Wasser nieder und trank nach Herzenslust.

Als er sich wieder aufrichtete, fiel sein Blick auf einen alten, wunderlich verwachsenen Weidenbaum, den er rasch und mit geübter Hand skizzierte. Dann, erfrischt und ausgeruht, nahm er seinen leichten Tornister wieder auf und setzte seinen Weg fort, unbekümmert, wohin er ihn führe.

Eine Stunde mochte er noch so gewandert sein, hier ein Felsstück, dort ein eigentümliches Erlengebüsch, da wieder einen knorrigen Eichenast in seine Mappe sammelnd. Die Sonne war dabei höher gestiegen, und er nahm sich eben vor, nun rüstig auszuschreiten, um wenigstens im nächsten Dorf das Mittagessen nicht zu versäumen, als er vor sich im Grunde, dicht am Bach und an einem alten Stein, auf dem früher vielleicht einmal ein Heiligenbild gestanden, eine Bäuerin sitzen sah, die den Weg herabschaute, den er kam.

Von Erlen gedeckt, hatte er sie früher sehen können als sie ihn. Aber kaum trat er über das Gebüsch hinaus, das ihn bis dahin ihren Blicken entzogen hatte, als sie aufsprang und mit einem Freudenschrei ihm entgegeneilte.

Arnold, wie der junge Maler hieß, blieb überrascht stehen. Es war ein bildhübsches, kaum siebzehnjähriges Mädchen, das, in eine ganz eigentümliche, aber sehr vorteilhafte Bauerntracht gekleidet, mit ausgestreckten Armen auf ihn zuflog. Arnold wußte sofort, daß sie ihn für einen andern hielt. Schon blieb sie erschrocken stehen, erst blaß und dann über und über errötend, und sagte endlich schüchtern und verlegen: »Nehmt's nicht ungütig, fremder Herr – ich – ich – glaubte – «

»Daß es dein Schatz wäre, nicht wahr?« lachte der junge Bursch, »und jetzt bist du verdrießlich, daß dir ein anderes, fremdes und gleichgültiges Menschenbild in den Weg läuft? Sei nicht böse, daß ich's nicht bin.«

»Ach, wie könnt Ihr nur so reden«, flüsterte sie ängstlich, »wie dürft' ich böse sein – aber wenn Ihr wüßtet, wie *sehr* ich mich darauf gefreut hatte ...«

»Dann verdient er's aber auch nicht, daß du noch länger auf ihn wartest«, sagte Arnold, dem jetzt erst die wahrhaft wunderbare Anmut des schlichten Bauernkindes auffiel. »Wär' ich an seiner Stelle, du hättest nicht eine einzige Minute vergebens meiner harren sollen.«

»Wie Ihr nur so redet«, sagte das Mädchen verschämt, »wenn er hätt' kommen *können*, wär' er gewiß schon da. Vielleicht ist er krank oder – oder gar – tot«, setzte sie langsam hinzu.

»Hat er so lange nichts von sich hören lassen?« fragte Arnold betroffen.

»Gar sehr, sehr lange nicht.«

»Dann ist er wohl weit von hier daheim?«

»Weit? Gewiß, schon eine recht lange Strecke von hier«, sagte das Mädchen, »in Bischofsroda.«

»Bischofsroda?« rief Arnold. »Da habe ich vier Wochen gehaust und kenne jedes Kind im Dorf. Wie heißt er?«

»Heinrich – Heinrich Vollgut«, sagte das Mädchen verschämt, »des Schulzen Sohn in Bischofsroda.«

»Hm«, meinte Arnold, »bei dem Schulzen bin ich ein- und ausgegangen. Der aber heißt, so viel ich weiß, Bäuerling, und den Namen Vollgut hab' ich im ganzen Dorf nicht gehört.«

»Ihr werdet wohl nicht alle Leute dort kennen«, meinte das Mädchen, und durch den traurigen Zug, der über dem lieben Antlitz lag, stahl sich ein leises, verschmitztes Lächeln, das ihr noch besser als die Schwermut stand.

»Aber von Bischofsroda«, meinte der junge Maler, »kann man über die Berge recht gut in zwei Stunden herüberkommen.«

»Und doch ist er nicht da«, sagte sie wieder mit einem schweren Seufzer, »und doch hat er mir's so fest versprochen.«

»Dann kommt er auch gewiß«, versicherte Arnold treuherzig, »denn wenn man *dir* einmal etwas versprochen hat, müßte man ja ein Herz von Stein haben, wenn man nicht Wort hielte – und das hat dein Heinrich gewiß nicht.«

»Nein«, sagte sie, »aber jetzt wart' ich doch nicht länger auf ihn, denn zu Mittag muß ich daheim sein, sonst schilt der Vater.«

»Und wo bist du daheim?«

»Dort gleich im Grunde – hört Ihr die Glocke? Eben wird der Gottesdienst ausgeläutet.«

Arnold horchte auf, und gar nicht weit entfernt konnte er das langsame Anschlagen einer Glocke hören. Aber nicht voll und tief tönte es zu ihm herüber, sondern scharf und miß tönend, und als er länger hinschaute, war es fast, als ob ein dichter Höhenrauch über jenem Teil des Tales läge.

»Eure Glocke hat einen Sprung«, lachte er, »die klingt bös.«

»Ja, ich weiß es wohl«, erwiderte gleichmütig das Mädchen, »hübsch klingt sie nicht, und wir hätten sie lange schon umgießen lassen. Aber es fehlt immer an Geld und an Zeit dazu; denn hier herum sind keine Glockengießer. Doch was tut's. Wir kennen sie einmal und wissen, was es bedeutet, wenn es anschlägt, da verrichtet's auch die gesprungene.«

»Und wie heißt dein Dorf?«

»Germelshausen.«

»Kann ich von dort nach Wichtelhausen kommen?«

»Recht leicht – den Fußweg hinüber ist's kaum ein halbes Stündchen – vielleicht nicht einmal so weit, wenn Ihr gut ausschreitet.«

»Dann geh' ich mit durch dein Dorf! Wenn ihr ein gut Wirtshaus habt, eß' ich dort auch zu Mittag.«

»Das Wirtshaus ist nur *zu* gut«, sagte das Mädchen, indem es einen Blick zurückwarf, ob der Erwartete denn noch nicht käme.

»Kann ein Wirtshaus je *zu* gut sein?«

»Für den Bauern – ja«, sagte das Mädchen erst, während es an seiner Seite langsam hinschritt, »der hat auch des Abends nach der Arbeit noch manches im Hause zu tun, was er versäumt, wenn er bis spät in der Nacht im Wirtshaus sitzt.«

»Aber *ich* versäume heute nichts mehr.«

»Ja, mit den Stadtherren ist es etwas anderes; die arbeiten doch nichts und versäumen deshalb auch nicht viel; muß doch der Bauer das Brot für sie verdienen.«

Arnold lachte. »Nun eigentlich doch nicht. Verdienen müssen wir es selber und manchmal sauer genug; denn was der Bauer tut, läßt er sich auch gut bezahlen.«

»Aber *Ihr* arbeitet doch nichts.«

»Warum denn nicht?«

»Eure Hände sehen nicht danach aus.«

»Dann will ich dir gleich einmal beweisen, wie und was ich arbeiten kann«, sagte Arnold. »Setz dich auf den flachen Stein da unter den alten Fliederbusch.«

»Aber was soll ich dort?«

»Setz dich nur hin«, rief der junge Maler, indem er seinen Tornister abwarf und Mappe und Bleistift vornahm.

»Aber ich muß heim!«

»In fünf Minuten bin ich fertig – ich möchte gern eine Erinnerung an dich mitnehmen, gegen die auch dein Heinrich nichts wird einzuwenden haben.«

»Eine Erinnerung an mich? Wie Ihr gespaßig seid.«

»Ich will dein Bild mitnehmen.«

»Ihr seid – ein Maler!«

»Ja.«

»Das wär' schon gut«, sagte sie. »Dann könntet Ihr in Germelshausen gleich die Bilder in der Kirche wieder einmal frisch anmalen. Die sehen so gar bös und mitgenommen aus.«

»Wie heißt du?« fragte Arnold, der indessen schon seine Mappe geöffnet hatte und die lieblichen Züge des Mädchens rasch abzeichnete.

»Gertrud.«

»Und was ist dein Vater?«

»Der Schulze im Dorf. Wenn Ihr ein Maler seid, dürft Ihr auch nicht ins Wirtshaus gehn. Da nehm' ich Euch gleich mit nach Haus, und nach dem Essen könnt Ihr mit dem Vater sprechen.«

»Über die Kirchenbilder?« lachte Arnold.

»Ja gewiß«, sagte ernsthaft das Mädchen, »und Ihr müßt dann bei uns bleiben, recht, recht lange Zeit, bis wieder unser Tag kommt und die Bilder fertig sind.«

»Nun, davon sprechen wir nachher, Gertrud«, sagte der junge Maler. »Aber wird dein Heinrich nicht böse werden, wenn ich bei Euch bin und – recht viel mit dir plaudere.«

»Der Heinrich?« sagte das Mädchen. »Der kommt jetzt nicht mehr.«

»Heut wohl nicht, aber vielleicht morgen?«

»Nein«, sagte Gertrud ruhig, »da er bis elf Uhr nicht da war, bleibt er aus, bis einmal wieder unser Tag ist.«

»Euer Tag? Was meinst du damit?«

Sie sah ihn groß und ernst an. Aber sie antwortete nicht auf seine Frage, und während ihr Blick nach den hoch über ihnen ziehenden Wolken schweifte, haftete er mit einem eigenen Ausdruck von Schmerz und Wehmut an ihnen.

Gertrud war in diesem Augenblick wirklich engelschön, und Arnold vergaß in der Anteilnahme, die er an der Vollendung des Bildes nahm, alles andere. Es blieb ihm auch nicht mehr viel Zeit. Das junge Mädchen stand plötzlich auf, und ein Tuch über den Kopf werfend, sich vor den Sonnenstrahlen zu schützen, sagte sie: »Ich muß fort – der Tag ist so kurz, und sie erwarten mich daheim.«

Arnold hatte sein kleines Bild schon fertig, und mit ein paar kecken Strichen den Faltenwurf der Kleidung angebend, sagte er, ihr das Bild entgegenhaltend: »Hab' ich dich getroffen?«

»Das bin *ich*?« rief Gertrud fast erschrocken.

»Nun, wer denn sonst?« lachte Arnold.

»Und das Bild wollt Ihr behalten und mit Euch nehmen?« fragte sie schüchtern.

»Gewiß will ich«, rief der junge Mann, »und wenn ich dann weit, weit von hier bin, noch oft und fleißig an dich denken.«

»Aber wird das mein Vater leiden?«

»Daß ich an dich denke? Kann er mir das verwehren?«

»Nein – aber – daß Ihr das Bild da mit Euch – in die Welt hinaus nehmt.«

»Er kann es nicht hindern, mein Herz«, sagte Arnold freundlich, »aber wäre es dir selber unlieb, es in meinen Händen zu wissen?«

»Mir? Nein!« erwiderte nach kurzem Überlegen das Mädchen, »wenn – nur nicht – ich muß doch den Vater darum fragen.«

»Du bist ein närrisch Kind«, lachte der junge Maler, »selbst eine Prinzessin hätte nichts dagegen, dir geschieht kein Schade dadurch. Aber lauf doch nicht so. Ich gehe ja mit, oder willst du mich hier ohne Mittagessen zurücklassen? Hast du die Kirchenbilder vergessen?«

»Ja, die Bilder«, sagte das Mädchen, indem es stehenblieb.

Arnold aber, der seine Mappe rasch wieder zusammengebunden hatte, war auch schon im nächsten Augenblick an ihrer Seite, und weit schneller als vorher setzten sie ihren Weg fort, dem Dorfe zu.

Das Dorf lag näher, als Arnold vermutet hatte. Denn das, was der junge Mann von weitem nur für ein Erlendickicht gehalten hatte, zeigte sich, als sie näher kamen, als eine hekkenumzogene Reihe von Obstbäumen, hinter denen dicht versteckt, aber im Norden und Nordosten von weiten Feldern umgeben, das alte Dorf mit seinem niedrigen Kirchturm und seinen rauchgeschwärzten Häusern lag. Hier auch betraten sie zuerst eine gut angelegte und feste Straße, die an beiden Seiten mit Obstbäumen bepflanzt war. Über dem Dorf aber hing der düstere Höhenrauch, den Arnold schon von weitem gesehen hatte, und brach das helle Sonnenlicht, das nur mit einem gelblichen unheimlichen Scheine auf die alten grauen, verwitterten Dächer fallen konnte. Arnold aber hatte für das alles kaum einen Blick; denn Gertrud hatte, als sie sich den ersten Häusern näherten, seine Hand gefaßt, und so bog sie mit ihm in die nächste Straße ein.

Ein sonderbares Gefühl durchzuckte den jungen lebenslustigen Burschen bei der Berührung dieser Hand, und unwillkürlich suchte sein Blick dem Blick des jungen Mädchens zu begegnen. Aber Gertrud sah zu Boden. So führte sie den Gast dem Hause ihres Vaters zu, und Arnolds Aufmerksamkeit wurde von den ihm begegnenden Dorfbewohnern abgelenkt, die alle still an ihm vorübergingen, ohne ihn zu grüßen.

Das fiel ihm auf; denn in den benachbarten Dörfern hätte man es fast für ein Vergehen gehalten, einem Fremden nicht wenigstens einen »Guten Tag« oder ein »Grüß Gott« zu bieten. Hier dachte niemand daran, und wie in einer großen

Stadt gingen die Leute entweder teilnahmslos vorbei oder blieben auch hier und da stehen und sahen den beiden nach. Aber niemand redete sie an. Selbst das Mädchen grüßte keiner von allen.

Obwohl es Sonntag war, sahen die runden, in Blei gefaßten Fensterscheiben der spitzgiebeligen Häuser trüb und angelaufen aus. Hier und da öffnete sich ein Flügel, als sie vorüberschritten, und freundliche Mädchengesichter oder alte würdige Matronen schauten heraus. Auch die seltsame Tracht der Leute fiel Arnold auf, die sich wesentlich von jener der Nachbardörfer unterschied. Dabei herrschte eine fast lautlose Stille überall, und Arnold, dem das Schweigen peinlich wurde, sagte zu seiner Begleiterin: »Haltet ihr denn in eurem Dorfe den Sonntag so streng, daß die Leute, wenn sie einander begegnen, nicht einmal einen Gruß haben? Wenn man nicht hier und da einen Hund bellen oder einen Hahn krähen hörte, könnte man den ganzen Ort für stumm und tot halten.«

»Es ist Mittagszeit«, sagte Gertrud ruhig. »Da sind die Leute nicht zum Reden aufgelegt. Heint abend werdet Ihr sie desto lauter finden.«

»Gott sei Dank«, rief Arnold, »da sind wenigstens Kinder, die auf der Straße spielen! Mir fing es hier schon an, ganz unheimlich zu werden. Da feiern sie in Bischofsroda den Sonntag auf andere Art.«

»Dort ist meines Vaters Haus«, sagte Gertrud leise.

»Dem aber«, lachte Arnold, »darf ich nicht so unversehens in die Schüssel fallen. Ich könnte ihm ungelegen kommen, und ich habe beim Essen gern freundliche Gesichter um mich her. Zeig mittags mir deshalb lieber das Wirtshaus, mein Kind, oder laß es mich es selber finden; denn Germelshausen wird von anderen Dörfern keine Ausnahme machen. Dicht neben der Kirche steht gewöhnlich auch die Schenke, und wenn man nur dem Turme folgt, geht man nie fehl.«

»Da habt Ihr recht. Das ist bei uns gerade so«, sagte Gertrud ruhig. »Aber daheim erwarten sie uns schon, und Ihr braucht nicht zu fürchten, daß man Euch unfreundlich aufnimmt.«

»Erwarten sie *uns*? Du meinst dich und deinen Heinrich?

Ja, Gertrud, wenn du *mich* heute an seiner Stelle nehmen wolltest, dann bliebe ich bei dir, bis du mich selber wieder fortgehen hießest.«

Er hatte bei den letzten Worten ihre Hand gedrückt, die noch immer die seine gefaßt hielt. Da blieb Gertrud plötzlich stehen, sah ihn voll und groß an und sagte: »Wolltet Ihr das wirklich?«

»Mit tausend Freuden«, rief der junge Maler, von der wunderbaren Schönheit des Mädchens ganz verwirrt.

Gertrud erwiderte nichts weiter darauf, und ihren Weg fortsetzend, als ob sie sich die Worte ihres Begleiters überlege, blieb sie endlich vor einem hohen Hause stehen, zu dem eine mit Eisenstäben verwahrte, steinerne Treppe hinaufführte, und sagte mit ihrer früheren, schüchternen und verschämten Stimme:

»Hier wohne ich, lieber Herr, und wenn's Euch gefreut, so kommt mit hinauf zu meinem Vater, der stolz darauf sein wird, Euch an seinem Tisch zu sehen.«

Ehe Arnold aber etwas darauf erwidern konnte, trat oben auf der Treppe schon der Schulze in die Tür, und während ein Fenster geöffnet wurde, aus dem der freundliche Kopf einer alten Frau herausschaute und ihnen zunickte, rief er:

»Aber Gertrud, heute bist du lange ausgeblieben! Aber schau, was für einen schmucken Gesellen sie mitgebracht hat!«

»Mein bester Herr –« begann Arnold.

»Nur keine Umstände – kommt herein, die Klöße sind fertig und werden sonst hart und kalt.«

»Das ist aber nicht der Heinrich«, rief die alte Frau aus dem Fenster. »Hab' ich's denn nicht immer gesagt, daß der nicht wiederkäme?«

»Schon gut, Mutter, schon gut!« meinte der Schulze. »Dieser hier tut's auch«, und dem Fremden die Hand entgegenstreckend, fuhr er fort: »Schön willkommen in Germelshausen, mein junger Herr, wo Euch das Mädel auch mag aufgelesen haben. Und jetzt kommt herein zum Essen und langt zu nach Herzenslust – alles weitere können wir nachher besprechen.« Er ließ dem jungen Maler keine Zeit zu einer Entschuldigung, sondern derb seine Hand schüttelnd, die Gertrud losgelassen hatte, sobald er den Fuß auf die steinerne Treppe setzte, faßte er ihn zutraulich unter den Arm und führte ihn in die breite und geräumige Wohnstube hinein.

Im Hause selber herrschte eine dumpfe, erdige Luft, und obwohl Arnold die Gewohnheit des deutschen Bauern kannte, der sich in seinem Zimmer am liebsten von jeder frischen Luft abschließt und selbst im Sommer nicht selten einheizt, um die ihm behagliche Brathitze zu erzeugen, so fiel es ihm doch auf, daß hier offenbar seit Tagen oder sogar Wochen nicht gelüftet worden war. Der schmale Hausgang hatte gleichfalls wenig Einladendes. Der Kalk war von den Wänden gefallen und schien eben nur flüchtig beiseitegekehrt zu sein. Das einzige erblindete Fenster konnte kaum ein notdürftiges Licht hereinlassen, und die Treppe, die in das obere Stockwerk führte, sah alt und zerfallen aus. Es blieb aber nur wenig Zeit, das alles zu beobachten; denn im nächsten Augenblicke schon warf der gastliche Wirt die Tür der Wohnstube auf, und Arnold sah sich in einem nicht hohen, aber breiten und geräumigen Zimmer, das, frisch gelüftet, mit weißem Sand gestreut, mit dem großen, von schneeigem Linnen bedeckten Tisch in der Mitte gar freundlich gegen die übrige Einrichtung des Hauses abstach.

Außer der alten Frau, die jetzt das Fenster geschlossen hatte und ihren Stuhl zum Tisch rückte, saßen noch ein paar rotbäckige Kinder in der Ecke, und eine rüstige Bauersfrau öffnete eben der mit einer großen Schüssel hereinkommenden Magd die Tür. Schon dampften die Klöße auf dem Tisch, und alles drängte an die Stühle. Keines aber setzte sich, und die Kinder schauten, wie es Arnold vorkam, fast ängstlichen Blickes auf den Vater.

Dieser trat zu seinem Stuhl, lehnte sich mit dem Arm darauf und sah still und schweigend, ja finster vor sich nieder. Betete er? Arnold sah, daß er die Lippen fest zusammengepreßt hielt, während seine rechte Hand zusammengeballt an der Seite niederhing.

Gertrud ging leise auf ihn zu und legte ihre Hand auf seine Schulter, und die alte Frau sah ihn mit ängstlich bittenden Blicken an.

»Laßt uns essen!« sagte da barsch der Mann – »es hilft doch nichts!« Seinen Stuhl beiseite rückend und seinem Gaste zunickend, ließ er sich selber nieder, ergriff den großen Schöpflöffel und legte allen vor.

Arnold kam das ganze Wesen des Mannes fast unheimlich vor, und in der gedrückten Stimmung der übrigen konnte er sich ebenfalls nicht behaglich fühlen. Der Schulze war aber nicht der Mann, der sein Mittagessen mit trüben Gedanken verzehrt hätte.

Als er auf den Tisch klopfte, trat die Magd wieder herein und brachte Flaschen und Gläser, und mit dem kostbaren alten Wein, den er jetzt einschenkte, kam bald ein ganz anderes Leben in alle Tischgenossen.

Durch Arnolds Adern strömte das herrliche Getränk wie flüssiges Feuer. Nie im Leben hatte er etwas Ähnliches gekostet. Auch Gertrud trank davon und die alte Mutter, die sich nachher an ihr Spinnrad in die Ecke setzte und mit leiser Stimme ein kleines Lied von dem lustigen Leben in Germelshausen sang. Der Schulze selber war wie ausgewechselt. So ernst und schweigsam er vorher gewesen war, so lustig und aufgeräumt wurde er jetzt, und Arnold selber konnte sich dem Einflusse dieses kostbaren Weines nicht entziehen. Ohne daß er eigentlich genau wußte, wie es gekommen war, hatte der Schulze eine Violine in die Hand genommen und spielte einen heiteren Tanz, und Arnold, die schöne Gertrud im Arm, wirbelte mit ihr in der Stube so heftig herum, daß er das Spinnrad umwarf und gegen die Magd anrannte, die das Geschirr hinaustragen wollte, und allerhand lustige Streiche trieb, daß sich die übrigen darüber vor Lachen ausschütten wollten.

Plötzlich aber wurde alles still in der Stube. Als sich Arnold erstaunt nach dem Schulzen umschaute, deutete dieser mit seinem Violinbogen nach dem Fenster und legte das Instrument wieder in den großen Holzkasten zurück, aus dem er es vorher genommen hatte. Arnold sah, wie draußen auf der Straße ein Sarg vorbeigetragen wurde.

Sechs Männer, in weiße Hemden gekleidet, trugen ihn auf den Schultern, und hinterher ging ganz allein ein alter Mann mit einem kleinen blondhaarigen Mädchen an der Hand. Der Alte schritt wie gebrochen auf der Straße hin. Die Kleine aber, die kaum vier Jahre zählen mochte und wohl noch keine Ahnung hatte, wer da in dem dunklen Sarge lag, nickte überall freundlich hin, wo sie ein bekanntes Gesicht traf, und lachte hell auf, als sich ein paar Hunde vorüber hetzten und der eine gegen die Treppe des Schulhauses anrannte und sich überkugelte.

Aber nur solange der Sarg in Sicht war, dauerte die Stille. Gertrud war zu dem jungen Maler getreten und sagte: »Ihr habt genug getollt, und der schwere Wein steigt Euch in den Kopf. Kommt, nehmt Euren Hut. Wir wollen einen kleinen Spaziergang machen. Bis wir zurückkommen, wird es Zeit, in die Schenke zu gehen; heint abend ist Tanz.«

»Tanz? Das ist recht«, rief Arnold vergnügt, »da bin ich gerade zur guten Zeit gekommen. Du gibst mir den ersten Tanz, Gertrud?«

»Gewiß, wenn Ihr wollt.«

Arnold hatte schon Hut und Mappe aufgegriffen.

»Was wollt Ihr mit dem Buch?« fragte der Schulze.

»Er zeichnet, Vater«, sagte Gertrud. »Er hat auch mich schon abgemalt. Seht Euch einmal das Bild an.«

Arnold öffnete die Mappe und hielt dem Mann das Bild entgegen.

Der Bauer betrachtete es still und schweigend eine Weile.

»Und das wollt Ihr mit nach Hause nehmen?« sagte er endlich, »und vielleicht in einen Rahmen machen und in die Stube hängen?«

»Und warum nicht?«

»Darf er, Vater?« frug Gertrud.

»Wenn er nicht bei uns bleibt«, sagte der Schulze, »hab' ich nichts dagegen. Aber da hinten fehlt noch etwas.«

»Was?«

»Der Leichenzug von vorhin. Malt den auch auf das Blatt, und Ihr mögt das Bild mitnehmen.«

»Aber der Leichenzug zu Gertrud –«

»Da ist noch Platz genug«, sagte hartnäckig der Schulze, »der muß mit aufs Bild, sonst leid' ich nicht, daß Ihr meines Mädels Gesicht so ganz allein mit fortnehmt. In so ernster Gesellschaft kann niemand etwas Übles davon denken.«

Arnold schüttelte über den wunderlichen Vorschlag, dem hübschen Mädchen einen Leichenzug als Ehrenwache mitzugeben, den Kopf. Der Mann schien aber nun einmal die fixe Idee zu haben, und um ihn zufriedenzustellen, tat er ihm den Willen. Später konnte er die traurige Beigabe ja leicht wieder entfernen.

Mit geübter Hand hatte er die eben vorbeigezogenen Gestalten, wenn auch nur aus der Erinnerung, auf das Papier gebracht, und die ganze Familie drängte sich dabei um ihn herum und sah mit offenbarem Staunen zu.

»Hab' ich's so recht gemacht?« rief Arnold, indem er von seinem Stuhl aufsprang und das Bild in Armeslänge vor sich hielt.

»Vortrefflich!« nickte der Schulze. »Hätt's nimmer gedacht, daß Ihr's so schnell fertig brächtet. Jetzt mag's sein. Und nun geht mit dem Mädel hinaus und seht Euch das Dorf an. Möchtet es doch so bald nicht wieder zu sehen bekommen. Bis um fünf Uhr seid aber wieder da; wir feiern ein Fest heute, und da müßt Ihr dabei sein!«

Arnold selber war es in der dumpfigen Stube beklommen zumute geworden. Er sehnte sich ins Freie, und wenige Minuten später schritt er an Gertruds Seite die Straße entlang, die durch das Dorf führte.

Jetzt lag der Weg nicht mehr so still da wie vorhin. Die Kinder spielten auf der Straße, die Alten saßen vor ihren Türen und sahen zu, und der ganze Ort mit seinen wunderlichen Gebäuden hätte ein freundliches Ansehen gehabt, wäre die Sonne nur imstande gewesen, durch den dichten, bräunlichen Rauch zu dringen, der wie eine Wolke über den Dächern lag.

»Ist hier ein Moor- oder Waldbrand in der Nähe?« fragte

der Maler das Mädchen. »Dieser Rauch liegt über keinem anderen Dorf und kann nicht von den Schornsteinen herrühren.«

»Es ist Erdrauch«, sagte ruhig Gertrud. »Aber habt Ihr nie von Germelshausen gehört?«

»Nie.«

»Das ist sonderbar, und das Dorf ist doch schon so alt – so alt.«

»Die Häuser sehen wenigstens danach aus, und auch die Leute haben alle ein so wunderliches Benehmen, und Eure Sprache klingt so ganz anders als in den Nachbarorten. Ihr kommt wohl wenig hinaus aus Eurem Orte?«

»Wenig«, sagte Gertrud einsilbig.

»Und keine einzige Schwalbe ist mehr da? Die können doch noch nicht fortgezogen sein?«

»Schon lange –« antwortete das Mädchen. »In Germelshausen baut sich keine mehr ihr Nest. Sie können vielleicht den Erdrauch nicht vertragen.«

»Aber den habt ihr doch nicht immer?«

»Immer.«

»Dann ist der Rauch auch schuld daran, daß eure Obstbäume keine Früchte tragen. Noch in Marisfeld mußten sie die Äste stützen, so reich gesegnet ist das Jahr.«

Gertrud erwiderte kein Wort darauf und ging schweigend an seiner Seite, bis sie das äußerste Ende des Dorfes erreichten.

Unterwegs nickte sie nur manchmal einem Kinde freundlich zu oder sprach mit einem der jungen Mädchen – vielleicht über den heutigen Tanz und Ballstaat – ein paar leise Worte. Die Mädchen sahen dabei den jungen Mann mit so mitleidsvollen Blicken an, daß es diesem, er wußte selber nicht recht warum, ganz weh ums Herz wurde. Aber er getraute sich nicht, Gertrud zu fragen.

Endlich hatten sie die letzten Häuser erreicht, und so lebendig es im Dorf selber gewesen war, so still und einsam, ja so totenähnlich wurde es hier. Die Gärten sahen aus, als ob sie seit langen Jahren nicht betreten worden wären. In den

Wegen wuchs Gras, und besonders merkwürdig schien es dem jungen Fremden, daß kein Obstbaum auch nur eine Frucht trug.

Da begegneten ihnen Menschen, die von draußen hereinkamen, und Arnold erkannte augenblicklich den rückkehrenden Leichenzug. Die Leute zogen still an ihnen vorüber wieder in das Dorf hinein, und fast unwillkürlich lenkten sich beider Schritte dem Friedhof zu.

Arnold suchte seine Begleiterin, die ihm gar zu ernst vorkam, aufzuheitern, erzählte ihr von anderen Orten, wo er gewesen war, und wie es draußen in der Welt aussähe. Sie hatte noch nie eine Eisenbahn gesehen, ja nie davon gehört und horchte aufmerksam und erstaunt seiner Erklärung. Auch von dem Telegraphen hatte sie keine Ahnung, ebensowenig von all den neueren Erfindungen, und der junge Maler begriff nicht, wie es möglich sei, daß noch Menschen in Deutschland so abgeschieden, ja förmlich getrennt von der übrigen Welt leben konnten.

Unter diesen Gesprächen erreichten sie den Gottesacker, und hier fielen dem jungen Fremden gleich die altertümlichen Steine und Denkmale auf, so einfach sie auch waren.

»Das ist ein alter Stein«, sagte er, als er sich zu dem nächsten niederbog und mit Mühe die Schnörkelschrift desselben entziffert hatte: »Anna Maria Berthold, geborene Sieglitz, geboren am 1. Dezember 1188, gestorben den 2. Dezember 1224.«

»Das ist meine Mutter«, sagte Gertrud, und ein paar große helle Tränen drängten sich in ihr Auge und fielen langsam auf ihr Mieder nieder.

»Deine Mutter?« sagte Arnold erstaunt, »deine Ur-Ur-Elternmutter, ja, die könnte es gewesen sein.«

»Nein«, sagte Gertrud, »meine rechte Mutter – der Vater hat nachher wieder gefreit, und die zu Hause ist meine Stiefmutter.«

»Aber steht da nicht: gestorben 1224?«

»Was kümmert mich das Jahr?« sagte Gertrud. »Es tut gar weh, wenn man so von der Mutter getrennt wird, und doch«

– setzte sie leise hinzu – »war es vielleicht gut – daß sie *vorher* zu Gott eingehen durfte.«

Arnold beugte sich kopfschüttelnd über den Stein, die Inschrift genauer zu erforschen, ob die erste 2 in der Jahreszahl vielleicht eine 8 sei; denn die altertümliche Schrift machte das nicht unmöglich. Aber die andere 2 glich der ersten auf ein Haar und 1884 schrieben sie noch lange nicht. Vielleicht hatte sich der Steinmetz geirrt. Das Mädchen war so in das Andenken an die Verstorbene vertieft, daß er nicht weiter durch vielleicht lästige Fragen stören mochte. Er ließ sie deshalb bei dem Stein, bei dem sie niedergesunken war und leise betete, um weitere Grabsteine zu untersuchen; aber alle ohne Ausnahme trugen Jahreszahlen viele hundert Jahre zurück: selbst bis 930, ja 930 n. Chr., und kein neuerer Stein ließ sich auffinden, und doch wurden die Toten selbst jetzt noch hier beigesetzt, wie das letzte, ganz frische Grab bezeugte.

Von der niederen Kirchhofmauer aus hatte man einen trefflichen Überblick über das alte Dorf, und Arnold benutzte die Gelegenheit, eine flüchtige Zeichnung davon zu entwerfen. Aber auch über diesem Platz lag der wunderliche Höhenrauch, und weiter dem Walde zu konnte Arnold doch die Sonne hell und klar auf die Berghänge niederfallen sehen.

Da schlug im Dorfe wieder die alte zersprungene Glocke an, und Gertrud, sich rasch emporrichtend und die Tränen aus den Augen schüttelnd, winkte freundlich dem jungen Manne, ihr zu folgen.

Er war rasch an ihrer Seite.

»Jetzt dürfen wir nicht mehr trauern«, sagte sie lächelnd, »die Kirche läutet aus, und nun geht es zu Tanz. Ihr habt wohl geglaubt, daß die Germelshauser lauter Kopfhänger wären? Heint abend sollt Ihr das Gegenteil gewahr werden.«

»Aber dort drüben ist doch die Kirchentür«, sagte Arnold, »und ich sehe niemanden herauskommen.«

»Das ist sehr natürlich«, sagte das Mädchen, »weil niemand hineingeht – nicht einmal der Pfarrer. Nur der alte Sakristan gönnt sich keine Ruhe und läutet die Kirche aus und ein.«

»Und keins von euch geht in die Kirche?«

»Nein, weder zur Messe noch zur Beichte«, sagte das Mädchen ruhig; »wir liegen in einem Streit mit dem Papst, der bei den Welschen wohnt, und der will es nicht leiden, bis wir ihm wieder gehorchen.«

»Aber davon hab' ich im Leben nichts gehört.«

»Ja, das ist schon lange her«, sagte das Mädchen leichthin, »seht Ihr, da kommt der Sakristan ganz allein aus der Kirche und schließt die Tür zu; der geht auch nicht ins Wirtshaus, sondern sitzt still und allein daheim.«

»Und der Pfarrer kommt?«

»Das sollt' ich meinen. Der ist der Lustigste von allen. Er nimmt sich's nicht zu Herzen.«

»Und weshalb ist das alles geschehen?« sagte Arnold, der sich fast weniger über die Tatsachen als über des Mädchens Unbefangenheit wunderte.

»Das ist eine lange Geschichte«, meinte Gertrud, »und der Pfarrer hat das alles in ein großes dickes Buch aufgeschrieben. Wenn's Euch Spaß macht und Ihr Lateinisch versteht, mögt Ihr's darin lesen. Aber«, setzte sie warnend hinzu, »sprecht nicht davon, wenn mein Vater dabei ist; denn er hat's nicht gern. Seht Ihr – da kommen die Burschen und Mädchen schon aus den Häusern. Jetzt muß ich machen, daß ich heimkomme; denn ich möchte nicht die letzte sein.«

»Und den ersten Tanz, Gertrud?«

»Tanze ich mit Euch! Ihr habt mein Versprechen.«

Rasch schritten die beiden in das Dorf zurück, wo jetzt ein ganz anderes Leben herrschte als am Morgen. Überall standen lachende Gruppen von jungen Leuten. Die Mädchen waren zu der Festlichkeit geschmückt, die Burschen ebenfalls in ihrem besten Staat, und an dem Wirtshaus, an dem sie vorbeigingen, hingen Girlanden von einem Fenster zum andern und zogen über der Tür einen weiten Triumphbogen.

Arnold mochte sich, da er alles aufs beste herausgeputzt sah, nicht in seinen Reisekleidern zwischen die Festtägler mischen, schnallte deshalb in des Schulzen Haus seinen Tornister auf, nahm seinen guten Anzug heraus und war eben mit dem Ankleiden fertig, als Gertrud an die Tür klopfte.

Wie wunderbar schön sah das Mädchen in dem einfachen und doch so reichen Schmucke aus, und wie herzlich bat sie ihn, sie zu begleiten, da Vater und Mutter erst spät nachfolgen würden.

Die Sehnsucht nach ihrem Heinrich kann ihr das Herz nicht abdrücken, dachte der junge Mann, als er ihren Arm in den seinigen zog und mit ihr durch die einbrechende Dämmerung dem Tanzsaal zuschritt. Aber er hütete sich wohl, einem derartigen Gedanken Worte zu geben; denn ein eigenes wunderliches Gefühl durchzuckte seine Brust, und sein Herz klopfte ungestüm.

»Und morgen muß ich wieder fort«, seufzte er leise vor sich hin. Ohne daß er es wollte, waren die Worte zum Ohr seiner Begleiterin gedrungen, und sie sagte lächelnd: »Sorgt Euch nicht um das. Wir bleiben länger zusammen – länger vielleicht, als Euch lieb ist.«

»Und würdest du es gern sehen, Gertrud, wenn ich bei euch bliebe?« frug Arnold, und er fühlte dabei, wie ihm das Blut mit voller Gewalt in Stirn und Schläfe schoß.

»Gewiß«, sagte das junge Mädchen unbefangen, »Ihr seid gut und freundlich, mein Vater hat Euch gern, ich weiß es und – Heinrich ist doch nicht gekommen!« setzte sie leise und wie zürnend hinzu.

»Und wenn er nun morgen käme?«

»*Morgen?*« sagte Gertrud und sah ihn mit ihren großen dunklen Augen ernst an. »Dazwischen liegt eine lange, lange Nacht. Ihr werdet *morgen* begreifen, was das Wort bedeutet. Aber *heint* sprechen wir nicht davon«, brach sie kurz und freundlich ab, »*heint* ist das frohe Fest, auf das wir uns so lange gefreut haben, und das wollen wir uns nicht verkümmern!«

Arnold wollte etwas erwidern. Aber lärmende Musik, die aus dem Wirtshaus tönte, übertäubte seine Worte. Wunderliche Weisen spielten die Musikanten auf. Er kannte keine einzige davon und wurde durch den Glanz der vielen Lichter, die ihm entgegenfunkelten, fast geblendet. Gertrud führte ihn mitten in den Saal hinein, wo eine Menge junger Bauernmädchen plaudernd zusammenstanden, und dort erst ließ sie ihn los, so daß er sich, bis der Tanz begann, ein wenig umsehen und mit den übrigen Burschen bekannt werden konnte.

Im ersten Augenblick fühlte er sich zwischen den vielen fremden Menschen nicht behaglich. Auch die wunderliche Tracht und Sprache der Leute stießen ihn ab. So lieb diese harten ungewohnten Laute von Gertruds Lippen klangen, so rauh tönten sie von anderen an sein Ohr. Die jungen Burschen waren aber alle freundlich gegen ihn, und einer von ihnen kam auf ihn zu, nahm ihn bei der Hand und sagte: »Das ist gescheit von Euch, Herr, daß Ihr bei uns bleiben wollt – führen auch ein lustiges Leben, und die Zwischenzeit vergeht rasch genug.«

»Welche Zwischenzeit?« frug Arnold, weniger erstaunt über den Ausdruck, als daß der Bursche so fest seine Überzeugung aussprach, daß er dieses Dorf zu seiner Heimat machen wollte. »Ihr meint, daß ich hierher zurückkehre?«

»Wollt Ihr denn wieder fort?« frug der junge Bauer rasch.

»Morgen – ja – oder übermorgen – aber ich komme wieder.«

»Morgen? So?« lachte der Bursche. »Ja, dann ist's schon recht – na, *morgen* sprechen wir weiter darüber. Jetzt kommt, daß ich Euch unsere Vergnüglichkeit einmal zeige, denn, wenn Ihr morgen schon wieder fort wollt, bekämet Ihr die am Ende nicht einmal zu sehen.«

Die anderen lachten heimlich miteinander. Der junge Bauer aber nahm Arnold an der Hand und führte ihn im ganzen Hause herum, das dicht gedrängt voll lustig schwärmender Gäste war. Erst kamen sie durch Zimmer, in denen Kartenspieler saßen und große Haufen Geldes vor sich liegen hatten. Dann betraten sie eine Kegelbahn, die mit hellglänzenden Steinen ausgelegt war. In einem dritten Zimmer wurden Ringel- und andere Spiele gespielt, und die jungen Mädchen liefen lachend und singend aus und ein und neckten sich mit den jungen Burschen, als auf einmal ein Tusch von den Musikanten, die bis dahin lustig fortgespielt hatten, das Zeichen zum Beginn des Tanzes gab. Plötzlich war auch Gertrud an Arnolds Seite und faßte seinen Arm.

»Kommt, wir dürfen nicht die letzten sein«, sagte das schöne Mädchen. »Denn als des Schulzen Tochter muß ich den Tanz eröffnen.«

»Aber was für eine seltsame Weise ist das?« fragte Arnold. »Ich finde mich gar nicht in den Takt.«

»Es wird schon gehen«, lächelte Gertrud. »In den ersten fünf Minuten findet Ihr Euch hinein.«

Laut jubelnd drängte jetzt alles, nur die Kartenspieler ausgenommen, dem Tanzsaal zu, und Arnold vergaß in dem einen seligen Gefühl, das wunderschöne Mädchen in den Armen zu halten, bald alles andere.

Wieder und wieder tanzte er mit Gertrud, und kein anderer schien ihm seine Tänzerin streitig machen zu wollen, wenn ihn die übrigen Mädchen im Vorbeifliegen auch manchmal neckten. Eins nur fiel ihm auf und störte ihn: dicht neben dem Wirtshause stand die alte Kirche, und im Saal konnte man deutlich die grellen, mißtönenden Schläge der zersprungenen Glocke hören. Bei dem ersten Schlag aber war es jedesmal, als ob der Stab eines Zauberers die Tanzenden berührt hätte. Die Musik hörte mitten im Takt auf zu spielen. Die lustig durcheinanderwogende Schar stand, wie an ihre Plätze gebannt, still und regungslos, und alles zählte schweigend die einzelnen langsamen Schläge. Sobald aber der letzte Glockenschlag verhallt war, ging das Leben und das Jauchzen von neuem los. So war es um acht, so um neun, so um zehn Uhr, und wenn Arnold nach der Ursache des so sonderbaren Betragens fragen wollte, legte Gertrud ihren Finger an die Lippen und sah dabei so ernst und traurig aus, daß er sie nicht um die Welt hätte mehr betrüben mögen.

Um zehn Uhr wurde im Tanzen eine Pause gemacht, und das Musikkorps, das eiserne Lungen haben mußte, schritt dem jungen Volke voran in den Eßsaal hinab. Dort ging es lustig her. Der Wein floß nur so, und Arnold, der nicht gut hinter den Übrigen zurückbleiben konnte, berechnete schon im stillen, welchen Riß dieser verschwenderische Abend in seiner bescheidenen Kasse machen würde. Aber Gertrud saß neben ihm, trank mit ihm aus einem Glase, und wie hätte er da einer solchen Sorge Raum geben können! Und wenn Heinrich morgen kam?

Der erste Schlag der elften Stunde tönte, und wieder schwieg der laute Jubel der Zechenden, wieder war dieses atemlose Lauschen. Ein stilles Grauen überkam Arnold: er wußte selber nicht, weshalb, und der Gedanke an seine Mutter daheim zog ihm durch das Herz. Langsam hob er sein Glas und hob es als Gruß den fernen Lieben.

Mit dem elften Schlag aber sprangen die Gäste von den Tischen auf. Der Tanz sollte aufs neue beginnen, und alles eilte in den Saal zurück.

»Wem habt Ihr zuletzt zugetrunken?« fragte Gertrud, als sie ihren Arm wieder in den seinigen gelegt hatte.

Arnold zögerte mit der Antwort. Lachte ihn Gertrud vielleicht aus, wenn er es ihr sagte? Aber nein – so inbrünstig hatte sie ja noch am Nachmittag an ihrer eigenen Mutter Grab gebetet, und mit leiser Stimme sagte er: »Meiner Mutter.«

Gertrud erwiderte kein Wort und ging schweigend neben ihm die Treppe wieder hinauf. Aber sie lachte nun auch nicht mehr, und ehe sie wieder zum Tanz antraten, fragte sie: »Habt Ihr Eure Mutter so lieb?«

Arnold nickte stumm.

»Und sie Euch?«

»Liebt eine Mutter nicht ihr Kind?«

»Und wenn Ihr – nicht wieder heim zu ihr kämet?«

»Arme Mutter!« sagte Arnold, »ihr Herz würde brechen!«

»Da beginnt der Tanz wieder!« rief Gertrud rasch. »Kommt, wir dürfen keinen Augenblick mehr säumen!«

Und wilder als je begann der Tanz; die jungen Burschen, von dem starken Wein erhitzt, jubelten und johlten. Ein Lärmen entstand, das die Musik zu übertäuben drohte. Arnold fühlte sich nicht mehr so wohl in dem Toben, und auch Gertrud war still geworden. Nur bei den anderen allen schien der Jubel zu wachsen. In einer Pause kam der alte Schulze auf die beiden zu, schlug dem jungen Manne herzhaft auf die Schulter und sagte lachend: »Das ist recht, Herr

Maler, nur lustig die Beine geschwenkt den Abend. Wir haben Zeit genug, uns wieder auszuruhen. Na, Trudchen, weshalb schneidest du denn so ein ernstes Gesicht? Paßt das zu dem Tanze heint? Da geht's wieder los! Jetzt muß ich meine Alte suchen, mit ihr den letzten Tanz zu machen. Stellt euch an! Die Musikanten blasen schon wieder die Backen auf.« Mit einem Juchzer drängte er sich durch den Schwarm. Arnold hatte schon den Arm um Gertrud gelegt, als diese sich plötzlich von ihm losmachte, seinen Arm ergriff und flüsterte:

»Kommt!«

Er behielt keine Zeit, sie zu fragen, wohin; denn sie glitt ihm unter den Händen weg, der Saaltür zu.

»Wohin, Trudchen?« riefen ihr ein paar der Gespielinnen nach.

»Bin gleich wieder da«, lautete die kurze Antwort, und wenige Sekunden später stand sie mit Arnold draußen, in der frischen Abendluft vor dem Hause.

»Wo willst du hin, Gertrud?«

»Kommt!« Wieder ergriff sie seinen Arm und führte ihn durch das Dorf, an ihres Vaters Hause vorbei, in das sie schnell hineinsprang, und aus dem sie sogleich mit einem kleinen Bündel zurückkehrte.

»Was hast du vor?« fragte Arnold erschreckt.

»Kommt!« war das einzige, was sie erwiderte.

An den Häusern vorbei schritt sie mit ihm dahin, bis sie die äußere Ringmauer des Dorfes hinter sich hatten. Sie waren bis hier der breiten, festen und hartgefahrenen Straße gefolgt. Jetzt bog Gertrud links vom Wege ab und schritt einen kleinen, flachen Hügel hinauf, von dem man gerade auf die hellerleuchteten Fenster und Türen des Wirtshauses sehen konnte. Hier blieb sie stehen, reichte Arnold die Hand und sagte herzlich:

»Grüßt Eure Mutter von mir – lebt wohl!«

»Gertrud!« rief Arnold so erstaunt wie bestürzt, »jetzt mitten in der Nacht willst du mich von dir schicken? Habe ich dir mit irgendeinem Worte wehgetan?«

»Nein, Arnold«, sagte das Mädchen, ihn zum erstenmal bei seinem Vornamen nennend, »eben – eben weil ich Euch gern hab', müßt Ihr fort.«

»Aber so lasse ich dich nicht von mir, im Dunkeln, allein in das Dorf zurück!« bat Arnold. »Mädchen, du weißt nicht, wie lieb ich dich habe, du weißt nicht –«

»Sprecht nichts weiter«, unterbrach ihn Gertrud rasch, »wir wollen keinen Abschied nehmen. Wenn die Glocke zwölf geschlagen hat – es kann kaum noch zehn Minuten dauern – so kommt wieder an die Tür des Wirtshauses; dort werd' ich Euch erwarten.«

»Und so lange –«

»Bleibt Ihr hier auf dieser Stelle stehen! Versprecht mir, daß Ihr keinen Schritt zur Rechten oder zur Linken gehen wollt, bis die Glocke zwölf ausgeschlagen hat.«

»Ich verspreche es, Gertrud. Aber dann –«

»Dann kommt«, sagte das Mädchen, reichte ihm die Hand zum Abschied und wollte fort.

»Gertrud!« rief Arnold.

Sie blieb einen Augenblick wie zögernd stehen, dann plötzlich wandte sie sich gegen ihn, warf ihre Arme um seinen Nacken, und Arnold fühlte die eiskalten Lippen des schönen Mädchens fest auf den seinen. Aber es war nur ein Augenblick. In der nächsten Sekunde hatte sie sich losgerissen und floh dem Dorfe zu, und Arnold blieb, bestürzt über ihr wunderliches Betragen, aber seines Versprechens eingedenk, an der Stelle stehen, wo sie ihn verlassen hatte.

Jetzt erst sah er auch, wie sich das Wetter in den wenigen Stunden verändert hatte. Der Wind heulte durch die Bäume, der Himmel war mit dichten, jagenden Wolken bedeckt; einzelne große Regentropfen verrieten ein nahendes Gewitter.

Durch die dunkle Nacht glänzten hell die Lichter aus dem Wirtshause heraus, und wie der Wind von dort herübersauste, konnte er in einzelnen unterbrochenen Stößen den Klang der Instrumente hören – aber nicht lange. Nur wenige Minuten hatte er auf seiner Stelle gestanden, da hob die alte Kirchturmglocke zum Schlagen aus. In demselben Augenblick verstummte die Musik oder wurde von dem heulenden Sturm übertäubt, der so arg über den Hang tobte, daß Arnold sich zum Boden niederbeugen mußte, um nicht das Gleichgewicht zu verlieren.

Vor sich auf der Erde fühlte er das Paket, das Gertrud aus dem Hause geholt hatte, seinen eigenen Tornister und seine Mappe. Erschreckt richtete er sich empor. Die Uhr hatte ausgeschlagen, die Windsbraut heulte vorüber. Aber nirgends im Dorfe entdeckte er mehr ein Licht. Die Hunde, die kurz vorher gebellt und geheult hatten, waren still, und dichter, feuchter Nebel quoll aus dem Grunde herauf.

»Die Zeit ist um«, murmelte Arnold vor sich hin, indem er seinen Tornister auf den Rücken warf, »und ich *muß* Gertrud noch einmal sehen; denn so kann ich nicht von ihr scheiden. Der Tanz ist aus. Die Tänzer werden nach Hause gehen, und wenn mich der Schulze nicht über Nacht behalten will, bleib' ich im Wirtshaus. In der Dunkelheit fänd' ich überdies nicht meinen Weg durch den Wald.«

Vorsichtig stieg er den leisen Abhang wieder hinunter, den er mit Gertrud heraufgekommen war, den breiten und weißen Weg zu treffen, der in das Dorf hineinführte. Aber umsonst tappte er in den Büschen herum. Der Grund war weich und sumpfig. Mit seinen dünnen Stiefeln sank er bis über die Knöchel ein, und dichtes Erlengebüsch schoß überall dort empor, wo er den Weg vermutet hatte. Gekreuzt konnte er ihn in der Dunkelheit auch nicht haben. Er mußte ihn fühlen, wenn er darauf trat. Außerdem wußte er, daß die Ringmauer des Dorfes querüber lief. Diese konnte er nicht verfehlen. Aber umsonst suchte er mit ängstlicher Hast danach. Der Boden wurde weicher und sumpfiger, je weiter er darin vordrang, das Gestrüpp dichter und überall von Dornen durchzogen, die seine Kleider zerrissen und seine Hände blutig ritzten.

War er rechts oder links abgekommen und an dem Dorfe vorbei? Er fürchtete, sich noch weiter zu verirren, und blieb auf einer ziemlich trockenen Stelle, dort zu erwarten, bis die alte Glocke eins schlagen würde. Aber es schlug nicht an. Kein Hund bellte, kein menschlicher Laut tönte zu ihm herüber, und mit Mühe und Not, durch und durch naß und vor Frost zitternd, arbeitete er sich wieder zu dem höher gelegenen Hügelhang zurück, an dem ihn Gertrud verlassen hatte. Wohl versuchte er von hier aus noch ein paarmal in das Dickicht einzudringen und das Dorf zu finden, aber vergebens. Erschöpft, von einem eigentümlichen Grausen erfaßt, mied er zuletzt den tiefen, dunklen, unheimlichen Grund und suchte einen schützenden Baum, um die Nacht dort zu verbringen.

Aber wie langsam zogen die Stunden an ihm vorüber. Zitternd vor Frost, war er nicht imstande, der langen Nacht auch nur eine Sekunde Schlaf abzustehlen. Immer wieder horchte er in die Dunkelheit hinein; jedesmal aufs neue glaubte er den rauhen Schlag der Glocke zu vernehmen, um jedesmal sich aufs neue getäuscht zu sehen.

Endlich dämmerte der erste lichte Schein im Osten. Die Wolken hatten sich verzogen, der Himmel war wieder rein und sternenhell, und die erwachenden Vögel zwitscherten leise in den dunklen Bäumen.

Breiter wurde der goldene Himmelsgürtel und lichter. Schon konnte Arnold deutlich um sich her die Wipfel der Bäume erkennen. Aber vergebens suchte sein Blick den alten braunen Kirchturm und die wettergrauen Dächer. Nichts als ein altes Erlengestrüpp mit einzelnen verkrüppelten Weiden dazwischen dehnte sich vor ihm aus. Kein Weg war zu erkennen, der links oder rechts abführte, kein Zeichen einer menschlichen Wohnung in der Nähe.

Heller und heller brach der Tag an. Die ersten Sonnenstrahlen fielen auf die weite, grüne, vor ihm ausgebreitete Fläche, und Arnold, nicht imstande, sich dieses Rätsel zu erklären, wanderte ein ganzes Stück in den Grund zurück. Er mußte sich in der Nacht, während er den Ort suchte, verirrt und weiter davon entfernt haben, und war jetzt fest entschlossen, ihn wieder aufzufinden.

Endlich erreichte er den Stein, an dem er Gertrud gezeichnet hatte. *Den* Platz hätte er unter Tausenden wiedererkannt; denn der alte Fliederbusch mit seinen starren Ästen bezeichnete ihn zu genau. Er wußte jetzt auch, woher er gekommen war, und wo Germelshausen liegen mußte, und schritt rasch das Tal zurück, die Richtung beibehaltend, der er gestern mit Gertrud gefolgt war. Dort erkannte er auch die Biegung des Hanges, über dem der düstere Höhenrauch gelegen hatte. Nur das Erlengebüsch schied ihn noch von den ersten Häusern. Jetzt hatte er es erreicht – drängte sich hindurch und – befand sich wieder in dem nämlichen sumpfigen Morast, in dem er in der letzten Nacht herumgewatet war.

Ratlos und seinen eigenen Sinnen nicht trauend, wollte er den Durchgang hier erzwingen. Aber das Sumpfwasser zwang ihn endlich, das trockene Land wieder zu suchen, und vergebens wanderte er dort jetzt auf und ab. Das Dorf war und blieb verschwunden.

Mit diesen unnützen Versuchen mochten mehrere Stunden vergangen sein, und die müden Glieder versagten ihm zuletzt den Dienst. Er konnte nicht weiter und mußte sich ausruhen. Was half ihm auch das nutzlose Suchen! Von dem ersten Dorf, das er erreichte, konnte er leicht einen Führer nach Germelshausen bekommen, und dann würde er den Weg nicht wieder verfehlen.

Todesmatt warf er sich unter einen Baum. Wie war sein bester Anzug zugerichtet! Aber das kümmerte ihn jetzt nicht. Seine Mappe nahm er vor und aus der Mappe Gertruds Bild. Mit bitterem Schmerz hing sein Auge an den lieben Zügen des Mädchens.

Da hörte er hinter sich das Laub rascheln. Ein Hund schlug an, und als er rasch emporsprang, stand ein alter Jäger nicht weit von ihm und betrachtete neugierig die wunderliche, so anständig gekleidete und so verwildert aussehende Gestalt.

»Grüß Gott!« rief Arnold, froh, einem Menschen zu begegnen, indem er das Blatt wieder in die Mappe schob. »Sie kommen mir wie gerufen, Herr Förster; denn ich glaube, ich habe mich verirrt.«

»Hm«, sagte der Alte, »wenn Sie hier die ganze Nacht im Busch gelegen haben – und es ist kaum eine halbe Stunde nach Dillstedt hinüber zu einem guten Wirtshause – so glaub' ich das auch. Donnerwetter, wie sehen Sie aus, gerade als ob Sie aus Dornen und Sumpf kämen.«

»Sie sind hier im Walde genau bekannt?« sagte Arnold, der vor allen Dingen wissen wollte, wo er sich eigentlich befand.

»Ich sollt' es denken«, lachte der Jäger, indem er Feuer schlug und seine Pfeife wieder in Brand brachte.

»Wie heißt das nächste Dorf?«

»Dillstedt, gerad' dort hinüber. Wenn Sie da drüben auf die kleine Anhöhe kommen, können Sie es gleich unter sich liegen sehen.«

»Und wie weit hab' ich von hier nach Germelshausen?«

»*Wohin?*« rief der Jäger und nahm erstaunt die Pfeife aus dem Munde.

»Nach Germelshausen.«

»Gott sei mir gnädig!« sagte der Alte, während er einen scheuen Blick umherwarf, »den Wald kenn' ich gut genug. Wieviel Klafter tief im Erdboden drinnen aber das verwünschte Dorf liegt, das weiß nur Gott und geht unsereinen auch nichts an.«

»Das verwünschte Dorf?« rief Arnold erstaunt.

»Germelshausen – ja –« sagte der Jäger. »Gleich da drinnen im Sumpf, wo jetzt die alten Weiden und Erlen stehen, soll es vor vielen hundert Jahren gelegen haben. Nachher ist's weggesunken. Niemand weiß, warum und wohin, und die Sage geht, daß es alle hundert Jahre an einem bestimmten Tage wieder ans Licht gehoben wird. Möchte keinem Christenmenschen wünschen, daß er zufällig dazukäme. Aber, zum Wetter noch einmal, das Nachtlager im Busch scheint Ihnen nicht gut bekommen zu sein. Sie sehen käseweiß aus. Da, nehmen Sie einmal einen Schluck aus der Flasche hier. Der wird Ihnen gut tun!«

»Ich danke!«

»Ach was, das war nicht halb genug: einen ordentlichen, dreimal geknoteten Schluck – so – das ist der echte Stoff. Und nun machen Sie, daß Sie hinüber ins Wirtshaus und in ein warmes Bad kommen!«

»Nach Dillstedt?«

»Nun ja, natürlich, näher haben wir keins.«

»Und Germelshausen?«

»Tun Sie mir den Gefallen und nennen Sie den Ort nicht wieder – gerade an der Stelle, wo wir stehen. Lassen wir die Toten ruhen, und besonders solche, die überhaupt keine Ruhe haben und unversehens zwischen uns auftauchen könnten!«

»Aber gestern hat das Dorf noch hier gestanden«, rief Arnold, seiner Sinne selber kaum mehr mächtig. »Ich war darinnen; ich habe darin gegessen, getrunken und getanzt.«

Der Jäger betrachtete die Gestalt des jungen Mannes ruhig von oben bis unten. Dann sagte er lächelnd: »Aber es hieß anders, nicht wahr? Wahrscheinlich kommen Sie gerade von Dillstedt herüber. Dort war gestern abend Tanz, und das starke Bier, das der Wirt jetzt braut, kann nicht jeder vertragen.«

Arnold öffnete, statt aller Antwort, seine Mappe und nahm die Zeichnung heraus, die er vom Kirchhof aus entworfen hatte.

»Kennen Sie das Dorf?«

»Nein«, sagte der Jäger kopfschüttelnd – »solch ein flacher Turm ist hier in der ganzen Gegend nicht.«

»Das ist Germelshausen«, rief Arnold. »Und tragen sich so die Bauernmädchen in der Nachbarschaft, wie das Mädchen hier?«

»Hm, nein! Was ist denn das für ein wunderlicher Leichenzug, den Ihr da darauf habt?«

Arnold antwortete nicht. Er schob die Blätter wieder in seine Mappe zurück, und ein eigenes, wehes Gefühl durchbebte ihn.

»Den Weg nach Dillstedt können Sie nicht verfehlen«, sagte der Jäger gutmütig; denn ein dunkler Verdacht stieg in ihm auf, daß es im Kopfe des Fremden nicht so ganz richtig sein möchte. »Wenn Sie es aber wünschen, will ich Sie begleiten, bis wir den Ort liegen sehen.«

»Ich danke Ihnen«, wehrte Arnold ab. »Dort hinüber finde ich mich schon zurecht. Also alle hundert Jahre nur soll das Dorf nach oben kommen?«

»So erzählen die Leute«, meinte der Jäger. »Wer weiß aber, ob's wahr ist.«

Arnold hatte seinen Tornister wieder aufgenommen.

»Grüß Gott!« sagte er, dem Jäger die Hand entgegenstreckend.

»Schönen Dank!« erwiderte der Forstmann. »Wo gehen Sie jetzt hin?«

»Nach Dillstedt.«

»Das ist recht. Dort über dem Hang kommen Sie auch wieder auf den breiten Fahrweg.«

Arnold wandte sich und schritt langsam seine Bahn entlang. Erst auf dem Hange droben, von dem aus er den ganzen Grund übersehen konnte, blieb er noch einmal stehen und schaute zurück.

»Leb wohl, Gertrud!« murmelte er leise, und als er über den Hang hinüberschritt, drängten sich ihm die hellen Tränen aus den Augen.

III

Heinrich von Kleist

Das Erdbeben in Chili

In St. Jago, der Hauptstadt des Königreichs Chili, stand gerade in dem Augenblicke der großen Erderschütterung vom Jahre 1647, bei welcher viele tausend Menschen ihren Untergang fanden, ein junger, auf ein Verbrechen angeklagter Spanier, namens *Jeronimo Rugera*, an einem Pfeiler des Gefängnisses, in welches man ihn eingesperrt hatte, und wollte sich erhenken. *Don Henrico Asteron*, einer der reichsten Edelleute der Stadt, hatte ihn ungefähr ein Jahr zuvor aus seinem Hause, wo er als Lehrer angestellt war, entfernt, weil er sich mit *Donna Josephe*, seiner einzigen Tochter, in einem zärtlichen Einverständnis befunden hatte. Eine geheime Bestellung, die dem alten Don, nachdem er die Tochter nachdrücklich gewarnt hatte, durch die hämische Aufmerksamkeit seines stolzen Sohnes verraten worden war, entrüstete ihn dergestalt, daß er sie in dem Karmeliterkloster unsrer lieben Frauen vom Berge daselbst unterbrachte. Durch einen glücklichen Zufall hatte Jeronimo hier die Verbindung von neuem anzuknüpfen gewußt, und in einer verschwiegenen Nacht den Klostergarten zum Schauplatze seines vollen Glückes gemacht. Es war am Fronleichnamsfeste, und die feierliche Prozession der Nonnen, welchen die Novizen folgten, nahm eben ihren Anfang, als die unglückliche Josephe, bei dem Anklange der Glocken, in Mutterwehen auf den Stufen der Kathedrale niedersank. Dieser Vorfall machte außerordentliches Aufsehn; man brachte die junge Sünderin, ohne Rücksicht auf ihren Zustand, sogleich in ein Gefängnis, und kaum war sie aus den Wochen erstanden, als ihr schon, auf Befehl des Erzbischofs, der geschärfteste Prozeß gemacht ward. Man sprach in der Stadt mit einer so großen Erbitterung von diesem Skandal, und die Zungen fielen so scharf über das ganze Kloster her, in welchem er sich zugetragen hatte, daß weder die Fürbitte der Familie Asteron, noch auch sogar der Wunsch der Äbtissin selbst, welche das junge Mädchen wegen ihres sonst untadelhaften Betragens liebgewonnen hatte, die Strenge, mit welcher das klösterliche Gesetz sie bedrohte, mildern konnte. Alles, was geschehen konnte, war, daß der Feuertod, zu dem sie verurteilt wurde, zur großen Entrüstung der Matronen und Jungfrauen von St. Jago, durch einen Machtspruch des Vizekönigs, in eine Enthauptung verwandelt ward. Man vermietete in den Straßen, durch welche der Hinrichtungszug gehen sollte, die Fenster, man trug die Dächer der Häuser ab, und die frommen Töchter der Stadt luden ihre Freundinnen ein, um dem Schauspiele, das der göttlichen Rache gegeben wurde, an ihrer schwesterlichen Seite beizuwohnen. Jeronimo, der inzwischen auch in ein Gefängnis gesetzt worden war, wollte die Besinnung verlieren, als er diese ungeheure Wendung der Dinge erfuhr. Vergebens sann er auf Rettung: überall, wohin ihn auch der Fittich der vermessensten Gedanken trug, stieß er auf Riegel und Mauern, und ein Versuch, die Gitterfenster zu durchfeilen, zog ihm, da er entdeckt ward, eine nur noch engere Einsperrung zu. Er warf sich vor dem Bildnisse der heiligen Mutter Gottes nieder, und betete mit unendlicher Inbrunst zu ihr, als der einzigen, von der ihm jetzt noch Rettung kommen könnte. Doch der gefürchtete Tag erschien, und mit ihm in seiner Brust die Überzeugung von der völligen Hoffnungslosigkeit seiner Lage. Die Glocken, welche Josephen zum Richtplatze begleiteten, ertönten, und Verzweiflung bemächtigte sich seiner Seele. Das Leben schien ihm verhaßt, und er beschloß, sich durch einen Strick, den ihm der Zufall gelassen hatte, den Tod zu geben. Eben stand er, wie schon gesagt, an einem Wandpfeiler, und befestigte den Strick, der ihn dieser jammervollen Welt entreißen sollte, an eine Eisenklammer, die an dem Gesimse derselben eingefugt war; als plötzlich der größte Teil der Stadt, mit einem Gekrache, als ob das Firmament einstürzte, versank, und alles, was Leben atmete, unter seinen Trümmern begrub. Jeronimo

Rugera war starr vor Entsetzen; und gleich als ob sein ganzes Bewußtsein zerschmettert worden wäre, hielt er sich jetzt an dem Pfeiler, an welchem er hatte sterben wollen, um nicht umzufallen. Der Boden wankte unter seinen Füßen, alle Wände des Gefängnisses rissen, der ganze Bau neigte sich, nach der Straße zu einzustürzen, und nur der, seinem langsamen Fall begegnende, Fall des gegenüberstehenden Gebäudes verhinderte, durch eine zufällige Wölbung, die gänzliche Zubodenstreckung desselben. Zitternd, mit sträubenden Haaren, und Knien, die unter ihm brechen wollten, glitt Jeronimo über den schiefgesenkten Fußboden hinweg, der Öffnung zu, die der Zusammenschlag beider Häuser in die vordere Wand des Gefängnisses eingerissen hatte. Kaum befand er sich im Freien, als die ganze, schon erschütterte Straße auf eine zweite Bewegung der Erde völlig zusammenfiel. Besinnungslos, wie er sich aus diesem allgemeinen Verderben retten würde, eilte er, über Schutt und Gebälk hinweg, indessen der Tod von allen Seiten Angriffe auf ihn machte, nach einem der nächsten Tore der Stadt. Hier stürzte noch ein Haus zusammen, und jagte ihn, die Trümmer weit umherschleudernd, in eine Nebenstraße; hier leckte die Flamme schon, in Dampfwolken blitzend, aus allen Giebeln, und trieb ihn schreckenvoll in eine andere; hier wälzte sich, aus seinem Gestade gehoben, der Mapochofluß auf ihn heran, und riß ihn brüllend in eine dritte. Hier lag ein Haufen Erschlagener, hier ächzte noch eine Stimme unter dem Schutte, hier schrien Leute von brennenden Dächern herab, hier kämpften Menschen und Tiere mit den Wellen, hier war ein mutiger Retter bemüht, zu helfen; hier stand ein anderer, bleich wie der Tod, und streckte sprachlos zitternde Hände zum Himmel. Als Jeronimo das Tor erreicht, und einen Hügel jenseits desselben bestiegen hatte, sank er ohnmächtig auf demselben nieder. Er mochte wohl eine Viertelstunde in der tiefsten Bewußtlosigkeit gelegen haben, als er endlich wieder erwachte, und sich, mit nach der Stadt gekehrtem Rükken, halb auf dem Erdboden erhob. Er befühlte sich Stirn und Brust, unwissend, was er aus seinem Zustande machen sollte, und ein unsägliches Wonnegefühl ergriff ihn, als ein Westwind, vom Meere her, sein wiederkehrendes Leben anwehte, und sein Auge sich nach allen Richtungen über die blühende Gegend von St. Jago hinwandte. Nur die verstörten Menschenhaufen, die sich überall blicken ließen, beklemmten sein Herz; er begriff nicht, was ihn und sie hiehergeführt haben konnte, und erst, da er sich umkehrte, und die Stadt hinter sich versunken sah, erinnerte er sich des schrecklichen Augenblicks, den er erlebt hatte. Er senkte sich so tief, daß seine Stirn den Boden berührte, Gott für seine wunderbare Errettung zu danken; und gleich, als ob der eine entsetzliche Eindruck, der sich seinem Gemüt eingeprägt hatte, alle früheren daraus verdrängt hätte, weinte er vor Lust, daß er sich des lieblichen Lebens, voll bunter Erscheinungen, noch erfreue. Drauf, als er eines Ringes an seiner Hand gewahrte, erinnerte er sich plötzlich auch Josephens; und mit ihr seines Gefängnisses, der Glocken, die er dort gehört hatte, und des Augenblicks, der dem Einsturze desselben vorangegangen war. Tiefe Schwermut erfüllte wieder seine Brust; sein Gebet fing ihn zu reuen an, und fürchterlich schien ihm das Wesen, das über den Wolken waltet. Er mischte sich unter das Volk, das überall, mit Rettung des Eigentums beschäftigt, aus den Toren stürzte, und wagte schüchtern nach der Tochter Asterons, und ob die Hinrichtung an ihr vollzogen worden sei, zu fragen; doch niemand war, der ihm umständliche Auskunft gab. Eine Frau, die auf einem fast zur Erde gedrückten Nacken eine ungeheure Last von Gerätschaften und zwei Kinder, an der Brust hängend, trug, sagte im Vorbeigehen, als ob sie es selbst angesehen hätte: daß sie enthauptet worden sei. Jeronimo kehrte sich um; und da er, wenn er die Zeit berechnete, selbst an ihrer Vollendung nicht zweifeln konnte, so setzte er sich in einem einsamen Walde nieder, und überließ sich seinem vollen Schmerz. Er wünschte, daß die zerstörende Gewalt der Natur von neuem über ihn einbrechen möchte. Er begriff nicht, warum er dem Tode, den seine jammervolle Seele suchte, in jenen Augenblicken, da er ihm freiwillig von allen Seiten rettend erschien, entflohen sei. Er nahm sich fest vor, nicht zu wanken, wenn auch jetzt die Eichen entwurzelt werden, und ihre Wipfel über ihn zusammenstürzen sollten. Darauf nun, da er sich ausgeweint hatte, und ihm, mitten unter den heißesten Tränen, die Hoffnung wieder erschienen war, stand er auf, und durchstreifte nach allen Richtungen das Feld. Jeden Berggipfel, auf dem sich die Menschen versammelt hatten, besuchte er; auf allen Wegen, wo sich der Strom der Flucht noch bewegte, begegnete er ihnen; wo nur irgend ein weibliches Gewand im Winde flatterte, da trug ihn sein zitternder Fuß hin: doch keines deckte die geliebte Tochter Asterons. Die Sonne neigte sich, und mit ihr seine Hoffnung schon wieder zum Untergange, als er den Rand eines Felsens betrat, und sich ihm die Aussicht in ein weites, nur von wenig Menschen besuchtes Tal eröffnete. Er durchlief, unschlüssig, was er tun sollte, die einzelnen Gruppen derselben, und wollte sich schon wieder wenden, als er plötzlich an einer Quelle, die die Schlucht bewässerte, ein junges Weib erblickte, beschäftigt, ein Kind in seinen Fluten zu reinigen. Und das Herz hüpfte ihm bei diesem Anblick: er sprang voll Ahndung über die Gesteine herab, und rief: O Mutter Gottes, du Heilige! und erkannte Josephen, als sie sich bei dem Geräusche schüchtern umsah. Mit welcher Seligkeit umarmten sie sich, die Unglücklichen, die ein Wunder des Himmels gerettet hatte! Josephe war, auf ihrem Gang zum Tode, dem Richtplatze schon ganz nahe gewesen, als durch den krachenden Einsturz der Gebäude plötzlich der ganze Hinrichtungszug auseinandergesprengt ward. Ihre ersten entsetzensvollen Schritte trugen sie hierauf dem nächsten Tore zu; doch die Besinnung kehrte ihr bald wieder, und sie wandte sich, um nach dem Kloster zu eilen, wo ihr kleiner, hülfloser Knabe zurückgeblieben war. Sie fand das ganze Kloster schon in Flammen, und die Äbtissin, die ihr in jenen Augenblicken, die ihre letzten sein sollten, Sorge für den Säugling angelobt hatte, schrie eben, vor den Pforten stehend, nach Hülfe, um ihn zu retten. Josephe stürzte sich, unerschrocken durch den Dampf, der ihr entgegenqualmte, in das von allen Seiten schon zusammenfallende Gebäude, und gleich, als ob alle Engel des Himmels sie umschirmten, trat sie mit ihm unbeschädigt wieder aus dem Portal hervor. Sie wollte der Äbtissin, welche die Hände über ihr Haupt zusammenschlug, eben in die Arme sinken, als diese, mit fast allen ihren Klosterfrauen, von einem herabfallenden Giebel des Hauses, auf eine schmähliche Art erschlagen ward. Josephe bebte bei diesem entsetzlichen Anblicke zurück; sie drückte der Äbtissin flüchtig die Augen zu, und floh, ganz von Schrecken erfüllt, den teuern Knaben, den ihr der Himmel wiedergeschenkt hatte, dem Verderben zu entreißen. Sie hatte noch wenig Schritte getan, als ihr auch schon die Leiche des Erzbischofs begegnete, die man soeben zerschmettert aus dem Schutt der Kathedrale hervorgezogen hatte. Der Palast des Vizekönigs war versunken, der Gerichtshof, in welchem ihr das Urteil gesprochen worden war, stand in Flammen, und an die Stelle, wo sich ihr väterliches Haus befunden hatte, war ein See getreten, und kochte rötliche Dämpfe aus. Josephe raffte alle ihre Kräfte zusammen, sich zu halten. Sie schritt, den Jammer von ihrer Brust entfernend, mutig mit ihrer Beute von Straße zu Straße, und war schon dem Tore nah, als sie auch das Gefängnis, in welchem Jeronimo geseufzt hatte, in Trümmern sah. Bei diesem Anblicke wankte sie, und wollte besinnungslos an einer Ecke niedersinken; doch in demselben Augenblick jagte sie der Sturz eines Gebäudes hinter ihr, das die Erschütterungen schon ganz aufgelöst hatten, durch das Entsetzen gestärkt, wieder auf; sie küßte das Kind, drückte sich die Tränen aus den Augen, und erreichte, nicht mehr auf die Greuel, die sie umringten, achtend, das Tor. Als sie sich im Freien sahe, schloß sie bald, daß nicht jeder, der ein zertrümmertes Gebäude bewohnt hatte, unter ihm notwendig müsse zerschmettert worden sein. An dem nächsten Scheidewege stand sie still, und harrte, ob nicht einer, der ihr, nach dem kleinen Philipp, der liebste auf der Welt war, noch erscheinen würde. Sie ging, weil niemand kam, und das Gewühl der Menschen anwuchs, weiter, und kehrte sich wieder um, und harrte wieder; und schlich, viel

Tränen vergießend, in ein dunkles, von Pinien beschattetes Tal, um seiner Seele, die sie entflohen glaubte, nachzubeten; und fand ihn hier, diesen Geliebten, im Tale, und Seligkeit, als ob es das Tal von Eden gewesen wäre. Dies alles erzählte sie jetzt voll Rührung dem Jeronimo, und reichte ihm, da sie vollendet hatte, den Knaben zum Küssen dar. – Jeronimo nahm ihn, und hätschelte ihn in unsäglicher Vaterfreude, und verschloß ihm, da er das fremde Antlitz anweinte, mit Liebkosungen ohne Ende den Mund. Indessen war die schönste Nacht herabgestiegen, voll wundermilden Duftes, so silberglänzend und still, wie nur ein Dichter davon träumen mag. Überall, längs der Talquelle, hatten sich, im Schimmer des Mondscheins, Menschen niedergelassen, und bereiteten sich sanfte Lager von Moos und Laub, um von einem so qualvollen Tage auszuruhen. Und weil die Armen immer noch jammerten; dieser, daß er sein Haus, jener, daß er Weib und Kind, und der dritte, daß er alles verloren habe: so schlichen Jeronimo und Josephe in ein dichteres Gebüsch, um durch das heimliche Gejauchz ihrer Seelen niemand zu betrüben. Sie fanden einen prachtvollen Granatapfelbaum, der seine Zweige, voll duftender Früchte, weit ausbreitete; und die Nachtigall flötete im Wipfel ihr wollüstiges Lied. Hier ließ sich Jeronimo am Stamme nieder, und Josephe in seinem, Philipp in Josephens Schoß, saßen sie, von seinem Mantel bedeckt, und ruhten. Der Baumschatten zog, mit seinen verstreuten Lichtern, über sie hinweg, und der Mond erblaßte schon wieder vor der Morgenröte, ehe sie einschliefen. Denn Unendliches hatten sie zu schwatzen vom Klostergarten und den Gefängnissen, und was sie umeinander gelitten hätten; und waren sehr gerührt, wenn sie dachten, wie viel Elend über die Welt kommen mußte, damit sie glücklich würden! Sie beschlossen, sobald die Erderschütterungen aufgehört haben würden, nach La Conception zu gehen, wo Josephe eine vertraute Freundin hatte, sich mit einem kleinen Vorschuß, den sie von ihr zu erhalten hoffte, von dort nach Spanien einzuschiffen, wo Jeronimos mütterliche Verwandten wohnten, und daselbst ihr glückliches Leben zu beschließen. Hierauf, unter vielen Küssen, schliefen sie ein.

Als sie erwachten, stand die Sonne schon hoch am Himmel, und sie bemerkten in ihrer Nähe mehrere Familien, beschäftigt, sich am Feuer ein kleines Morgenbrot zu bereiten. Jeronimo dachte eben auch, wie er Nahrung für die Seinigen herbeischaffen sollte, als ein junger wohlgekleideter Mann, mit einem Kinde auf dem Arm, zu Josephen trat, und sie mit Bescheidenheit fragte: ob sie diesem armen Wurme, dessen Mutter dort unter den Bäumen beschädigt liege, nicht auf kurze Zeit ihre Brust reichen wolle? Josephe war ein wenig verwirrt, als sie in ihm einen Bekannten erblickte; doch da er, indem er ihre Verwirrung falsch deutete, fortfuhr: es ist nur auf wenige Augenblicke, Donna Josephe, und dieses Kind hat, seit jener Stunde, die uns alle unglücklich gemacht hat, nichts genossen; so sagte sie: »ich schwieg – aus einem andern Grunde, Don Fernando; in diesen schrecklichen Zeiten weigert sich niemand, von dem, was er besitzen mag, mitzuteilen«: und nahm den kleinen Fremdling, indem sie ihr eigenes Kind dem Vater gab, und legte ihn an ihre Brust. Don Fernando war sehr dankbar für diese Güte, und fragte: ob sie sich nicht mit ihm zu jener Gesellschaft verfügen wollten, wo eben jetzt beim Feuer ein kleines Frühstück bereitet werde? Josephe antwortete, daß sie dies Anerbieten mit Vergnügen annehmen würde, und folgte ihm, da auch Jeronimo nichts einzuwenden hatte, zu seiner Familie, wo sie auf das innigste und zärtlichste von Don Fernandos beiden Schwägerinnen, die sie als sehr würdige junge Damen kannte, empfangen ward. Donna Elvire, Don Fernandos Gemahlin, welche schwer an den Füßen verwundet auf der Erde lag, zog Josephen, da sie ihren abgehärmten Knaben an der Brust derselben sah, mit vieler Freundlichkeit zu sich nieder. Auch Don Pedro, sein Schwiegervater, der an der Schulter verwundet war, nickte ihr liebreich mit dem Haupte zu. – In Jeronimos und Josephens Brust regten sich Gedanken von seltsamer Art. Wenn sie sich mit so vieler Vertraulichkeit und Güte behandelt sahen, so wußten sie nicht, was sie von der Vergangenheit denken sollten, vom Richtplatze, von dem Gefängnisse, und der Glocke; und ob sie bloß davon geträumt hätten? Es war, als ob die Gemüter, seit dem fürchterlichen Schlage, der sie durchdröhnt hatte, alle versöhnt wären. Sie konnten in der Erinnerung gar nicht weiter, als bis auf ihn, zurückgehen. Nur Donna Elisabeth, welche bei einer Freundin, auf das Schauspiel des gestrigen Morgens, eingeladen worden war, die Einladung aber nicht angenommen hatte, ruhte zuweilen mit träumerischem Blicke auf Josephen; doch der Bericht, der über irgendein neues gräßliches Unglück erstattet ward, riß ihre, der Gegenwart kaum entflohene Seele schon wieder in dieselbe zurück. Man erzählte, wie die Stadt gleich nach der ersten Haupterschütterung von Weibern ganz voll gewesen, die vor den Augen aller Männer niedergekommen seien; wie die Mönche darin, mit dem Kruzifix in der Hand, umhergelaufen wären, und geschrien hätten: das Ende der Welt sei da! wie man einer Wache, die auf Befehl des Vizekönigs verlangte, eine Kirche zu räumen, geantwortet hätte: es gäbe keinen Vizekönig von Chili mehr! wie der Vizekönig in den schrecklichsten Augenblicken hätte müssen Galgen aufrichten lassen, um der Dieberei Einhalt zu tun; und wie ein Unschuldiger, der sich von hinten durch ein brennendes Haus gerettet, von dem Besitzer aus Übereilung ergriffen, und sogleich auch aufgeknüpft worden wäre. Donna Elvire, bei deren Verletzungen Josephe viel beschäftigt war, hatte in einem Augenblick, da gerade die Erzählungen sich am lebhaftesten kreuzten, Gelegenheit genommen, sie zu fragen: wie es denn ihr an diesem fürchterlichen Tag ergangen sei? Und da Josephe ihr, mit beklemmtem Herzen, einige Hauptzüge davon angab, so ward ihr die Wollust, Tränen in die Augen dieser Dame treten zu sehen; Donna Elvire ergriff ihre Hand, und drückte sie, und winkte ihr, zu schweigen. Josephe dünkte sich unter den Seligen. Ein Gefühl, das sie nicht unterdrücken konnte, nannte den verfloßnen Tag, soviel Elend er auch über die Welt gebracht hatte, eine Wohltat, wie der Himmel noch keine über sie verhängt hatte. Und in der Tat schien, mitten in diesen gräßlichen Augenblicken, in welchen alle irdischen Güter der Menschen zugrunde gingen, und die ganze Natur verschüttet zu werden drohte, der menschliche Geist selbst, wie eine schöne Blume, aufzugehn. Auf den Feldern, so weit das Auge reichte, sah man Menschen von allen Ständen durcheinander liegen, Fürsten und Bettler, Matronen und Bäuerinnen, Staatsbeamte und Tagelöhner, Klosterherren und Klosterfrauen: einander bemitleiden, sich wechselseitig Hülfe reichen, von dem, was sie zur Erhaltung ihres Lebens gerettet haben mochten, freudig mitteilen, als ob das allgemeine Unglück alles, was ihm entronnen war, zu *einer* Familie gemacht hätte. Statt der nichtssagenden Unterhaltungen, zu welchen sonst die Welt an den Teetischen den Stoff hergegeben hatte, erzählte man jetzt Beispiele von ungeheuern Taten: Menschen, die man sonst in der Gesellschaft wenig geachtet hatte, hatten Römergröße gezeigt; Beispiele zu Haufen von Unerschrockenheit, von freudiger Verachtung der Gefahr, von Selbstverleugnung und der göttlichen Aufopferung, von ungesäumter Wegwerfung des Lebens, als ob es, dem nichtswürdigsten Gute gleich, auf dem nächsten Schritte schon wiedergefunden würde. Ja, da nicht einer war, für den nicht an diesem Tage etwas Rührendes geschehen wäre, oder der nicht selbst etwas Großmütiges getan hätte, so war der Schmerz in jeder Menschenbrust mit so viel süßer Lust vermischt, daß sich, wie sie meinte, gar nicht angeben ließ, ob die Summe des allgemeinen Wohlseins nicht von der einen Seite um ebensoviel gewachsen war, als sie von der anderen abgenommen hatte. Jeronimo nahm Josephen, nachdem sich beide in diesen Betrachtungen stillschweigend erschöpft hatten, beim Arm, und führte sie mit unaussprechlicher Heiterkeit unter den schattigen Lauben des Granatwaldes auf und nieder. Er sagte ihr, daß er, bei dieser Stimmung der Gemüter und dem Umsturz aller Verhältnisse, seinen Entschluß, sich nach Europa einzuschiffen, aufgebe; daß er vor dem Vizekönig, der sich seiner Sache immer günstig gezeigt, falls er noch am Leben sei, einen Fußfall wagen würde; und daß er Hoffnung habe (wobei er ihr einen Kuß aufdrückte), mit ihr in Chili zurückzubleiben. Josephe antwortete, daß ähnliche Gedanken in ihr aufgestiegen wären; daß auch sie nicht mehr, falls ihr Vater nur noch am Leben sei, ihn zu versöhnen zweifle; daß sie aber statt des Fußfalles lieber nach La Conception zu gehen, und von dort aus schriftlich das Versöhnungsgeschäft mit dem Vizekönig zu betreiben rate, wo man auf jeden Fall in der Nähe des Hafens wäre, und für den besten, wenn das Geschäft die erwünschte Wendung nähme, ja leicht wieder nach St. Jago zurückkehren könnte. Nach einer kurzen Überlegung gab Jeronimo der Klugheit dieser Maßregel seinen Beifall, führte sie noch ein wenig, die heitern Momente der Zukunft überfliegend, in den Gängen umher, und kehrte mit ihr zur Gesellschaft zurück.

Inzwischen war der Nachmittag herangekommen, und die Gemüter der herumschwärmenden Flüchtlinge hatten sich, da die Erdstöße nachließen, nur kaum wieder ein wenig beruhigt, als sich schon die Nachricht verbreitete, daß in der Dominikanerkirche, der einzigen, welche das Erdbeben verschont hatte, eine feierliche Messe von dem Prälaten des Klosters selbst gelesen werden würde, den Himmel um Verhütung ferneren Unglücks anzuflehen. Das Volk brach schon aus allen Gegenden auf, und eilte in Strömen zur Stadt. In Don Fernandos Gesellschaft ward die Frage aufgeworfen, ob man nicht auch an dieser Feierlichkeit teilnehmen, und sich dem allgemeinen Zuge anschließen solle? Donna Elisabeth erinnerte, mit einiger Beklemmung, was für ein Unheil gestern in der Kirche vorgefallen sei; daß solche Dankfeste ja wiederholt werden würden, und daß man sich der Empfindung alsdann, weil die Gefahr schon mehr vorüber wäre, mit desto größerer Heiterkeit und Ruhe überlassen könnte. Josephe äußerte, indem sie mit einiger Begeisterung sogleich aufstand, daß sie den Drang, ihr Antlitz vor dem Schöpfer in den Staub zu legen, niemals lebhafter empfunden habe, als eben jetzt, wo er seine unbegreifliche und erhabene Macht so entwickle. Donna Elvire erklärte sich mit Lebhaftigkeit für Josephens Meinung. Sie bestand darauf, daß man die

Messe hören sollte, und rief Don Fernando auf, die Gesellschaft zu führen, worauf sich alles, Donna Elisabeth auch, von den Sitzen erhob. Da man jedoch letztere, mit heftig arbeitender Brust, die kleinen Anstalten zum Aufbruche zaudernd betreiben sah, und sie, auf die Frage: was ihr fehle? antwortete: sie wisse nicht, welch eine unglückliche Ahndung in ihr sei? so beruhigte sie Donna Elvire, und foderte sie auf, bei ihr und ihrem kranken Vater zurückzubleiben. Josephe sagte: so werden Sie mir wohl, Donna Elisabeth, diesen kleinen Liebling abnehmen, der sich schon wieder, wie Sie sehen, bei mir eingefunden hat. Sehr gern, antwortete Donna Elisabeth, und machte Anstalten ihn zu ergreifen; doch da dieser über das Unrecht, das ihm geschah, kläglich schrie, und auf keine Art darein willigte, so sagte Josephe lächelnd, daß sie ihn nur behalten wolle, und küßte ihn wieder still. Hierauf bot Don Fernando, dem die ganze Würdigkeit und Anmut ihres Betragens sehr gefiel, ihr den Arm; Jeronimo, welcher den kleinen Philipp trug, führte Donna Constanzen; die übrigen Mitglieder, die sich bei der Gesellschaft eingefunden hatten, folgten; und in dieser Ordnung ging der Zug nach der Stadt. Sie waren kaum funfzig Schritte gegangen, als man Donna Elisabeth welche inzwischen heftig und heimlich mit Donna Elvire gesprochen hatte: Don Fernando! rufen hörte, und dem Zuge mit unruhigen Tritten nacheilen sah. Don Fernando hielt, und kehrte sich um; harrte ihrer, ohne Josephen loszulassen, und fragte, da sie, gleich als ob sie auf sein Entgegenkommen wartete, in einiger Ferne stehenblieb: was sie wolle? Donna Elisabeth näherte sich ihm hierauf, obschon, wie es schien, mit Widerwillen, und raunte ihm, doch so, daß Josephe es nicht hören konnte, einige Worte ins Ohr. Nun? fragte Don Fernando: und das Unglück, das daraus entstehen kann? Donna Elisabeth fuhr fort, ihm mit verstörtem Gesicht ins Ohr zu zischeln. Don Fernando stieg eine Röte des Unwillens ins Gesicht; er antwortete: es wäre gut! Donna Elvire möchte sich beruhigen; und führte seine Dame weiter. – Als sie in der Kirche der Dominikaner ankamen, ließ sich die Orgel schon mit musikalischer Pracht hören, und eine unermeßliche Menschenmenge wogte darin. Das Gedränge erstreckte sich bis weit vor den Portalen auf den Vorplatz der Kirche hinaus, und an den Wänden hoch, in den Rahmen der Gemälde, hingen Knaben, und hielten mit erwartungsvollen Blicken ihre Mützen in der Hand. Von allen Kronleuchtern strahlte es herab, die Pfeiler warfen, bei der einbrechenden Dämmerung, geheimnisvolle Schatten, die große von gefärbtem Glas gearbeitete Rose in der Kirche äußerstem Hintergrunde glühte, wie die Abendsonne selbst, die sie erleuchtete, und Stille herrschte, da die Orgel jetzt schwieg, in der ganzen Versammlung, als hätte keiner einen Laut in der Brust. Niemals schlug aus einem christlichen Dom eine solche Flamme der Inbrunst gen Himmel, wie heute aus dem Dominikanerdom zu St. Jago; und keine menschliche Brust gab wärmere Glut dazu her, als Jeronimos und Josephens! Die Feierlichkeit fing mit einer Predigt an, die der ältesten Chorherren einer, mit dem Festschmuck angetan, von der Kanzel hielt. Er begann gleich mit Lob, Preis und Dank, seine zitternden, vom Chorhemde weit umflossenen Hände hoch gen Himmel erhebend, daß noch Menschen seien, auf diesem, in Trümmer zerfallenden Teile der Welt, fähig, zu Gott empor zu stammeln. Er schilderte, was auf den Wink des Allmächtigen geschehen war; das Weltgericht kann nicht entsetzlicher sein; und als er das gestrige Erdbeben gleichwohl, auf einen Riß, den der Dom erhalten hatte, hinzeigend, einen bloßen Vorboten davon nannte, lief ein Schauder über die ganze Versammlung. Hierauf kam er, im Flusse priesterlicher Beredsamkeit, auf das Sittenverderbnis der Stadt; Greuel, wie Sodom und Gomorrha sie nicht sahen, straft' er an ihr; und nur der unendlichen Langmut Gottes schrieb er es zu, daß sie noch nicht gänzlich vom Erdboden vertilgt worden sei. Aber wie dem Dolche gleich fuhr es durch die von dieser Predigt schon ganz zerrissenen Herzen unserer beiden Unglücklichen, als der Chorherr bei dieser Gelegenheit umständlich des Frevels erwähnte, der in dem Klostergarten der Karmeliterinnen verübt worden war; die Schonung, die er bei der Welt gefunden hatte, gottlos nannte, und in einer von Verwünschungen erfüllten Seitenwendung, die Seelen der Täter, wörtlich genannt, allen Fürsten der Hölle übergab! Donna Constanze rief, indem sie an Jeronimos Arm zuckte: Don Fernando! Doch dieser antwortete so nachdrücklich und doch so heimlich, wie sich beides verbinden ließ: »Sie schweigen, Donna, Sie rühren auch den Augapfel nicht, und tun, als ob Sie in eine Ohnmacht versänken; worauf wir die Kirche verlassen.« Doch, ehe Donna Constanze diese sinnreiche zur Rettung erfundene Maßregel noch ausgeführt hatte, rief schon eine Stimme, des Chorherrn Predigt laut unterbrechend, aus: Weichet fern hinweg, ihr Bürger von St. Jago, hier stehen diese gottlosen Menschen! Und als eine andere Stimme schreckenvoll, indessen sich ein weiter Kreis des Entsetzens um sie bildete, fragte: wo? hier! versetzte ein Dritter, und zog, heiliger Ruchlosigkeit voll, Josephen bei den Haaren nieder, daß sie mit Don Fernandos Sohne zu Boden getaumelt wäre, wenn dieser sie nicht gehalten hätte. Seid ihr wahnsinnig? rief der Jüngling, und schlug den Arm um Josephen: »ich bin Don Fernando Ormez, Sohn des Commendanten der Stadt, den ihr alle kennt.« Don Fernando Ormez? rief, dicht vor ihn hingestellt, ein Schuhflicker, der für Josephen gearbeitet hatte, und diese wenigstens so genau kannte, als ihre kleinen Füße. Wer ist der Vater zu diesem Kinde? wandte er sich mit frechem Trotz zur Tochter Asterons. Don Fernando erblaßte bei dieser Frage. Er sah bald den Jeronimo schüchtern an, bald überflog er die Versammlung, ob nicht einer sei, der ihn kenne? Josephe rief, von entsetzlichen Verhältnissen gedrängt: dies ist nicht mein Kind, Meister Pedrillo, wie Er glaubt; indem sie, in unendlicher Angst der Seele, auf Don Fernando blickte: dieser junge Herr ist Don Fernando Ormez, Sohn des Commendanten der Stadt, den ihr alle kennt! Der Schuster fragte: wer von euch, ihr Bürger, kennt diesen jungen Mann? Und mehrere der Umstehenden wiederholten: wer kennt den Jeronimo Rugera? Der trete vor! Nun traf es sich, daß in demselben Augenblicke der kleine Juan, durch den

Tumult erschreckt, von Josephens Brust weg Don Fernando in die Arme strebte. Hierauf: Er *ist* der Vater! schrie eine Stimme; und: er *ist* Jeronimo Rugera! eine andere; und: sie *sind* die gotteslästerlichen Menschen! eine dritte; und: steinigt sie! steinigt sie! die ganze im Tempel Jesu versammelte Christenheit! Drauf jetzt Jeronimo: Halt! Ihr Unmenschlichen! Wenn ihr den Jeronimo Rugera sucht: hier ist er! Befreit jenen Mann, welcher unschuldig ist! – Der wütende Haufen, durch die Äußerung Jeronimos verwirrt, stutzte; mehrere Hände ließen Don Fernando los; und da in demselben Augenblick ein Marineoffizier von bedeutendem Rang herbeieilte, und, indem er sich durch den Tumult drängte, fragte: Don Fernando Ormez! Was ist Euch widerfahren? so antwortete dieser, nun völlig befreit, mit wahrer heldenmütiger Besonnenheit: »Ja, sehen Sie, Don Alonzo, die Mordknechte! Ich wäre verloren gewesen, wenn dieser würdige Mann sich nicht, die rasende Menge zu beruhigen, für Jeronimo Rugera ausgegeben hätte. Verhaften Sie ihn, wenn Sie die Güte haben wollen, nebst dieser jungen Dame, zu ihrer beiderseitigen Sicherheit; und diesen Nichtswürdigen«, indem er Meister Pedrillo ergriff, »der den ganzen Aufruhr angezettelt hat!« Der Schuster rief: Don Alonzo Onoreja, ich frage Euch auf Euer Gewissen, ist dieses Mädchen nicht Josephe Asteron? Da nun Don Alonzo, welcher Josephen sehr genau kannte, mit der Antwort zauderte, und mehrere Stimmen, dadurch von neuem zur Wut entflammt, riefen: sie ist's, sie ist's! und: bringt sie zu Tode! so setzte Josephe den kleinen Philipp, den Jeronimo bisher getragen hatte, samt dem kleinen Juan, auf Don Fernandos Arm, und sprach: gehn Sie, Don Fernando, retten Sie Ihre beiden Kinder, und überlassen Sie uns unserm Schicksale! Don Fernando nahm die beiden Kinder und sagte: er wolle eher umkommen, als zugeben, daß seiner Gesellschaft etwas zuleide geschehe. Er bot Josephen, nachdem er sich den Degen des Marineoffiziers ausgebeten hatte, den Arm, und forderte das hintere Paar auf, ihm zu folgen. Sie kamen auch wirklich, indem man ihnen, bei solchen Anstalten, mit hinlänglicher Ehrerbietigkeit Platz machte, aus der Kirche heraus, und glaubten sich gerettet. Doch kaum waren sie auf den von Menschen gleichfalls erfüllten Vorplatz derselben getreten, als eine Stimme aus dem rasenden Haufen, der sie verfolgt hatte, rief: dies ist Jeronimo Rugera, ihr Bürger, denn ich bin sein eigner Vater! und ihn an Donna Constanzens Seite mit einem ungeheuren Keulenschlage zu Boden streckte. Jesus Maria! rief Donna Constanze, und floh zu ihrem Schwager; doch: Klostermetze! erscholl es schon, mit einem zweiten Keulenschlage, von einer andern Seite, der sie leblos neben Jeronimo niederwarf. Ungeheuer! rief ein Unbekannter: dies war Donna Constanze Xares! Warum belogen sie uns! antwortete der Schuster; sucht die rechte auf, und bringt sie um! Don Fernando, als er Constanzens Leichnam erblickte, glühte vor Zorn; er zog und schwang das Schwert, und hieb, daß er ihn gespalten hätte, den fanatischen Mordknecht, der diese Greuel veranlaßte, wenn derselbe nicht, durch eine Wendung, dem wütenden Schlag entwichen wäre. Doch da er die Menge, die auf ihn eindrang, nicht überwältigen konnte: leben Sie wohl, Don Fernando mit den Kindern! rief Josephe – und: hier mordet mich, ihr blutdürstenden Tiger! und stürzte sich freiwillig unter sie, um dem Kampf ein Ende zu machen. Meister Pedrillo schlug sie mit der Keule nieder. Darauf ganz mit ihrem Blute besprützt: schickt ihr den Bastard zur Hölle nach! rief er, und drang, mit noch ungesättigter Mordlust, von neuem vor. Don Fernando, dieser göttliche Held, stand jetzt, den Rücken an die Kirche gelehnt; in der Linken hielt er die Kinder, in der Rechten das Schwert. Mit jedem Hiebe wetterstrahlte er einen zu Boden; ein Löwe wehrt sich nicht besser. Sieben Bluthunde lagen tot vor ihm, der Fürst der satanischen Rotte selbst war verwundet. Doch Meister Pedrillo ruhte nicht eher, als bis er der Kinder eines bei den Beinen von seiner Brust gerissen, und, hochher im Kreise geschwungen, an eines Kirchpfeilers Ecke zerschmettert hatte. Hierauf ward es still, und alles entfernte sich. Don Fernando, als er seinen kleinen Juan vor sich liegen sah, mit aus dem Hirne vorquellenden Mark, hob, voll namenlosen

Schmerzes, seine Augen gen Himmel. Der Marineoffizier fand sich wieder bei ihm ein, suchte ihn zu trösten, und versicherte ihn, daß seine Untätigkeit bei diesem Unglück, obschon durch mehrere Umstände gerechtfertigt, ihn reue; doch Don Fernando sagte, daß ihm nichts vorzuwerfen sei, und bat ihn nur, die Leichname jetzt fortschaffen zu helfen. Man trug sie alle, bei der Finsternis der einbrechenden Nacht, in Don Alonzos Wohnung, wohin Don Fernando ihnen, viel über das Antlitz des kleinen Philipp weinend, folgte. Er übernachtete auch bei Don Alonzo, und säumte lange, unter falschen Vorspiegelungen, seine Gemahlin von dem ganzen Umfang des Unglücks zu unterrichten; einmal, weil sie krank war, und dann, weil er auch nicht wußte, wie sie sein Verhalten bei dieser Begebenheit beurteilen würde; doch kurze Zeit nachher, durch einen Besuch zufällig von allem, was geschehen war, benachrichtigt, weinte diese treffliche Dame im Stillen ihren mütterlichen Schmerz aus, und fiel ihm mit dem Rest einer erglänzenden Träne eines Morgens um den Hals und küßte ihn. Don Fernando und Donna Elvire nahmen hierauf den kleinen Fremdling zum Pflegesohn an; und wenn Don Fernando Philippen mit Juan verglich, und wie er beide erworben hatte, so war es ihm fast, als müßt er sich freuen.

Arno Schmidt

Öreland

Öreland: Es war einmal eine große Stadt; die war auf Pfählen, schweren Pfählen, mitten in der rauhen See erbaut, es war weit im Nordmeer. Aber die Leute wurden wild und böse, obwohl täglich vom Sturm Seerauch durch die Gassen schwebte; sie soffen und prahlten, fast Alle; und unten knurrte das graue Gewell. Der Meergeist Öreland, düster und kalt, bekam den Auftrag, die Stadt zu vernichten; er legte sich um sie als brauner und trüber Nebelwulst, dicht überm Wasser. Aber als er schon mit schwerer Zunge an den ersten Bollwerken leckte, saß da ein Kaninchen – wie das dort hinkam?! – Da entschied Öreland, daß von Denen wohl Einige unschuldig sein mochten, und vielleicht auch von den Menschen; er hüllte Alles in kreisendes, in greisendes Gewölk; man hat von so einem Sturm nicht mehr erhört.

Als nun die Sicht wieder klarer wurde, war die schlimme Stadt verschwunden; nur scholliges Eis und etwa ein paar Bohlen trieben überhin. Und von den Planken aufs Eis, oder zurück, wies eben trug, sprangen zweifelhaft ein paar Menschen, Bauern in grober Tracht; natürlich saßen auch die Kaninchen da und froren.

Es war aber eine Strömung aufgekommen, die führte dies reißend mit sich fort, in den heulenden Abend und die lange Nacht.

Als der Morgen anbrach, wolkig und wintergrau, sahen sie, schon ganz nahe, ein wildes Land in schwerem Schnee: da hinein schwemmte sie der Flutstrom, in eine lange und tiefe Bucht. Über die schwankenden Trümmer klommen sie zum Strand, und die Kaninchen fuhren sogleich unter die nächsten Kiefernwurzeln. Auch die Steilwände, welche den Fjord säumten, waren schneeweiß und voll Ödwald, nach hinten stieg und stieg es unabsehbar.

Als sie sich noch umsahen, trat drüben zwischen Baum und Fels ein riesiger Kerl heraus, der Wind schlug ihm im Schulterumhang; er war wohl zweimal so groß wie ein Mensch. Er schrie ihnen zu, daß Bergwand und See und Wildwuchs zitterte: »Öreland!«, wandte sich kurz und schritt weit landeinwärts, war auch schon im Hochwald verschwunden.

Da war unter den Geretteten ein junger derber Knecht, der sagte zögernd zu den Anderen: »Ja nun – man müßte doch eigentlich – – fragen, wie?!«, und da trugen ihn auch schon seine Füße den Steinstrand hinauf, dann an den Büschen vorbei, schon waren da die ersten Bäume, und immer der großen Spur nach; das waren Schritte, da konnte er zweimal springen.

Es ging stets hart bergan, weglos zwischen den Stämmen fort, stundenlang. Endlich blieb er stehen und sah sich um; war tiefer Schnee und Wildnis, und steile Berghäupter sahen von überall herein. Da schrie er einmal mit aller Macht, was ihm entgegengerufen war: »Öreland!«; aber von den Felsen und aus dem Holz fuhr ihm nur sogleich verworrener Widerhall entgegen, so daß er den Kopf schüttelte, und rüstig rascher weiterlief.

Der Schnee wurde immer tiefer, und lautlos stapfte er unter den schwer belegten Ästen; immer höher kam er, und wenn er es recht bedachte, hatte auch die Spur längst aufgehört. Die Stille, die Stille. Er reckte sich im niedrigen Tannendickicht und schrie wieder, lauter als zuvor: »Öreland!«. Wartete. Lange. Nach Stunden federte ein Zweig; aus nadelgrünem Eismund seufzte es zurück: »Öreland«. Weither kam das Echo. Er wandte sich unwillig und stieg weiter die kahler werdenden Hänge hinauf. Weißlich war der Himmel und so flach gewölbt, daß er manchmal daran zweifelte, zwischen ihm und den Bergkuppen hindurchzukommen.

Aber einmal begann das Bergland sich wieder zu senken; wieder kamen Wald und Täler, und als er um einen Felsen bog, sah er ganz dicht unter sich, in einem kleinen Grunde, ein Blockhaus aus dunklen Stämmen gefügt. Ein Kind lief gerade über den Hof, und er rief ihm eilig zu: »Wie heißt es hier?«. Die Kleine wartete verdutzt ein wenig, rief dann verwundert: »Öreland!« und verschwand im Schuppen.

Er lief weiter, immer dem nach, was ihm ein Weg däuchte, und kam nach langer Zeit an ein anderes Tal: ho, das war ja schon fast ein Dorf! Drei, vier Gehöfte standen da, und aus dem ersten trat just ein Knecht mit rotem gesundem Gesicht und einer Axt in der Hand. Der ging zu einem verschneiten Klotz, strich das dicke Schneekissen herunter, rollte Blöcke heran, und begann lustig zu hacken, daß die Späne flogen.

Vom Weg rief unser Wanderer herab: »Wie heißt das Dorf?!« Der Andere blickte zuerst überrascht auf; aber der Frager war auch nicht größer, und die Axt hatte er. So lachte er, und sagte laut in seinem Dialekt: »Öreland«. So so. Und weiter gings.

Der Wald wurde lichter, das Land freier, und ehe er sichs versah, stand er vor den ersten Häusern einer großen Stadt. Blanke Läden; zuweilen rollte ein Wagen vorbei. Über den Platz kam flink ein junges Mädchen mit glatter Pelzmütze; er ging gleich auf sie zu und nahm die seine ab: »Öreland?« fragte er und wies ringsum. Sie sah den großen Burschen spöttisch und interessiert an: »Hm –« nickte sie und ging langsam vorüber; nach ein paar Schritten sah sie noch einmal lockend über die behende schmale Schulter. Er fühlte den kunstvollen winzigen Stich im Herzen, und lachte polternd: nein, dazu war jetzt keine Zeit.

Er sprang in seinen Klobenschuhen rüstig an der Stadt entlang und vorbei; die Felsen begannen sogleich, wurden rasch höher, und bald ging er in einer tiefen Schlucht, deren Boden leicht anstieg: die Wände wurden immer düsterer und steiler, bis sie endlich in unabsehbare Höhe aufragten und der Weg so schmal wie eine Gasse wurde. »Det er alt så mörke her«, sagte er verdrießlich zu einer ihm begegnenden Frau: »was ist das nun schon wieder –?« (im blauen Kopftuch). »Das ist die Schlucht des Berges Glimma«, antwortete sie bereitwillig und sah ihn im Weitergehen aufmerksam an. Zur Linken waren manchmal Häuser in die Felswand halb hineingebaut, vor denen auch Kinder spielten.

Nach einiger Zeit öffnete sich die Schlucht wieder auf ein wüstes Hochland; schwarze glatte Klippen standen da, als könnten sie heidnisch strenge Gesichter zeigen. Sie wurden immer größer, und zwischen ihnen, von weither, vernahm er ein allmählich lauter werdendes Dröhnen, und Donner wie von einem nahen Meer. Und da lag es auch schon vor ihm; eisenfarben und schwer bewegt. Er klomm zum Strand hinab, setzte sich ins Gestein, und besah das Wasser. Es dröhnte an den Granit; wälzte Hügel heran und zerschlug sie an den Blöcken. Er saß und horchte: es zitterte nicht, das Ufer. Das war ein gutes und festes Ding, dieses Öreland.

Dann stand er auf; da wollte er nur gleich wieder zurück zu seinen Leuten und ihnen das Alles sagen. Ein paar Äxte hatten sie ja noch; da könnte man sogleich ein Haus zimmern. Eine Säge würde er sich in dem ersten Ödhof borgen. Fische standen genug im Fjord, und sicher kam auch einmal ein Bär. Vielleicht würden sie ihm gar ein paar Nägel schenken. Er sah sich schon mit dem Papp-Paket durch die Wälder springen – – (Nochmals: ist ein wörtlicher Traumbericht!)

Aus: Brand's Haide

Manfred Hausmann

Soest

Ich sah den Dom von Wind und Wolken triefen.
Doch als der Mittag kam, zerriß das Grau.
Das Westwerk reckte seinen Quaderbau
aus den Gewässern auf, die sich verliefen.

O Stadt, den dunkelgrünen Meerestiefen
entstiegene zu wunderbarer Schau,
wie hing's um First und Mauer und Verhau
von Algennetzen! Und die Häuser schliefen.

Das Laub lag ausgelaugt im Schlamm und welk.
Ein Salzhauch witterte um das Gebälk.
Und alles war ein Schweigen und ein Lauschen.

Und in den Höhlungen der toten Welt
verhallte noch, wie sich's in Muscheln hält,
ein fernes, immer gleiches Wogenrauschen.

Christa Reinig

die steine von finisterre

ein wogenzug von wilden schwänen
der wind schwillt an, es brummen glocken
die fischer langen aus den kähnen
und angeln nach verfaulten brocken
allein der taucher macht sich schwer
und fliegt in den grund zur stadt im meer

die stadt auf weißem sand errichtet
mit mauern aus zerfranstem stein
wird unermüdlich hochgeschichtet
und sackt von selber wieder ein
oft steigt ein denkmal halbzerfallen
und achselzuckend aus korallen

des tauchers fuß glitscht über steine
die haben aufrecht einst gestanden
und hier und da ragt noch der eine
und dort ist noch ein kopf vorhanden
zerbrochner mund, das auge leer
hier lag der dom sankt finisterre

gründämmernd ruht die stadt in frieden
wenn über ihr die finstren meere
in brüllenden orkanen sieden
und köpflings segeln totenheere
und landen mit aufgerissenem mund
in der schweigenden stadt am meeresgrund

Michael Ende
Das versunkene Königreich

Auf der winzigen Insel Lummerland wird eines Tages ein Paket abgegeben, in dem sich ein kleiner Junge befindet. Da sich kein Absender feststellen läßt, bleibt der Junge auf Lummerland, wird »Jim Knopf« getauft und von Lukas dem Lokomotivführer unter die Fittiche genommen. Gemeinsam erleben sie Abenteuer, die sie bis nach China führen. Sie besiegen die Seeräuberhorde »Die Wilde Dreizehn« und den Drachen »Frau Marzahn«, aus dessen Gewalt sie die chinesische Prinzessin Li Si befreien. Dabei wird auch Jims Herkunft entdeckt: Sein eigentlicher Name ist »Prinz Myrrhen«; er ist ein Nachkomme des schwarzen Königs Kaspar, der als einer der heiligen drei Könige dem Jesusknaben huldigte.

Am Ende dieses Abenteuers steht eine Begegnung von Jim, Lukas und Li Si mit dem besiegten Drachen, der sich inzwischen in den »Goldenen Drachen der Weisheit« verwandelt hat. Auch die Piraten der Wilden Dreizehn sind anwesend und müssen sich vorrechnen lassen, daß ihre Bande nur aus zwölf Mitgliedern besteht.

T. S.

Siebenundzwanzigstes Kapitel
in dem das Ungrade grade wird

[...]

Eine Weile war es still. Keiner sprach mehr. Und die Piraten standen da und sahen zum Erbarmen aus.

In das Schweigen tönte die Stimme des ›Goldenen Drachen der Weisheit‹: »Ihr, die ihr meine Herren seid, kommt näher zu mir!«

Jim und Lukas traten zu dem Drachen hin.

»Viel habt ihr schon erfahren«, sprach der Drache gedämpft, »aber noch nicht alles.«

»Ja«, antwortete Jim, »ich hab deinen Rat befolgt, ›Goldener Drache der Weisheit‹, und ich hab das Geheimnis meiner Herkunft erforscht.«

»Ich weiß, Prinz Myrrhen«, klang die geheimnisvolle Stimme aus dem Innern des Drachen, »aber König wirst du erst sein, wenn du dein Reich gefunden hast.«

»Kannst du mir nicht vielleicht sagen, wo es is'?« erkundigte sich Jim hoffnungsvoll, »ich dachte, du weißt es vielleicht.«

»Ich weiß es«, sprach der Drache, und wieder spielte das rätselhafte Lächeln um seine Mundwinkel, »und doch muß ich abermals schweigen um deinetwillen, denn noch ist nicht die Zeit. Das herrliche Land Jamballa ist verborgen, und niemand kann es finden.«

»Muß ich es wieder selbst entdecken?« fragte Jim etwas enttäuscht.

»Diesmal kannst du es nicht, mein kleiner Herr und Gebieter«, antwortete der Drache, »niemand kann dir dazu verhelfen, als ganz allein diese Zwölf, die vordem dreizehn zu sein glaubten.«

Die Piraten blickten überrascht auf.

»Wisse, mein kleiner Meister«, fuhr der Drache fort, »jener König mit dem dunklen Antlitz, der weise Kaspar, hatte einen schlimmen Feind. Und dieser Feind – war ich. Du weißt ja, daß Drachen uralt sind. Er aber vermochte noch nicht, mich zu besiegen und zum ›Goldenen Drachen der Weisheit‹ zu verwandeln. Das tatest erst du, Prinz Myrrhen.«

Unter den Piraten entstand eine Bewegung, und Jim blickte sich nach ihnen um. Einer der riesenhaften Kerle trat auf ihn zu und musterte ihn von oben bis unten.

»Spricht der Drache die Wahrheit?« fragte er schließlich mit rauher Stimme, »du hast ihn besiegt?«

»Mit Lukas zusammen«, antwortete Jim und nickte.

»Und du hast ihn auch so verwandelt?« forschte der Pirat weiter.

»Nein«, sagte Jim nachdenklich, »eigentlich nicht. Wir haben ihn bloß nicht tot gemacht, sondern mitgebracht. Verwandelt hat er sich dann ganz von allein.«

»Ja«, brummte Lukas, »so war es.«

»Jim Knopf«, rief der Pirat mit blitzenden Augen, »du hast uns besiegt und du hast uns das Leben geschenkt. Du hast auch den Drachen da besiegt mit deinem Freund zusammen, und auch ihm hast du das Leben gelassen, darum hat er sich verwandelt und nennt dich seinen Herrn. Wir haben geschworen, daß es aus ist mit der ›Wilden 13‹, wenn wir besiegt werden, aber wir waren ja niemals die ›Wilde 13‹. Also ist es jetzt sowieso aus mit ihr. Darum will ich dich fragen, ob du nicht unser Hauptmann werden willst. Den roten Stern trägst du ja schon.«

Jim wechselte einen verblüfften Blick mit Lukas, der seine Mütze ins Genick schob und sich hinter dem Ohr kratzte.

»Ich glaub' nicht«, sagte Jim nach einigem Bedenken, »ich will kein Piratenhauptmann sein.«

»Könnten wir uns nicht vielleicht auch verwandeln wie der Drache?« fragte einer der Piraten hoffnungsvoll.

»Nein«, tönte es aus dem Innern des ›Goldenen Drachen der Weisheit‹, und abermals spielte das geheimnisvolle Lächeln um seine Mundwinkel, »dessen bedürft ihr nicht. Ihr braucht einen Herrn. Wenn aber dies Kind euer Herr sein soll, so müßt ihr ihm zuvor seine Herrschaft geben.«

»Das tun wir doch!« meinte einer der Piraten, »wir werden unserem neuen Hauptmann gehorchen auf Tod und Leben, das schwören wir.«

»Das schwören wir«, murmelten die übrigen dumpf.

»Was ihr tun sollt«, antwortete der Drache, und seine Stimme klang gewaltig, »das darf euch niemand befehlen. Freiwillig müßt ihr's vollbringen. Es ist so voll Schrecken, daß niemand außer euch den Mut aufbringt, und es bedarf solcher Kraft, daß niemand außer euch die Stärke besitzt. Diese Tat sei eure Sühne. Und nicht eher wird Prinz Myrrhen sein Land betreten können, ehe nicht ihr zwölf gleichen Brüder aus freiem Willen gesühnt habt.«

»Was müssen wir tun?« fragte einer der Piraten.

»Das große Reich König Kaspars ist in den Wassern versunken«, sprach der Drache, »dort unten liegt es nun schon seit über tausend Jahren.«

»Warum is' es denn versunken«, fragte Jim mit großen Augen.

»Weil *ich* es versinken ließ, um den König mit dem dunklen Antlitz, meinen Feind zu jener Zeit, zu vernichten. Durch vulkanische Gewalten, über die wir Drachen Macht haben, ließ ich das schreckliche ›Land, das nicht sein darf‹ aus der Tiefe des Meeres emporsteigen. Dadurch mußte das Land Jamballa, wie auf dem anderen Ende einer großen Waage, versinken. So ist es verschwunden und ward nicht mehr gefunden bis heute.«

»Ach«, sagte Jim, »und wenn man jetzt das ›Land, das nicht sein darf‹ versenkt, steigt dann mein Land wieder auf?«

»So ist es«, tönte es aus dem Innern des Drachen, »das aber vermag niemand. Selbst ich nicht, weil ich jetzt verwandelt bin. Nur diese Zwölf, die dreizehn zu sein vermeinten, können es tun.«

»Wir sollen unsere eigene Heimat, unsere Burg ›Sturmauge‹ versenken?« riefen die Piraten.

»Ich weiß, daß ihr den Tod nicht fürchtet«, sprach der ›Goldene Drache der Weisheit‹, »aber dies Opfer ist schwerer.«

Die Piraten schwiegen.

Schrecken malte sich auf ihren zerfurchten Gesichtern.

»Höret weiter«, tönte die geheimnisvolle Stimme machtvoll aus dem Innern des ›Goldenen Drachen der Weisheit‹, »in jener Burg ›Sturmauge‹, mitten im ›Land, das nicht sein darf‹, ist ein Raum mit zwölf uralten, kupfernen Türen.«

»Das Verlies, in dem wir waren«, raunte Lukas Jim zu.

»Öffnet ihr diese Türen«, sprach der Drache weiter, »so wird die Flut des Wassers hereinstürzen, wird durch die Gänge und tausend Kanäle toben und aufwärts steigen und das ganze ›Land, das nicht sein darf‹ füllen. Wenn die Fluten die oberste Spitze erreichen und jede Ader sich vollgesaugt hat, dann wird das Land so schwer sein, daß es versinkt.«

Die Piraten schauten sich an, dann schüttelten sie die Köpfe, und einer sagte: »Jeder von uns hat schon mal versucht, die Türen aufzubrechen, weil wir wissen wollten, was dahinter ist. Aber keiner hat es fertiggebracht.«

»Ihr kennt nicht das Geheimnis«, sprach der Drache, »diese zwölf Türen tun sich nur alle zugleich auf oder gar nicht. Darum müssen zwölf gleiche Männer mit der gleichen Kraft und dem gleichen Herzschlag im gleichen Augenblick die kupfernen Pforten öffnen. Wenn sie es aber vollbracht haben, so müssen sie eilen, ihr Schiff zu erreichen, die brüllenden Wasser werden sie sonst verschlingen.«

»Und wo steigt dann mein Land auf?« fragte Jim atemlos.

»Kehre heim auf deine Insel, Prinz Myrrhen«, antwortete der ›Goldene Drache der Weisheit‹, und das grüne Feuer in seinen Augen loderte so hell, daß man kaum noch hineinschauen konnte, »KEHRE HEIM, DU WIRST ALLES ERFAHREN.«

Damit richtete der Drache seine Blicke wieder über die Anwesenden hinweg wie in weite Fernen, und das smaragdene Funkeln schien plötzlich erloschen. Jim hätte gerne noch nach Molly gefragt. Aber er wußte, daß der Drache für diesmal nicht mehr antworten würde. Außerdem erinnerte er sich noch deutlich an die Worte, welche der Drache beim vorigen Mal zu ihm gesprochen hatte: daß er sein Eigentum zurückerhalten sollte für immer, und daß er es dann durchschauen würde. Es waren rätselhafte Worte, aber Jim war sicher, sie eines Tages zu verstehen.

Achtundzwanzigstes Kapitel

in dem die Piraten sühnen und ein neues Lied anstimmen

Alle waren wieder ins Freie hinausgetreten und standen nun schweigend auf dem großen Platz vor der Pagode. Der Nachtwind ließ die Lichter in ihren Händen flackern. Keiner wagte die Stille zu unterbrechen. Aller Augen waren fragend und voll Spannung auf die zwölf Brüder gerichtet.

Wie würden sie sich entscheiden? Würden sie das schwere Opfer auf sich nehmen, oder mußte Prinz Myrrhen für immer ein König Ohneland bleiben? Aber die Piraten standen da mit gesenkten Köpfen und rührten sich nicht.

Endlich hielt Jim es nicht mehr aus und trat einen Schritt auf sie zu. Aber auch er brachte kein Wort über die Lippen. Die Seeräuber hoben ihre Blicke und sahen den Jungen lange an. Dann murmelte einer:

»Gib uns Bedenkzeit! Morgen bei Tagesgrauen werden wir dir sagen, was wir tun werden.«

Jim nickte stumm. Dann wandte er sich langsam um und ging mit Lukas zusammen auf den Palast zu. Der Kaiser, Li Si und die Seeleute folgten den beiden.

Als die Seeräuber allein waren, machten sie ein großes Feuer mitten auf dem Platz und lagerten sich. Mit unbewegten Gesichtern starrten sie in die Flammen. Zum Singen war ihnen freilich nicht zumut, auch hatte das Lied von den ›Dreizehn Mann‹ ja nun keinen Sinn mehr. Es waren nur wenig Worte, die sie in dieser Nacht wechselten. Aber als die allererste Dämmerung die Sterne am Himmel verblassen ließ, hatten sie ihre Entscheidung getroffen. Sie löschten eben das Feuer, da sahen sie Jim und Lukas über den Platz kommen.

Einer der Brüder ging auf sie zu.

»Es ist entschieden«, sagte er, »wir werden ›Sturmauge‹ versenken.«

Jim griff nach Lukas' Hand und antwortete leise: »Dann fahren wir mit euch.«

Die zwölf Brüder blickten ihn erstaunt an.

»Wollt ihr denn nicht nach Hause fahren?« fragte einer.

»Nein«, sagte Jim, »ihr versenkt doch euer Land für mich. Darum wollen wir auch die Gefahr mit euch teilen.«

Die Piraten wechselten überraschte Blicke, dann nickten sie Jim bewundernd zu, und ihre Augen blitzten.

Als die Sonne über Ping aufging, segelte das Schiff mit den blutroten Segeln schon weit draußen auf dem Ozean, dem ›Land, das nicht sein darf‹ entgegen.

Zur selben Stunde betrat die kleine Prinzessin das Zimmer der beiden Freunde, um sie zu wecken und zum Frühstück zu holen. Aber sie fand nur einen Zettel, auf dem in großen, etwas ungelenken Lettern von Lukas' Hand geschrieben stand: Auf Wiedersehen in Jamballa.

Erschrocken starrte sie auf die Botschaft, dann lief sie spornstreichs damit hinunter in den Park, um den Drachen zu fragen, wie alles ausgehen würde. Erst als sie vor der großen Pagode stand, fiel ihr ein, daß der Drache wahrscheinlich gar nicht mit ihr sprechen würde, weil er nur in Gegenwart seiner beiden Herren redete. Aber in ihrer großen Sorge wußte sie sich keinen anderen Rat und ging trotzdem hinein.

Ehrfürchtig näherte sie sich dem riesenhaften ›Goldenen Drachen der Weisheit‹ und legte den Zettel vor ihn hin. Dann trat sie zurück, und weil sie nicht zu sprechen wagte, machte sie mit klopfendem Herzen einen tiefen Knicks und verharrte lange so, das Gesicht fast bis zum Boden geneigt. Der Drache regte sich nicht.

»Bitte«, dachte Li Si, »bitte, sag mir, ob ihnen etwas geschieht.« Und ihre Lippen formten unhörbar das einzige Wort: Jim!

»Sei getrost, kleine Königin von Jamballa!« sagte plötzlich eine sanfte Stimme. Li Si blickte auf. War es der Drache, der zu ihr gesprochen hatte? Er saß noch immer reglos auf seine Vordertatzen gestützt, und seine Augen blickten über die Prinzessin hinweg wie in weite Fernen. Niemand sonst war anwesend, also konnte nur er es gewesen sein.

»Danke!« hauchte Li Si und verbeugte sich noch einmal tief, »danke, ›Goldener Drache der Weisheit‹.«

Und dann lief sie hinaus und zu ihrem Vater, der auf der Terrasse des Palastes saß, und erzählte ihm alles.

»Der Himmel hat unsere edlen Freunde bis jetzt behütet«, sagte der Kaiser tief bewegt, »er wird sie nicht verlassen.«

Gegen Mittag kehrte Ping Pong mit der chinesischen Flotte in den Hafen von Ping zurück. Der Kapitän des Staatsschiffes und seine Matrosen begrüßten voller Freude die geretteten Schiffbrüchigen und erzählten ihnen, was inzwischen geschehen war.

Der Abend sank schon herein, als das Schiff mit den blutroten Segeln mit phantastischer Geschwindigkeit durch den tobenden Orkan auf den großen Wasser-Wirbelsturm zufuhr. Wieder umkreisten die Piraten die riesige, von Blitzen durchzuckte Säule, bis sie die gleiche Geschwindigkeit hatten, ließen das Schiff in die Höhe reißen und landeten schließlich im windstillen »Auge des Sturms« vor ihrer Burg.

Jim und Lukas kletterten mit den Seeräubern von Bord und begleiteten sie bis in den großen Saal hinunter, wo die Falltür in das Verlies mit den zwölf grünspanbedeckten Kupfertüren führte.

»Hört zu«, wandte sich einer der Brüder an die beiden Freunde, »dort unten könnt ihr uns nicht helfen. Es ist besser, ihr geht auf das Schiff und macht alles zur Abfahrt fertig. Wenn wir heraufkommen, müssen wir sofort weg.«

»*Wenn* wir noch heraufkommen«, knurrte ein anderer.

Einen Augenblick schwiegen alle. Dann meinte der erste Pirat: »Wenn nicht, dann müßt ihr eben allein sehen, wie ihr durchkommt.«

»In Ordnung«, sagte Jim.

»Aber wartet nicht zu lang«, setzte ein dritter Pirat hinzu, »uns könnt ihr dann nicht mehr retten. Seht wenigstens zu, daß ihr zwei es schafft.«

»Und das wollen wir dir noch sagen, Jim Knopf«, brummte der erste, »für alle Fälle und falls wir uns nicht wiedersehen: Von jetzt an sind wir deine Freunde.«

Alle nickten Jim zu, dann öffneten sie die Falltür und stiegen nacheinander in das Verlies hinunter.

»Es wird Zeit, Jim«, sagte Lukas, »komm!«

Als die beiden das Schiff erreicht hatten, befestigte Lukas an den Bremsklötzen, durch die der Schiffsrumpf auf der Gleitbahn festgehalten wurde, lange Schnüre und warf die Enden zu Jim hinauf, der auf dem Hinterdeck stand. Jim packte sie und hielt sie in der Hand, bereit, sofort zu ziehen, wenn es nötig wurde. Dann kam Lukas zu ihm hinauf. Sprechen konnten sie nicht miteinander, wegen des fürchterlichen Orgeltons, den der Hurrikan verursachte. Also standen die beiden Freunde schweigend nebeneinander und warteten.

Plötzlich war durch das Brausen des Wirbelsturms ein schauriges Brüllen aus der Tiefe zu vernehmen. Im gleichen Augenblick begann das ganze ›Land, das nicht sein darf‹ zu beben und zu zittern. Das brüllende Getose kam näher und näher, und zugleich sprangen da und dort aus den Höhlen und Löchern, die etwas tiefer lagen, Wasserfontänen empor. Immer höher stiegen die Wasser und quollen schäumend und in Sturzbächen an die Oberfläche. Jim kämpfte mit sich, ob er die Bremsblöcke lösen sollte, aber noch zögerte er. Und nun schoß plötzlich mit unvorstellbarer Macht ein donnernder Wasserfall aus dem Eingang, der in die Burg »Sturmauge« hinunterführte, und traf das Schiff mit solcher Gewalt, daß es sich zur Seite neigte und zu kippen drohte. Im weißen Gischt aber erkannten die beiden Freunde einen Knäuel von menschlichen Körpern. Mit Anspannung all seiner Kraft stemmte Lukas sich gegen die stürzenden Wassermassen und packte zu. Er erwischte einen der Piraten am Arm, und da die Brüder sich alle aneinander klammerten, gelang es ihm, sie auf Deck zu ziehen.

Aber zur Abfahrt war es bereits zu spät. Das ganze ›Land, das nicht sein darf‹ war in wilden Aufruhr geraten, als wolle es sich gegen seinen Untergang aufbäumen. Die Elemente stürzten sich mit erbarmungsloser Gewalt darüber her, denn nun war endlich ihre Stunde gekommen. Die beiden Freunde und die zwölf Piraten krallten sich wie betäubt an den Masten fest. Das ganze Schiff wurde in die Luft geschleudert und drehte sich wie ein Kreisel. Dann brachen die Wassermassen, die aus dem Gipfel stürzten, hernieder und schlugen das Schiff wieder zur Tiefe. Inzwischen hatte sich der ganze riesige Berg mit Wasser gefüllt und stieß schäumende Sturzbäche aus allen Höhlen und Löchern. Die Fluten dampften und brodelten. Ununterbrochen fuhren zischende Blitze durch sie hin.

Und nun öffnete sich plötzlich das Meer rings um das ganze

›Land, das nicht sein darf‹ und bildete einen Strudel von unvorstellbarer Größe, aus dem es wie aus den Tiefen der Erde heraufbrauste und heulte, und unter grausigem Gurgeln und Schmatzen sank die gewaltige Felseninsel in den Abgrund hinab.

Im gleichen Augenblick fiel der Wirbelsturm in sich zusammen und war verschwunden. Nur noch der riesige schwarze Trichter des Strudels gähnte und riß das Schiff mit sich im Kreise herum, immer tiefer und tiefer hinunter, als wolle er es in seinen unersättlichen Schlund hinabsaugen.

Aber schon waren die zwölf Brüder wieder auf die Beine gekommen. Von den roten Segeln war nichts mehr vorhanden, aber das Steuerruder funktionierte noch. Ein paar hundert Meter war das Schiff wohl schon in die Tiefe gesaugt worden und raste an einer beinahe senkrechten Wasserwand immer im Kreise herum. Durch einen dichten Vorhang aus peitschendem Sprühregen nahmen die beiden Freunde nur noch wahr, wie die Piraten ihr Schiff Meter für Meter gegen den gewaltigen Sog an die Oberfläche des Meeres zurückzwangen. Dann verging ihnen Hören und Sehen. Mit letzter Kraft konnten sie sich noch am Mast festklammern.

Als sie wieder zur Besinnung kamen, blickten sie sich erstaunt um. Der Strudel hatte sich geschlossen, und ein sanfter Wind strich über das Meer, das nun glatt und heiter da lag. Nur ein dunkel glühendes Abendrot übergoß den Himmel.

Die zwölf Piraten standen nebeneinander an der zerborstenen Reling und blickten auf das schweigende Meer hinaus, dorthin, wo vordem ihre Heimat gewesen war.

Jim und Lukas traten zu ihnen.

Nach einer Weile sagte einer der Piraten mit rauher Stimme: »Wir haben getan, was der ›Goldene Drache der Weisheit‹ wollte. Wir haben gesühnt. Aber wo sollen wir jetzt hin, Jim Knopf? Wir haben kein Land mehr. Und wenn du nicht unser Hauptmann wirst und uns in deinem Königreich aufnimmst, dann müssen wir mit unserem Schiff von nun an ruhelos die Weltmeere durchkreuzen.«

»Lummerland is’ zu klein für uns alle«, antwortete Jim leise,

»aber wenn ich erst weiß, wo Jamballa liegt, dann fahren wir zusammen hin, und ihr werdet meine Leibwache und sollt mein Land beschützen.«

»Und wie sollen wir dann heißen?« fragte einer der Piraten gespannt.

»Prinz Myrrhen und seine zwölf Unbesiegbaren«, schlug Jim vor.

Die Seeräuber starrten ihn einen Moment mit offenen Mündern an, dann brachen sie in tobende Begeisterung aus.

»Ho, ho!« schrieen sie lachend, »das ist gut, das gefällt uns! Ho, ho! ›Prinz Myrrhen und seine zwölf Unbesiegbaren‹ sollen leben!« Und sie umringten den Jungen und hoben ihn hoch und warfen ihn in die Luft, immer wieder und wieder. Lukas stand dabei, kratzte sich schmunzelnd hinter dem Ohr und brummte: »Vorsicht, Leute, macht mir unsern Prinzen nicht kaputt!«

Und dann begannen die Seeräuber zu singen, mit rauhen Kehlen und gewaltiger Lautstärke, und es war ihr altes Seeräuberlied, aber wie von selbst kamen ihnen neue Worte zu der alten Melodie in den Sinn. Und da die Brüder ja alle ganz gleich waren, brauchten sie den Text gar nicht erst zu verabreden:

> »Zwölfe, die unbesieglich sind,
> ho, ho, ho, und ein schwarzer Prinz,
> schützen das Reich vom Dreikönigskind,
> ho, ho, ho, und den schwarzen Prinz!
> Daß nichts mehr das herrliche Land bedroht,
> ho, ho, ho, und den schwarzen Prinz,
> schwören wir Treue auf Leben und Tod,
> ho, ho, ho, unserm schwarzen Prinz!«

Als die erste Begeisterung sich etwas gelegt hatte, Jim wieder festen Boden unter den Füßen spürte und zu Atem gekommen war, sagte er: »Aber wo wir doch jetzt Freunde sind, is' mir gar nicht recht, daß ich euch nicht unterscheiden kann. Ich find', wir sollten was erfinden, woran man jeden erkennt.«

»Das wäre schön«, antwortete einer der Kerle. »Wir haben selber auch schon oft hin und her überlegt, nicht wahr, Brüder?«

»Ja«, sagte ein anderer, »das haben wir. Aber uns ist nichts eingefallen.«

»Ich weiß was!« rief Jim. »Ihr habt doch gesagt, daß jeder von euch nur einen Buchstaben schreiben kann. Aber jeder einen anderen.«

»Das ist richtig, Hauptmann«, versetzte einer der Brüder erstaunt.

»Dann is' es doch ganz einfach«, sagte Jim, »jeder von euch kriegt einen Namen, der mit seinem Buchstaben anfängt.«

»Da soll mich doch der Donner!« murmelte einer, »was wir in unserem ganzen Leben nicht fertiggebracht haben, das schüttelt der Prinz aus dem Ärmel. Ja, man muß eben was im Kopf haben!«

Und dann mußten die Brüder einzeln vortreten und ihren Buchstaben malen. Lukas las ihn vor, und dann überlegten sich die beiden Freunde einen passenden Namen für jeden. Nur bei einem gab es eine kleine Schwierigkeit, nämlich bei dem, der immer geglaubt hatte, sein Buchstabe wäre ein K. Es dauerte eine Weile, bis er begriff, daß es in Wirklichkeit ein X war, aber dann fand er das auch sehr schön.

Und zum Schluß las Lukas der Reihe nach vor, wie sie nun hießen:

1. Antonio
2. Emilio
3. Fernando
4. Ignazio
5. Ludowico
6. Maximiliano
7. Nikolo
8. Rudolfo
9. Sebastiano
10. Theodoro
11. Ulrico
12. Xaverio

Die riesenhaften Kerle standen da wie die Kinder an Weihnachten und freuten sich unbändig über ihre Namen, durch die sie sich nun unterscheiden konnten.

»Und wohin soll jetzt die Reise gehen?« erkundigte sich Ulrico.

»Nach Lummerland«, antwortete Jim, »der Drache hat doch gesagt, ich soll heimkehren, da würde ich alles erfahren.«

»Gut«, sagte Maximiliano, »aber womit fahren wir? Der Henker soll den Sturm holen, von unseren blutroten Segeln ist kein Fetzchen mehr übrig.«

Also blieb nichts anderes übrig, als all die kostbaren perlenbestickten Seidenstoffe, Teppiche und Spitzentücher, die mit den übrigen Schätzen noch im Laderaum verstaut lagen, heraufzuholen und aufzuziehen. Und als schließlich jedes Damasttaschentuch und jede Brokatserviette gesetzt war, bot das Schiff einen höchst sonderbaren, aber unleugbar auch einen höchst prächtigen Anblick: Mit Hunderten von großen und kleinen farbenprächtigen Segeln, die sich im Winde blähten, fuhr es ins glühende Abendrot hinein, der kleinen Heimat von Jim und Lukas entgegen.

Neunundzwanzigstes Kapitel
in dem Prinz Myrrhen sein Land findet

Es war eine weite Reise nach Lummerland. Das Staatsschiff hatte von China aus immer mehrere Tage dazu gebraucht. Und vom ehemaligen ›Land, das nicht sein darf‹ war der Weg noch mehr als doppelt so weit. Aber nach allem, was meine Leser von den fabelhaften Seefahrerkünsten der einstigen Piraten und der Schnelligkeit ihres Schiffes schon erfahren haben, wird es gewiß niemand mehr in ungläubiges Erstaunen setzen, wenn er erfährt, daß die ›zwölf Unbesiegbaren‹, wie sie ja von nun an heißen sollten, nur eine einzige Nacht dazu benötigten.

Als Jim und Lukas am nächsten Morgen noch vor Sonnenaufgang frisch und ausgeschlafen das Deck betraten, sahen sie, daß alle zwölf Brüder auf dem Vorderdeck standen und verwundert durch ihre Fernrohre spähten.

Als sie die beiden Freunde kommen hörten, drehte sich einer nach ihnen um, es war Theodoro, und sagte lachend:

»Da hast du uns ja schön verkohlt, Hauptmann Prinz. Ist das da vorne vielleicht eure winzige Insel, auf die wir nicht alle draufpassen?«

Die beiden Freunde schauten die Brüder verdutzt an, denn mit bloßem Auge konnten sie am fernen Horizont noch nichts erkennen.

»Warum?« fragte Jim, »was is' mit der Insel?«

»Na, schaut sie euch doch mal an!« rief Antonio, »Hagel, Blitz und Wolkenbruch, wenn das da eine kleine Insel ist, dann bin ich ein Floh!«

Zwei der Brüder, Ignazio und Nikolo, gaben den beiden Freunden ihre Fernrohre. Lukas und Jim spähten hindurch, und dann sagten sie eine ganze Weile gar nichts mehr.

Aus den sanften Nebelschleiern, von der Morgendämmerung mit rosenfarbenem Licht übergossen, traten die Umrisse eines Landes, nein, eines ganzen Kontinents hervor. Die Küsten ragten an manchen Stellen steil aus den blauen Wellen auf, an anderen fielen sie sacht ins Wasser ab. Berge und Ebenen wechselten in höchst anmutiger Weise, soweit das Auge reichte. Und als nun die Sonne über dem Land aufging, begannen die Felsen zu funkeln und zu glitzern in allen Regenbogenfarben, als sei die ganze große Insel aus Edelsteinen zusammengesetzt. Das Licht blendete die Augen. Am strahlendsten aber kam es von einem bestimmten Ort, nahe der Ostküste. Jim konnte noch nicht erkennen, was es war.

Er setzte das Fernrohr ab und sagte: »Nein, Lummerland is' das nicht. Ihr müßt falsch gefahren sein.«

»Ja«, brummte Lukas, »scheint mir auch so. Dieses Land habe ich noch nie gesehen.«

Die zwölf Brüder schüttelten die Köpfe.

»Wir sind noch niemals falsch gefahren«, versicherte Xaverio.

Jim nahm das Fernrohr wieder vors Auge, und weil das

Schiff der Küste rasch näher kam, konnte er bald den Ort, von dem das Funkeln so besonders herrlich ausging, genauer unterscheiden. Türme aus durchsichtigen und vielfarbigen Edelsteinen traten hervor, dann waren auch alte, halbverfallene Tempel und Paläste zu erkennen, eine ganze Stadt von so märchenhafter Pracht, daß alle Worte zu schwach sind, den Anblick zu beschreiben.

»Oh«, stieß Jim hervor, »Lukas, weißt du was das is'? Das is' die Stadt, die wir gesehn haben, wie wir auf dem Meeresgrund gefahren sind!«

In beiden Freunden tauchte eine Ahnung auf, aber sie wagten noch nicht, sie auszusprechen.

Der ganze Kontinent stieg nach der Mitte zu sanft an, und auf der höchsten Stelle war nun immer deutlicher ein winzig kleiner Berg zu erkennen, ein Berg, der zwei ungleiche Gipfel hatte, einen hohen und einen, der etwas niedriger war. Und dazwischen, klein wie ein Stecknadelkopf, stand ein Schloß. Und ein bißchen unterhalb, dieses winzige Farbtüpfchen – das war doch der Kaufladen von Frau Waas! Und dicht dabei lag die kleine Bahnstation. Und dort glänzte etwas Eisernes in der Sonne! Etwas Lokomotivförmiges! Etwas Emmaartiges! Kein Zweifel, Lummerland war nur die oberste Spitze dieses herrlichen großen Landes gewesen, die gerade eben noch über den Meeresspiegel herausgeragt hatte. Und nun lag es mitten in dem weiten, wunderbaren Reich, das so lange in den Tiefen des Ozeans verborgen gewesen, und das in dieser Nacht aufgetaucht war und jetzt in der ersten Morgensonne erglänzte: Jamballa!

Die beiden Freunde ließen ihre Fernrohre sinken und blickten sich an.

»Jim!« sagte Lukas.

»Lukas!« stammelte Jim.

Und dann fielen sie sich in die Arme und brachten lange kein Wort mehr hervor.

Die zwölf Brüder standen um sie herum, und auf ihren wilden, zerfurchten Gesichtern lag zum erstenmal ein sanftes, frohes Lächeln.

Immer näher kam das Schiff mit den perlen- und spitzen-verzierten bunten Segeln der funkelnden Küste, und immer deutlicher waren alle Einzelheiten nun auch mit bloßem Auge zu unterscheiden. Neben Lummerland stand ein Wäld-chen von Korallenbäumen, die mit ihren Ästen und Wipfeln ein noch viel kleineres Stückchen Land stützten, das in der Luft schwebte. Das war Neu-Lummerland, die ehemals schwimmende Insel. Dort stand das kleine Haus mit den grünen Fensterläden.

»He, Brüder!« rief plötzlich Nikolo überrascht, »dieses Land scheint ja von erstaunlichen Leuten bewohnt zu sein!«

In diesem Augenblick war nämlich Herr Tur Tur aus sei-ner Hütte getreten und blickte sich äußerst verwundert um. Aus dieser Entfernung gesehen, ragte seine Gestalt meilen-hoch in den Himmel hinauf. Und daß die ehemaligen See-räuber, die den Scheinriesen ja noch nicht kannten, keinerlei Furcht zeigten, bewies nur einmal mehr, was für kühne Bur-schen sie waren.

Lukas und Jim erklärten den Brüdern, was für eine Be-wandtnis es mit diesem sonderbaren alten Mann auf sich hatte, und daß sie ihn als Leuchtturm nach Lummerland ge-holt hatten. Und wenn es den zwölfen möglich gewesen wäre, ihren schwarzen Prinzen und seinen Freund noch mehr zu bewundern, dann hätten sie es jetzt getan.

Inzwischen hatten sie die Küste erreicht und gingen in einer lieblichen kleinen Bucht vor Anker. Die edelsteiner-nen Felsen bildeten einen natürlichen Hafen mit einer regel-rechten Kaimauer, so daß vom Deck des Schiffes aus mit einem großen Schritt das Land zu erreichen war.

Und nun war der große Augenblick gekommen, an dem Jim Knopf, jetzt Prinz Myrrhen, der letzte Nachkomme des Heiligen Dreikönigs Kaspar mit dem dunklen Antlitz, den Fuß auf den Boden des uralten, neu errungenen Landes Jam-balla setzte.

»Ich schlage vor«, sagte Lukas, und seine Stimme klang bei-nahe feierlich, »daß zum ewigen Gedenken an diesen großen

Tag das Land nicht mehr Jamballa genannt werden soll, sondern J i m b a l l a !«

Das fanden alle sehr schön, und so erklärte Jim:

»Von heute an heißt es J i m b a l l a !«

Mit diesen Worten ergriff er von seinem rechtmäßigen
Königreich Besitz. Jetzt gehörte es wirklich und für immer
ihm.

[...]

Aus: Jim Knopf und die Wilde Dreizehn

Heinz Risse

Die Stadt ohne Wurzeln

> Bekanntlich sind die Sprachen desto
> vollkommener, je älter sie sind, und
> werden stufenweise immer schlechter.
>
> *Schopenhauer*

> Äußerungen dieser Art können auf
> jeden beliebigen Sachverhalt angewen-
> det werden. Da nämlich das Leben
> unter dem Gesetz der Einheitlichkeit
> steht.
>
> *Kunala*

Mit welchem Einbruch die Entwicklung begonnen hatte, deren Verlauf Stadt und Sicherheit zunächst bedrohte, später gefährdete, schließlich wohl zu zerstören bestimmt schien, wußte schon bald, wenn von der Behörde abgesehen wird, niemand mehr zu sagen – so geht es immer in Fällen dieser Art: die Anfänge sind kaum zu erkennen, aber was aus ihnen erwächst, sprengt die Welt. Daß der Blick sich trübt vor dem Gesicht der Zukunft, macht es dem Menschen schwer, sich zu wehren gegen das, was erst beginnt. So bemächtigte sich die Sage des Vorgangs; sie berichtet, daß ein Walzwerksarbeiter den ersten Krater gesehen habe, von dem die Stadtgeschichte weiß – ein einfacher Mann also, dem am wenigsten ein Vorwurf gemacht werden könnte, weil er die Wende nicht begriff, deren Schatten sich ihm zeigte.

Drei Jahrzehnte war er den Weg gegangen; morgens kurz nach sechs Uhr pflegte er die Tür hinter sich zu schließen, um ihn atmeten die grauen Häuser der Vorstadtstraße stickigen Geruch aus Speisen, die mit Zwiebeln angemacht waren, und aus zu häufig getragenen Kleidern – die Nacht hatte ihn nicht wegfegen können. Das Walzwerk, in dem der Mann einen Kran führte, lag einundvierzig Minuten entfernt – einundvierzig Minuten bei vierundneunzig Schritten in der Minute, das hatte er in dreißig Jahren gelernt –; nur im Winter, bei Schnee oder Glatteis, stimmten die Zahlen nicht.

Die Vorstadtstraße mündete in die Allee; breite Bürgersteige, viel Pflaster, Stein, Stein, überall kunstvolles Gestein. Auf der Allee hatte der Mann zwanzig Minuten zu gehen, fast die Hälfte des Weges, dann – beinahe in der Stadt und gleich hinter dem Bahndamm – zweigte ein Pfad nach rechts ab, zwischen Sträuchern, Wegerich und versehrtem Geströhde auf das Walzwerk zu; links lag, was man den Kern der Stadt nannte, Kaufhäuser, Läden, Straßen mit Schildern, Kneipen, Läden und wieder Läden. Der Bahndamm zerschnitt die Stadt und den Weg des Mannes, teilte sie beide mit vier Gleisen, unentwegt donnernder Verkehr, Güterzüge und Fernzüge, sechzehn in der Stunde, Zeichen der Kommunikation mit den Völkern der Erde.

Dort, am Bahndamm, hatte es begonnen. Es war hell gewesen, als der Kranführer den Bahndamm erreichte, Sommer, mehr als zwei Stunden zuvor war die Sonne aufgegangen – er hatte den Weg zu oft in seinem Leben gemacht, als daß ihm die kleine Veränderung der Oberfläche hätte entgehen können, zudem führte ihn sein Weg hart an der Stelle vorüber. Sie lag dort, wo der Damm von der Straße aus aufstieg zur Brücke, die über der Allee hing – der Mann blieb stehen und blickte hinab. Die Erde hat sich geöffnet, dachte er, unwillkürlich trat er einen Schritt zurück; sie könnte sich weiter öffnen, dachte er, keiner würde erfahren, wo ich geblieben bin, wenn sie mich verschluckte. Dann brach er eine Latte aus dem Zaun, der den Bahndamm begrenzte, und legte sie über das Loch, Verantwortungsgefühl gegenüber der Gemeinschaft: um acht Uhr, dachte er, kommen die Kinder hier vorbei, wenn sie zur Schule gehen; Kinder sind neugierig.

Als er das Walzwerk betrat, sagte er zu dem Pförtner:

»Am Bahndamm ist ein Loch in der Erde.«

Der Pförtner zuckte die Achseln.

»Man wird es zuschütten«, erwiderte er.

»Es ist ein tiefes Loch«, sagte der Kranführer. »Ich habe am

Rand gestanden, aber bis zum Grund habe ich nicht sehen können.«

Der Pförtner schwieg.

»Ich habe immer geglaubt«, sagte der Kranführer, »die Stadt stünde auf Fels. Oder doch auf festem Boden.«

Der Pförtner lachte.

»Ich habe mir nie Gedanken darüber gemacht, worauf die Stadt steht«, erwiderte er.

Am nächsten Tage veröffentlichte die Presse eine Notiz, die sich auf den Fall bezog; da der Wortlaut in allen Zeitungen der gleiche war, mußte die Allgemeinheit – soweit sie es überhaupt für notwendig hielt, die Uniformität zu vermerken – zu der Meinung kommen, den Bericht habe die für solche Begebenheiten zuständige Stelle, also etwa das Gemeindetiefbauamt, verfaßt. Daraus nun konnten zwei Schlüsse gezogen werden, die einander freilich widersprachen: ebenso wie es möglich war, aus der Übereinstimmung des Wortlauts der Notiz in allen Zeitungen zu folgern, daß das erörterte Ereignis in der Tat zu nebensächlich sei, um die Entsendung eines Reporters zum Zweck spezieller Berichterstattung zu rechtfertigen, konnte man auch der Vermutung zuneigen, daß der Vorgang keineswegs ohne tiefere Bedeutung sei, die Behörde allerdings den Wunsch habe, ihn zu bagatellisieren – sei es, daß sie so die Entdeckung eines von ihr zu verantwortenden Versäumnisses zu verhindern wünschte, sei es auch, daß sie sich außerstande fühlte, einer Entwicklung wirksam entgegenzutreten, die sich zwar erst anbahnte, aber doch unaufhaltsam war, so daß das Amt seine Mühe darauf beschränken mochte, die Bevölkerung, solange dies irgend angängig schien, in dem Glauben zu halten, es sei gar nichts geschehen oder jedenfalls nichts, was die allgemeine Aufmerksamkeit verdiene.

Wie immer dem sei – in dem damaligen Stadium der Entwicklung dürften Erwägungen solcher Art nur von wenigen – den »erlauchten Geistern« eben, die in der Lage sind, die Zukunft ebenso sicher zu übersehen wie der Mensch, dem die Gabe des Schlafwandelns fehlt, die Vergangenheit –

angestellt worden sein. Dazu kommt, daß allzu häufig im Verlauf der menschlichen Geschichte Spalten oder Abgründe im alten Kulturboden, den die Menschen bewohnten, sich aufgetan haben, als daß ein solcher Vorgang allenthalben und zu jeder Zeit noch auf allgemeines Interesse rechnen dürfte; ein gewisses Maß an Gleichgültigkeit ist also verständlich. Es gab auch Leute, die mit ironischem Lächeln behaupteten, daß manches, was zunächst Abgrund zu sein scheine, sich später als eines so gewichtigen Wortes unwerterweise, indem es nämlich nichts anderes als die Verlagerung auf eine leichter erreichbare Ebene darstelle. Beim Hinabspringen helfe die gütige Schwerkraft der Erde, beim Hinaufklettern müsse die unduldsame überwunden werden.

Die Notiz in der Presse, die unter der im Grunde nichtssagenden Überschrift »Loch am Bahndamm« erschien, besagte, daß in der vorvergangenen Nacht infolge von Verschiebungen des Erdgefüges, an deren Harmlosigkeit auf Grund der von der Wissenschaft vorgenommenen Untersuchungen nicht zu zweifeln sei, im Stadtgebiet ein Krater mäßigen Umfanges entstanden sei. Obwohl die Stelle in der unmittelbaren Nähe des Bahndammes liege, bestehe keinerlei Gefahr für die Kommunikation der Stadt mit anderen Zentren von gleicher wirtschaftlicher und kultureller Bedeutung, vielmehr werde der Verkehr ohne Einschränkung aufrechterhalten; die den Zugführern erteilte Anweisung, in der unmittelbaren Nähe des Trichters langsamer zu fahren als sonst, sei eine Vorsichtsmaßnahme, die im Interesse der Sicherheit der Reisenden liege. Im übrigen habe man bereits begonnen, das Loch zuzuschütten; diese Arbeit werde voraussichtlich nur kurze Zeit in Anspruch nehmen. Die Wiederherstellung des früheren Zustandes sei also schon bald zu erwarten.

Doch erwies sich diese Behauptung als allzu optimistisch, denn nach drei Tagen, während deren alle dem Gemeindetiefbauamt zur Verfügung stehenden Lastwagen Lehm und Steine aus der Umgegend der Stadt herbeifuhren und in den Krater kippten, war durchaus noch kein Erfolg der eifrigen Bemühungen zu erkennen. Dies wurde allerdings amtlich nicht zugegeben, so daß der Bevölkerung unbekannt blieb, wie groß der Wahrheitsgehalt der Mitteilung war; auch sahen die Zeitungen davon ab, sie zu kritisieren. Man wird vielmehr annehmen dürfen, daß hier eines jener Gerüchte umlief, deren Urheber schon nach wenigen Stunden nicht mehr zu ermitteln sind; angeblich hatten Fahrer der vom Tiefbauamt eingesetzten Kraftwagen in den Krater geblickt, dabei aber den Grund des Trichters nicht zu erkennen vermocht. Selbst wenn dies richtig sein sollte, würde eingewendet werden können, daß den Fahrern keines von den Hilfsmitteln zur Verfügung stand, mit denen die Wissenschaft die Tiefe wahrhaft erforscht; der arglos einfältige Blick eines Laien jedenfalls, selbst wenn er den Grund des Kraters nicht erreichte, berechtigte niemanden, von der Erfolglosigkeit der bisherigen Bemühungen zu sprechen.

Doch führte das Tiefbauamt am vierten Tage nach dem Entstehen des Kraters eine Maßnahme durch, die dem Gerücht Wahrscheinlichkeit verlieh. An diesem Tage nämlich erschien in den Morgenstunden eine Arbeiterkolonne, die den Trichter in einem Umkreis von etwa fünf Metern mit einem hohen Bretterzaun umgab, dessen Ritzen mit Dachpappe sorgfältig verklebt wurden, so daß niemand, der draußen stand, hineinzusehen vermochte; auch wurde ein Gerüst angebracht, über das ein Transportband lief; die Lastwagen luden die von ihnen herbeigebrachte Erde auf das äußere Ende des Transportbandes, das sie ins Innere der Umzäunung und damit in den Trichter beförderte. Wenn etwas dem Gerücht, es sei bisher nichts erreicht worden, Nahrung verleihen mußte, so war es der in dieser Art der Arbeit an einer öffentlichen Aufgabe sich offenbarende Wille des Tiefbauamtes, seine Tätigkeit dem wachenden Auge der Öffentlichkeit zu entziehen – sie schaffen es eben nicht, sagten die Leute mit jenem Zug von Schadenfreude, die ihr Recht auf Existenz aus dem Glauben des Sprechenden bezieht, er sei nicht betroffen. Die Kritiker mußten sich aber eine Belehrung gefallen lassen, denn eines Tages – zwei Wochen etwa nach dem Entstehen des Kraters – wurde der Zaun entfernt. Die

Presse meldete unter der Überschrift »Loch am Bahndamm zugeschüttet«, der Trichter sei geschlossen; zwar habe die Arbeit mehr Zeit als vorgesehen in Anspruch genommen, weil das Ausmaß der unterirdischen Erdbewegung von der Wissenschaft unterschätzt worden sei, doch sei die Sicherheit jetzt wiederhergestellt. Übrigens habe der Vorgang sein Gutes gehabt, insofern nämlich die Wissenschaft aus ihm Erkenntnisse gewonnen habe, die ihr die Möglichkeit böten, Wiederholungen des Vorgangs an anderer Stelle – die freilich unwahrscheinlich seien – wirksam entgegenzutreten.

Auch diese Notiz erschien in allen Zeitungen im gleichen Wortlaut. Doch tauchten schon wenige Tage später Zweifel an ihrer Richtigkeit auf: es wurde nämlich, ohne daß auch hier die Urheber des Gerüchts hätten ermittelt werden können, behauptet, der Krater sei überhaupt nicht zugeschüttet worden, vielmehr habe das Tiefbauamt – in der schließlich gewonnenen Erkenntnis der völligen Aussichtslosigkeit seiner Bemühungen – den Rand des Trichters aufgraben, den Trichter selbst mit starken Eisenträgern überdecken und diese mit einer Erdschicht bewerfen lassen, so daß also jeder, der über die Stelle hinwegschreite, in den Glauben versetzt werde, sich auf festem Boden zu befinden – in Wirklichkeit aber bewahre nur eine dünne Decke aus Lehm und Eisen ihn vor einem Sturz in den Abgrund.

Daß im Gefolge dieses Gerüchts alsbald die Meinung ausgesprochen wurde, das Tiefbauamt sei den Ereignissen nicht gewachsen und demnach unnütz, kann unter den gegebenen Umständen nicht wundernehmen; es gab sogar Kreise, in denen die Auflösung dieses Amtes nicht nur diskutiert, sondern ernsthaft empfohlen wurde – wie ja Menschen, die an einer geheimnisvollen, ihnen selbst unverständlichen Krankheit leiden, mitunter geneigt sind, die Heilkunde schlechthin für nutzlos zu halten. Ein Psychologe nahm die Vorgänge, die soeben erlebt worden waren, zum Anlaß einer umfassenden Darstellung des »Egozentralismus«, dessen entscheidendes Kriterium er in der Unfähigkeit der von ihm Befallenen sah, Begebenheiten zutreffend zu beurteilen, die die Befallenen nicht unmittelbar zu betreffen schienen. Immerhin: selbst wenn es richtig gewesen wäre, daß es nicht gelungen war, den so unerahnt entstandenen Trichter zuzuschütten – wofür die Bevölkerung ja keinerlei Beweise besaß –, hätte das Gerücht im Laufe der Zeit verstummen müssen, wenn nicht die Zugführer bei der Fahrt über den Bahndamm die Gewohnheit beibehalten hätten, in der Nähe der Einbruchstelle die Geschwindigkeit zu drosseln; man nahm an, daß sie dazu angewiesen waren – wenn aber eine solche Anweisung vorlag, mußte wohl unterstellt werden, daß die ungehemmte Fahrt ein Wagnis war. Doch ereignete sich lange Zeit hindurch nichts, was der schwelenden Unruhe Nahrung gegeben hätte.

Ob man überhaupt so weit gehen darf, von schwelender Unruhe zu sprechen, ist umstritten; zweifelsohne spürten weite Kreise der Bevölkerung nichts davon, eben weil sie sich nicht betroffen glaubten; sie gingen ihren Geschäften nach und lebten so, wie auch die Vorfahren ihrer Meinung nach gelebt hatten – ein wenig komfortabler vielleicht, mehr Badegelegenheit, mehr Kühlapparaturen für Speisen, mehr Geräusch, mehr Licht, mehr Wärme in den Wohnungen. Aber das war mit Verzichten aller Art erkauft, mit dem auf Gesundheit beispielsweise, auf Seelenfrieden, auf Ruhe und Ungestörtsein. Man machte das meiste, was früher privaten Charakter getragen hatte, nicht mehr allein ab, sondern in Anstalten oder auch in der Form von Zusammenkünften: zwar die Table d'hôte war abgeschafft, aber die Räume, in denen man an Tischen zu vieren speiste, waren vergrößert, nichts mehr von separierter Kammer, auch betrat man ja nicht mehr im elterlichen Schlafzimmer die Welt, sondern in Kreißsälen. Sogar zum Sterben werde man sich, prophezeiten die fortschrittlichen Geister, demnächst in der Form der Versammlung begeben. Daß es angesichts eines Daseins, als dessen Sinn nur sein Verlauf in öffentlich wuchernder Rast- und Ratlosigkeit erkennbar war, kaum eine Möglichkeit gab, den Charakter einer speziellen Beunruhigung wie derjenigen über den unzulänglich ausgefüllten Krater am Bahndamm zu bestimmen, kann nicht verwundern.

Es erregte daher nicht geringes Aufsehen, als ein Institut, das sich zur Aufgabe gesetzt hatte, den Klang von Volkes Stimme abzuhorchen, eines Tages das Ergebnis einer Umfrage veröffentlichte, deren Gegenstand die »Begebenheit am Bahndamm« gewesen war. Hier zeigte sich nämlich, wie verschiedenartig Menschen, selbst wenn sie Haus an Haus, Tür an Tür leben, zu denken vermögen: neben vielen, die erklärten, daß sie nicht die Absicht hätten, noch ein Wort über die nach der Erklärung des Tiefbauamtes abgetane Sache zu verlieren, fand sich eine große Zahl von Leuten, die zugaben, durch die Aufrechterhaltung der Geschwindigkeitsbeschränkung im Zugverkehr ernstlich und bis in ihre Träume hinein beunruhigt zu sein – ein Mann aus dieser Gruppe hatte, wie mitgeteilt wurde, den sonderbaren Satz ausgesprochen, daß ein rollender Stein kein Moos ansetze. So zerfiel, wie man sieht, die Bevölkerung in zwei Parteien, von denen die erste die zweite als die der Schwarzseher, die zweite die erste als die der Oberflächlichen bezeichnete. Daß das Ergebnis der Umfrage nur in einem kulturell ernst zu nehmenden, ebendeshalb aber nur wenig gelesenen Blatt, nicht aber in den anderen Zeitungen der Stadt veröffentlicht wurde, gab freilich zu Vermutungen über die Rolle des Tiefbauamtes in dieser Angelegenheit offenbarer Vertuschung Anlaß, die zu selbstverständlich sind, als daß sie im einzelnen dargelegt oder erörtert werden müßten.

Priester und Prediger hatten sich zu den Ereignissen nicht geäußert. Sie seien, so wurde gesagt, der Meinung, daß es sich nicht um eine Angelegenheit zwischen Gott und den Menschen handle, sondern um eine zwischen Menschen; was aber nicht hinaustritt aus dem eng umgrenzten städtischen Bereich, kümmert die Heiligen nicht – so hatten sie es gehalten seit den Tagen, in denen der Grundstein ihres Tempels gelegt ward.

Einige Zeit später – nicht um so viel später, daß inzwischen der Trichtereinbruch und was ihm gefolgt war an Aufrüttelung oder lethargischem Schlummer hätte vergessen werden können, aber doch eben einige Zeit später, wurden zwei neue Krater entdeckt: der eine wieder am frühen Morgen – man vermutete, daß er in der Nacht entstanden sei, deshalb erregte es keine Verwunderung, daß niemand Zeuge des Einbruchs gewesen war; auch lag er in einer Vorstadtstraße mit nur wenigen Häusern und geringem Verkehr. Die Entstehung des andern Kraters aber trug wahrhaft mystische Züge, denn sie vollzog sich auf dem mitten in der Stadt gelegenen Marktplatz; bis zum Mittag hatten Bauern und Händler hier ihre Waren an die städtische Bevölkerung verkauft, eine Stunde nach ihrem Abzug aber entdeckten die Arbeiter des Reinigungsdienstes, als sie den Platz zu säubern beginnen wollten, daß sich in seiner Mitte die Erde aufgetan hatte; der Platz wurde sogleich ringsum abgesperrt.

Es läßt sich denken, daß die beiden Fälle, vor allem aber der zweite, auch in der Partei der Oberflächlichen Unruhe verursachten. Wenn schon die Entstehung von zwei weiteren Kratern Mißtrauen in den Grund hervorrief, auf dem die Stadt erbaut war, so mußte die hinterhältige und geheimnisvolle Art, in der die Krater zu entstehen liebten, ihre offenbare Sucht, sich dabei keinesfalls beobachten zu lassen, ohne doch, wie der »Fall Marktplatz« bewies, das Tageslicht zu scheuen – dies alles mußte jeden schaudern machen, der überhaupt die Gabe besaß, sich zu fürchten.

Es wirkte unter diesen Umständen lächerlich, daß ein Hochschullehrer, der soeben seinen siebzigsten Geburtstag gefeiert hatte, die Erklärung abgab, die beiden neuen Trichter hätten nicht entstehen können, wenn nicht die Geschwindigkeitsbeschränkung der Züge auf dem Bahndamm aufgehoben worden wäre. Dies war nämlich kurz zuvor in der Tat geschehen. Die Annahme aber, daß aus diesem Grunde die neuen Trichter hätten entstehen müssen, war völlig absurd, denn diese lagen mehrere Kilometer von der Einbruchstelle am Bahndamm entfernt. Man verstand nicht, daß der Hochschullehrer die auf Grund der Begehung seines siebzigsten Geburtstags gewonnene allgemeine Anerkennung durch die Aufstellung einer unbeweisbaren, ja läppischen Behauptung aufs Spiel setzen mochte.

Daß auch das Tiefbauamt diese Erklärung nicht ernst nahm, bewies es, indem es nach der Entstehung der neuen Einbrüche die Bahnverwaltung wissen ließ, daß es die Wiedereinführung der Geschwindigkeitsbeschränkung im Bereich der Stadt nicht für angebracht halte – es gab freilich Skeptiker, die daraus folgerten, das Tiefbauamt sei über den wahren Umfang der Bewegung des Untergrundes hinreichend unterrichtet, um zu wissen, daß ihr mit Palliativmaßnahmen nicht beizukommen sei; diese durch und durch mißtrauisch gewordenen Leute sahen in der Erteilung einer Anweisung, die dem Ziel zu beruhigen diente, nur den Beweis dafür, daß die Lage als schlechthin hoffnungslos betrachtet werden müsse und daß das Tiefbauamt dies auch wisse. Damit geriet alles, was diese Behörde verlautbarte, ins Zwielicht: während ein Teil der Bevölkerung, harmlos oder in Bequemlichkeit erstarrt, sich damit begnügte, für wahr zu halten, was ihm mitgeteilt wurde, glaubte der »Kreis der Zweifler«, auf der Hut sein zu müssen, da es offenbar nicht mehr die Aufgabe des Wortes sei, die Wahrheit erkennen zu lassen, sondern vielmehr, sie zu verbergen – wer sie finden wolle, müsse zunächst den Zweck erkennen, dem das Wort diene.

Diese Anschauung mußte, wenn sie allgemein Geltung erlangte, jede Art von Autorität zum Einsturz bringen. Ihre Anhänger glaubten auch nicht, als der Marktplatz – drei Tage nach dem Einbruch, während deren eine Kolonne von Arbeitern, vor den Blicken Neugieriger durch einen festgefügten Bretterzaun geschützt, atemlos geschafft hatte – freigegeben wurde, daß es gelungen sei, den Krater zuzuschütten; auch hier habe man sich damit begnügt, so behaupteten die Zweifler, den Rand aufzugraben, das Loch mit Eisenträgern und Erde zu überdecken und alsdann die Stelle zu überpflastern. Ja, es gab Leute, die sich nicht scheuten, in der Erinnerung an die verächtliche Bedeutung, die das Wort »Pflaster« in einigen dem medizinischen Bereich entnommenen Zusammensetzungen hat, die Angestellten des Tiefbauamts als Pflasterschmierer und das Gebäude, in dem sie ihren Dienst versahen, als Pflasterkasten zu bezeichnen.

Andererseits gab es Opportunisten – erfolgreiche Persönlichkeiten, denen die Verfallserscheinungen in der Tiefe weniger bedeuteten als der Gang ihrer Geschäfte –, die erklärten, es sei nach ihrer Meinung belanglos, ob das Tiefbauamt die Trichter zuschütte oder nur überdecke, ob man also auf festem Boden stehe oder auf der Brücke über einem Abgrund – wichtig sei nur, daß die Brücke ebenso sicher trage wie der feste Boden. Dieser sei ja auch nicht mehr als eine Illusion; wie sie zeige er sich – die jüngste Vergangenheit habe es bewiesen – geneigt, den Vertrauenden zu enttäuschen, während die Brücken, die der Mensch selbst erbaue, eine Realität darstellten, auf die man sich verlassen dürfe, da sie das Ergebnis statischer Berechnungskunst seien.

Solche Äußerungen, die möglicherweise vom Tiefbauamt selbst erfunden und verbreitet wurden, weckten in einer Zeit, da Zweifel und Bedenken hätten vorwalten müssen, Zuversicht und Hoffnung. Gleichzeitig nämlich erschienen in der Presse Aufsätze, in denen dargelegt wurde, daß es verfehlt sei, der gelegentlichen Entstehung von Kratern im Stadtgebiet allzuviel an Aufmerksamkeit zu schenken; Fälle dieser Art habe es in der menschlichen Geschichte häufig gegeben. Wer ihrer Beobachtung und dem Nachdenken über ihre Entstehung oder Beseitigung seine Zeit widme, verschwende dieses wichtige Material, aus dem sein Leben bestehe, an eine Aufgabe ohne Sinn und Ziel. Nein, besser sei es, Kraft und Aufmerksamkeit dem Werk des Tages zuzuwenden, hier finde jeder der Arbeit die Fülle, auch erwarte ihn am Abend die Befriedigung, Mehrer des eigenen und des allgemeinen Wohlstandes gewesen zu sein. Solche Mahnungen waren nicht unnütz, denn in der Tat lenkt ja nichts so sehr ab von blassen und bänglichen, ja im Grunde von Gedanken aller Art wie des Tages gerütteltes Maß an Arbeit.

Die Mahnungen waren aber aus einem anderen Grunde nicht nur nicht unnütz, sondern sogar notwendig, und man darf annehmen, daß das Tiefbauamt sie mit Vorbedacht in ebender Zeit aussprechen ließ, die der Entstehung der beiden letzten Trichter folgte. Denn das Tiefbauamt hatte wohl erkannt, daß die Bewegung des Untergrunds keineswegs zu Ende war; was gestern am Bahndamm, heute auf Marktplatz und Vorstadtgrundstück geschehen war, konnte sich morgen und übermorgen an jeder anderen Stelle des Stadtgebietes ereignen.

Tatsächlich kam es bald danach und weiterhin in unregelmäßigen Zeitabständen zu neuen Einbrüchen, die über den ganzen Bereich der Stadt verteilt lagen, doch trafen sie auf eine Bevölkerung, die, wie die Presse es ausdrückte, die erste Aufregung überwunden und sich gefaßt hatte. Zu dieser wachsenden Gleichgültigkeit der Einwohner gegenüber dem in jedem Krater sich offenbarenden Mangel an Lebensfundiertheit und Substanz der Tiefe trug allerdings bei, daß bei keinem Einbruch jemals ein einzelner Mensch an Leib oder Gut geschädigt worden war. Aus dieser Tatsache wurde gefolgert, daß, wenn auch das Leben an Festigkeit des Grundgefüges verloren haben mochte, dies jedenfalls in keiner irgendwie gearteten Beziehung stand zu seinem Ablauf in Wohlstand und Kommodität. Man begann also, die sich wiederholenden Einbrüche mit jenem Gleichmut zur Kenntnis zu nehmen, mit dem der Mensch das Gebaren der Natur, Kälte etwa oder Regen, erträgt.

Es mag freilich sonderbar anmuten, daß sich niemals ein Trichter unter einem Hause beispielsweise öffnete oder in einem zu einem Hause gehörigen Garten; auch daß nie ein Mensch von einem Trichter, der entstand oder entstanden war, verschlungen wurde. Man konnte annehmen, daß die Lemuren der Tiefe angewiesen seien, den privaten Bereich zu meiden; wo immer im Laufe von Jahren und Jahrzehnten die Krater sich entfalteten, Hunderte, und später – keiner hat sie ja gezählt – werden es Tausende gewesen sein: jeder von ihnen lag innerhalb des vom Tiefbauamt betreuten Grundbesitzes, auf Straßen also, öffentlichen Plätzen, in städtischen Parks.

Die Wissenschaft versuchte, das Gesetz zu finden, das nach ihrer Ansicht dem Respekt der hohlen Tiefe vor Gut und Leben des Einzelnen zugrunde lag; sie war nämlich davon überzeugt, daß auch die völlige Regellosigkeit, mit der, von diesem Respekt abgesehen, die Krater entstanden, auf einem Gesetz beruhen müsse, doch erkannte sie nach vielfältigen Bemühungen, daß man hier allenfalls von einem Erfahrungsgrundsatz sprechen könne. Ein Erfahrungsgrundsatz aber unterscheidet sich vom Gesetz dadurch, daß er für Ausnahmen durchlässig ist, dieses aber nicht. Infolgedessen hielt das Tiefbauamt seine Mahnung an die Bevölkerung aufrecht, sich zwar des Nachdenkens über die regellosen Vorgänge in der Tiefe zu enthalten, andererseits aber die Vorsicht gegenüber ihren Offenbarungen nicht zu vernachlässigen. In einer vom Stadtrat gebilligten Vorschrift, die das Tiefbauamt allen Bewohnern zustellen ließ, wurde bestimmt, daß jeder, der einen Krater entdecke, das Amt unverzüglich und auf schnellstem Wege zu benachrichtigen habe; auch wurde bei Vermeidung einer empfindlichen Geldstrafe verboten, sich der Einbruchstelle auf eine geringere Entfernung als zwanzig Meter zu nähern. Diese Anordnung wurde damit begründet, daß jedenfalls die Möglichkeit des Ausbruchs giftiger Gase aus den Erdkratern nicht mit Sicherheit auszuschließen sei. Der Befehl wurde von der des Nachdenkens entwöhnten, auf Arbeit am täglichen Werk erpichten Bevölkerung getreulich befolgt, obwohl der Hinweis auf die Existenz von Erdgas unglaubwürdig war und deshalb auch allgemeinem Zweifel begegnete. Diese Schwäche seiner Anordnung versuchte das Tiefbauamt übrigens dadurch zu beseitigen, daß es die bei der Schließung der Krater tätigen Arbeiter mit Gasmasken ausrüstete – so konnte die Behörde Zweiflern gegenüber darauf hinweisen, daß sie selbst jedenfalls an die Richtigkeit der von ihr gegebenen Begründung glaube.

Der Anordnung des Tiefbauamtes zum Trotz hatte sich *ein* Bewohner der Stadt entschlossen, den Charakter der Bewegung des Untergrundes auf eigene Faust zu erforschen; er war seit langem der Meinung, die Behörde sei bestrebt, die Vorgänge unrichtig darzustellen – möglicherweise, um ihre Machtlosigkeit nicht zugeben zu müssen, dennoch aber einen

Zustand der Ruhe aufrechtzuerhalten, der der Wirklichkeit nicht mehr entsprach. Der Mann war – wie übrigens alle Bewohner der Stadt – in ihr geboren; er hieß Trautwin Hörsel und stand, als er sich zu seiner Tat entschloß, im Alter von etwas mehr als fünfzig Jahren. Länger als drei Jahrzehnte war er Talsteiger gewesen; so nannte man in der Stadt – im Gegensatz zu den Bergsteigern – die Männer, die aus den Zechen des Nordens die Kohle förderten. Hörsel hatte seinen Lebensunterhalt verdient, indem er während acht Monaten des Jahres dort arbeitete, die anderen vier Monate – von Mai bis August etwa – hatte er stets bei seiner Familie zugebracht, die in einem am Stadtrand gelegenen Häuschen wohnte und ihm nicht folgte, wenn sein Beruf ihn im Herbst zwang, in die nördlichen Bezirke zu reisen. Es sei dort zu unwirtlich für eine schwache Frau und kleine Kinder, behauptete Hörsel; so bestellte er im Sommer den bei seinem Hause gelegenen Garten; während seiner Abwesenheit lebte die Familie von dessen Früchten und den Ersparnissen, die Hörsel ihr zurückließ.

In dem Jahre jedoch, in dem Hörsel seinen fünfzigsten Geburtstag feierte, kehrte er zum ersten Male nicht ins Bergwerk zurück; einer Lungenerkrankung wegen, die er sich durch die Arbeit unter der Erde zugezogen hatte, hatte man ihn zum Invaliden erklärt. An der Rente, die ihm jeden Monat ausgezahlt wurde, hatten er und seine Frau ihr Auskommen, da sie zu jener Zeit für Kinder schon nicht mehr zu sorgen brauchten. Die beiden Söhne des Paares nämlich waren erwachsen und verdienten ihren Unterhalt selbst; der ältere war als Lohnbuchhalter in einer Weberei tätig, der jüngere – selbständig – als Tischler.

Welche Gründe den alten Hörsel veranlaßt haben mögen, sich entgegen der Anweisung des Tiefbauamtes um die Vorgänge im Untergrund der Stadt zu kümmern, kann nur vermutet werden, doch geht man wohl nicht fehl in der Annahme, daß er sich auf Grund seiner Erfahrung als Bergmann die besondere Fähigkeit zutraute, dort zu einem eigenen Urteil zu gelangen, wo andere aus Mangel an Erkenntnis sich mit den zweifelhaften Mitteilungen der Behörde zu begnügen gezwungen waren. Da er sicher wußte, daß das Tiefbauamt ihn nicht gewähren lassen, ihn wohl gar in Haft nehmen würde, wenn es von seiner Absicht erführe, hielt er es für richtig, seinen Plan geheimzuhalten; lediglich seine beiden Söhne, auf deren Hilfe er angewiesen war, zog er ins Vertrauen. Diese zwar besaßen keineswegs den Ehrgeiz, sich mit Angelegenheiten weiteren Bereichs zu beschäftigen, mochten aber dem Vater gegenüber nicht ungefällig sein; der Tischler baute daher nach einer vom alten Hörsel angefertigten Zeichnung einen Haspel aus Holz, zu dem der Buchhalter ein dünnes, aber sehr starkes Drahtseil besorgte. Am Ende des Drahtseils wurde ein kleines Polster angebracht; auf ihm sitzend sollte der Vater von den Söhnen in die Tiefe gelassen werden.

Die größte Schwierigkeit des Unternehmens – das war den Beteiligten klar – bestand darin, einen Trichter ausfindig zu machen und zu erforschen, bevor die Arbeiter des Tiefbauamtes ihn ihrerseits entdeckt und gesperrt hätten. Seitdem nämlich täglich neue Krater entstanden, hatte die Behörde eine Überwachungsorganisation geschaffen, deren Angehörige die ihnen zugeteilten Stadtteile bei Tag und Nacht durchstreiften; offenbar hielt das Amt die Bevölkerung nicht für so zuverlässig, daß es sich auf ihre Mitarbeit allein hätte verlassen mögen. Das Netz der »Kraterstreifen« aber – so nannte man die Patrouillen des Amtes – war eng gezogen; kein Trichter – so hatte die Behörde kurz zuvor erst mit deutlich erkennbarem Stolz verkündet – könne länger als eine halbe Stunde unentdeckt bleiben, auch nicht bei Nacht.

Der Lohnbuchhalter schlug vor, ein Bretterhäuschen – ähnlich denen, die das Tiefbauamt sogleich um jeden neuen Trichter errichten ließ – vorzubereiten; zwar wandte der alte Hörsel ein, daß die Kraterstreifen sich dadurch wahrscheinlich nicht täuschen lassen würden, denn sie verfügten sicherlich über Pläne, in die jeder Trichter sogleich eingezeichnet werde; auch sei ja bisher noch kein Trichter außerhalb des Bereichs der öffentlichen Wege und Plätze entstanden, so daß man also in jedem Augenblick damit rechnen müsse, ertappt und verhaftet zu werden. Darauf aber erwiderten die Söhne, daß der Vater, wenn er nicht einiges Wagnis auf sich zu nehmen bereit sei, nie die Gelegenheit finden werde, seinen Plan durchzuführen, es sei denn, die ganze Stadt stürze zuvor zusammen – ob ihm dann freilich Zeit bleibe, geologische Beobachtungen anzustellen, müsse man als zweifelhaft betrachten; auch sei es möglich, daß bis dahin noch Jahre oder Jahrzehnte vergehen würden.

Der Vater ließ seine Bedenken fallen, zumal der Lohnbuchhalter einen, wie es schien, recht verständigen Vorschlag machte: er meinte nämlich, man solle die Aufmerksamkeit auf einen Platz konzentrieren, der abseits des Verkehrs liege; dort könne man auch das notwendige Gerät lagern, so daß man es nicht erst über einen weiten Weg herbeizuschleppen brauche, wenn es benötigt werde.

Ob der Sohn schon überlegt habe, welcher Platz in Betracht komme? fragte Trautwin Hörsel. Der Buchhalter nickte: ja, erwiderte er, er denke an den Löschdorfer Kirchgarten.

Als Löschdorfer Kirchgarten bezeichnete man den Friedhof in der früheren Gemarkung Löschdorf, die vor Jahrzehnten der Stadt eingegliedert worden war; damals hatte man den Friedhof für weitere Beisetzungen gesperrt, so daß also die Jüngsten der Toten dort schon seit etwa dreißig Jahren lagen. Da infolgedessen nur wenige Gräber von noch lebenden Angehörigen gepflegt wurden, war der Friedhof in einer romantischen Art verwahrlost: allenthalben wucherten Gras und Blumen über verrosteten Gittern und umgestürzten Grabsteinen; wer den Friedhof aufsuchte, begegnete nur selten einem Menschen. Man hatte daher auch nicht zu befürchten, daß es auffallen werde, wenn man das für die Durchführung von Hörsels Plan benötigte Gerät dort lagerte; selbst die Kraterstreife, zu deren Bezirk der Löschdorfer Kirchgarten gehörte, würde wahrscheinlich glauben, daß es sich um Werkzeug handele, dessen die Friedhofsverwaltung bedürfe, nicht aber auf den Gedanken kommen, daß es einem Plan zu dienen bestimmt sei, der sich gegen die Anordnungen des Tiefbauamtes richte.

In einer der folgenden Nächte brachte also der alte Hörsel mit seinen beiden Söhnen den Haspel und das Drahtseil zum Löschdorfer Kirchgarten; sie versteckten die Geräte hinter den Brettern, die der Tischler so vorbereitet hatte, daß aus ihnen in wenigen Minuten die Umzäunung des Trichters hergestellt werden konnte. Als diese Arbeit getan war, hatten sie nur darauf zu warten, daß im Löschdorfer Kirchgarten ein Trichter entstünde. Im Grunde war kein Zweifel möglich, daß dies bald geschehen werde, denn in der letzten Zeit waren nach Beobachtungen, die von Gegnern des Tiefbauamtes im geheimen registriert wurden, täglich etwa zehn neue Trichter entstanden; mochten diese sich auch über den ganzen Bereich des weitläufigen Stadtgebiets verteilen, so konnte man auf Grund von Wahrscheinlichkeitsberechnungen doch annehmen, daß während der nächsten zwei bis drei Wochen auch im Löschdorfer Kirchgarten sicherlich mehrere neue Krater entstehen würden. Hörsel und seine Söhne wußten, daß es nur noch darauf ankam, alsdann rechtzeitig zur Stelle zu sein.

Sie entwarfen daher einen Zeitplan, nach dem sie, einander ablösend, den Friedhof durchstreiften – so, daß immer jedenfalls einer von ihnen sich dort aufhielt. Da der Alte durch keinerlei Tätigkeit gebunden war, zudem auch das Leben in frischer Luft aus Gründen, die mit seiner Lungenkrankheit zusammenhingen, besonders schätzte, verbrachte er an manchen Tagen vierzehn Stunden auf dem Friedhof; die verbleibende Zeit teilten sich die Söhne. So führten sie zwar kein bequemes, recht eigentlich schon ein hartes Leben, aber wer sich der wissenschaftlichen Forschung und dem Kampf um das Fundament ergibt, darf dessen nicht achten.

In einer Nacht – mitten im Juli und unter einem Himmel, dessen Sterne vor Glanz zitterten – wurden die beiden Söhne, die ein Haus nicht weit vom Löschdorfer Kirchgarten bewohnten, durch Pochen an die Fensterläden geweckt. Draußen stand der Alte.

»Es ist soweit«, flüsterte er.

Zusammen eilten sie hinaus; mit leiser Stimme erzählte der Vater, daß er während eines Rundgangs plötzlich in unmittelbarer Nähe seines Weges ein Poltern gehört habe; er sei sogleich stehengeblieben, da habe er im schattengeschwärzten Licht gesehen, wie – wenige Schritte von ihm entfernt – ein großer Grabstein langsam zu sinken begonnen habe und schließlich ganz verschwunden sei, danach hätten sich einige Sträucher wie Trauernde geneigt, auch sie habe die Tiefe verschluckt, am Ende sei noch ein Baum, eine Birke, gefolgt, aber in aufrechter Haltung und bis zum letzten Augenblick mit ihren Zweigen winkend. Die Erde unter seinen Füßen habe indes gezittert, doch sei ihm, wie er sagen müsse, nicht ängstlich zumute gewesen, nur habe er das Gefühl der Trauer – wie bei einem Abschied – empfunden. Er sei, als alles vorüber gewesen, an den Rand des Kraters getreten, habe sich aber alsbald seiner Aufgabe erinnert, in großer Eile die Bretter herbeigeholt und den Trichter umzäunt; erst dann sei er aufgebrochen, die Söhne zu rufen.

Die Hoffnung, das so glücklich begonnene Werk zu einem guten Ende zu bringen, beflügelte den Schritt der drei Wanderer; sie erreichten den Friedhof, ohne einer Kraterstreife zu begegnen, und fanden auch den von dem alten Hörsel errichteten Verschlag mit eingehängtem Riegel vor; wenn wirklich Leute des Tiefbauamtes während der Abwesenheit von Hörsel vorbeigekommen waren, so mochten sie keinen Verdacht geschöpft haben – wahrscheinlicher aber war, daß noch kein Fremder die Stelle, die in einem abseitigen Teil des Friedhofs lag, entdeckt hatte.

Die Söhne trugen sogleich den Haspel mit dem Drahtseil herbei und richteten ihn am Kraterrand auf, nachdem sie die Brettertür hinter sich geschlossen hatten. Der Alte fieberte vor Erregung: »Hoffentlich kommt nicht gerade jetzt eine Kraterstreife«, murmelte er. Sie lauschten, aber alles blieb still. Irgendwo hinter den hohen Bäumen am Rande des Friedhofs rief ein Nachtvogel.

Die Vorbereitungen nahmen nur wenig Zeit in Anspruch,

obwohl die Arbeit in völliger Dunkelheit getan werden mußte; zwar trug der Alte eine starke elektrische Lampe bei sich, aber er scheute sich, sie jetzt schon einzuschalten, weil er fürchtete, ihr Schein werde die Kraterstreife anlocken; ich muß warten, dachte er, bis ich unter der Erde bin. Er setzte sich, als die Söhne den Haspel fest verankert hatten, auf das Polster am Ende des Drahtseils und ließ sich über den Rand gleiten – wenn sein Herz schneller schlug, so sicherlich nicht aus Furcht; Jahrzehnte hindurch war er tagaus, tagein in die Tiefe gefahren und stets zurückgekehrt, auch wußte er, daß er der Kraft des haltenden Drahtseils vertrauen durfte. Meter für Meter ließen ihn die Söhne hinab; sie blickten ihm nach in den Abgrund, sahen aber nur den Schein seiner Lampe dort unten, mehr vermochten sie nicht zu erkennen.

Sie hatten mit dem Vater verabredet, daß dieser bis zur ganzen Länge des Drahtseils hinabgelassen und alsdann wieder heraufgezogen werden solle; würde allerdings der Alte die Lampe ausschalten, so hätten die Söhne dies als Zeichen zu betrachten, daß er unverzüglich emporgeholt zu werden wünsche. Das Drahtseil war aber erst zu zwei Dritteln seiner Länge vom Haspel gerollt, als die Söhne von draußen her Schritte hörten, die sich rasch näherten; sogleich danach wurde mit Fäusten gegen die Bretterwand geschlagen und eine ungeduldige Stimme rief:

»Wer ist da drinnen?«

Die Söhne hielten mit ihrer Arbeit inne; sie standen durch die Breite des Haspels getrennt und vermochten des herrschenden Dunkels wegen einander nicht zu sehen. Verdammt, dachten sie, die Burschen haben uns entdeckt, aber immerhin, der Alte ist unten; dieser Gedanke befriedigte sie. Schwach sahen sie das Licht glänzen in der Tiefe, der Tischler flüsterte: »Heraufziehen«; eilig begannen sie, den Haspel so zu drehen, daß das Seil aus der Tiefe zurückkam; es knirschte, während es sich um das Holz legte. Der Mann draußen hörte das Geräusch, seine Ungeduld wuchs.

»Wird's bald?« schrie er. »Wenn ihr nicht öffnet, schlagen wir euch die Bude ein.«

»Wir müssen es darauf ankommen lassen«, stieß der Buchhalter leise hervor. »Bis sie drin sind, haben wir den Alten oben – wenn wir sie jetzt hereinlassen, schneiden sie vielleicht das Drahtseil durch und lassen ihn in die Tiefe stürzen. Das sind ja Verbrecher.« Mit großer Eile drehten sie den Haspel.

Die Männer draußen begannen, als sie merkten, daß ihnen nicht geöffnet werden würde, mit ihren Versuchen, die Tür aufzubrechen, aber der innen vorgelegte Holzriegel hielt; auch schien es, daß sie keine Werkzeuge bei sich hatten, mit denen man eine Tür gewaltsam zu öffnen vermag. Nach einer kurzen Zeit vergeblicher Arbeit wurden die Bemühungen eingestellt; die beiden Brüder hörten, wie man draußen mit leiser Stimme beriet, alsdann erklangen Schritte, die sich hastig entfernten – offenbar war ein Mann der Streife weggeschickt worden, um Werkzeug zu holen. Die Söhne hatten inzwischen den Vater fast wieder bis zur Erdoberfläche emporgewunden; während der Tischler den Haspel weiterdrehte, kroch der Buchhalter an den Rand des Trichters und rief, die Hände um den Mund zum Schallrohr formend, um den Klang seiner Stimme nicht nach draußen klingen zu lassen, dem Alten zu, sie seien entdeckt, er möge die Lampe ausschalten. Dem Tischler war nämlich der Gedanke gekommen, es diene vielleicht zu seiner und seiner Angehörigen Entlastung, wenn nicht bewiesen werden könne, daß einer von ihnen in der Tiefe des Kraters gewesen war; dazu war es aber notwendig, alle Geräte, deren sie sich bedient hatten, verschwinden zu lassen. Er nahm daher dem Vater, als dieser oben angekommen war, sogleich die Lampe ab und warf sie in den Trichter, alsdann stürzte er mit Hilfe des Bruders den Haspel ebenfalls in die Tiefe.

»Wir wollen sagen«, flüsterte er, »wir hätten den Verschlag hier zufällig gefunden und seien hineingegangen, um zu sehen, was darin sei. Wir hätten aber nicht geahnt, daß er einen Krater versteckte.«

Der Alte stand, an die Bretterwand gelehnt, als machte es ihm Mühe, sich auf den Beinen zu halten. Er hatte sich die

Lampe ohne Widerstand abnehmen lassen; auch daß die Söhne den Haspel hinabstürzten, hatte ihn nicht berührt. Jetzt aber, nach den Worten des Tischlers, richtete er sich ein wenig auf.

»Warum sollen wir das sagen?« fragte er.

»Damit man uns nicht bestraft«, erwiderte der Tischler. »Wenn wir daran festhalten im Verhör, nicht wahr? Sie müssen uns unsere Schuld beweisen, aber das können sie nicht, wenn wir nicht gestehen. Wir haben nicht gewußt, als wir hier hereingingen, daß wir einen Krater finden würden – Irrtum läßt nicht schuldig werden.«

»Ich habe mich nicht geirrt«, sagte der Vater; seine Stimme klang mit einem Male fest und unnachgiebig. »Ich bin unten gewesen, und was ich gesehen habe –«

Man hörte Schritte draußen, die sich schnell näherten, dazwischen klirrte Stahl; offenbar kam der Mann zurück, der vorhin weggeschickt worden war.

»Gleich werden sie die Tür aufbrechen«, sagte der Buchhalter.

»Was hast du gesehen?« fragte der Tischler.

Der Alte stand einen Augenblick schweigend.

»Die Stadt hat keine Wurzeln mehr«, erwiderte er.

Draußen wurde ein Brecheisen angesetzt; das Holz knirschte.

»Kommt mit«, sagte der Alte. Er ging auf die Tür zu und hob den Riegel, der innen vorgelegt war, die Tür sprang auf. Draußen standen fünf oder sechs Männer; einer trug eine Blendlaterne, mit der er den Alten und seine Söhne anleuchtete.

»Was habt ihr da drinnen gemacht?« fragte er.

Der Alte zeigte mit dem Daumen hinter sich über die Schulter. »Da ist ein Trichter«, erwiderte er, »er ist in dieser Nacht entstanden, ich habe die Bretterwand um ihn aufgestellt, damit ihr ihn nicht entdecktet, bevor ich hinuntergestiegen wäre. Das habe ich getan, ich bin dort unten gewesen – meine Lampe war nicht schwächer als die deine, aber so stark war sie nicht, daß ihr Licht irgendwo auf Grund gestoßen wäre, nein, so stark war sie nicht. Es gibt wohl auch keine Lampe, deren Schein den Grund zu erreichen vermöchte – weder in der Tiefe noch ringsum im Kreise.«

Er stieß mit dem Fuß auf den Boden.

»Hörst du?« fragte er. »Es klingt hohl. Die Toten, die hier einmal gelegen haben – wenn sie nicht verfault wären mit ihren Särgen, du würdest sie dennoch nicht mehr finden, weil sie hinabgestürzt wären, dorthin, wo das Licht meiner Lampe sie nicht mehr erreichte. Die Stadt hat ihre Wurzeln verloren.«

Das Gesicht des Mannes mit der Laterne verzerrte sich vor Wut.

»Kein Wort weiter«, schrie er. »Knebeln – ja, die Mäuler verbinden, allen dreien; mögen sie reden, wenn das Gericht sie fragt – nicht hier. Und fesseln. Dann weg mit ihnen.«

Es ist nicht erwiesen, ob ein Gerichtsverfahren gegen Hörsel und seine Söhne jemals stattgefunden hat; die Meinungen darüber gehen auseinander. Manche Leute nehmen an, es sei zu einer Verhandlung gekommen, zu der freilich Zuhörer nicht zugelassen worden seien; andere glauben, das Gericht sei überhaupt nicht zusammengetreten, sondern das Tiefbauamt habe den Fall als eine Angelegenheit der öffentlichen Verwaltung behandelt; eine dritte Gruppe schließlich behauptet mit großer Zähigkeit, eine Dienststelle, die durchaus nicht als zuständig angesehen werden muß – wer ist hier überhaupt zuständig, und ist nicht Machtbesitz schon Zuständigkeitsbeweis? –, eine solche ganz und gar anonyme Dienststelle habe sich damit begnügt, den alten Hörsel – die Söhne waren bereits vierzehn Tage nach dem Vorfall wieder in Freiheit gesetzt worden – ohne Urteil oder Verwaltungsanordnung einfach festzuhalten, so wie man jemanden eben in ein Zimmer schickt und hinter ihm eine Tür schließt, die sich von innen nicht öffnen läßt. Allerdings sind einige Äußerungen des alten Hörsel bekanntgeworden, die dieser angeblich nach seiner Verhaftung getan haben soll und die ihrer Art nach nur in einem Verhör erfolgt sein können –

sollte es sich nicht um bloße Gerüchte handeln, so müßten die Anhänger des Glaubens an Haft ohne Urteil und Spruch annehmen, daß diese Äußerungen in Unterredungen Hörsels mit seinen Wärtern gefallen sind. Das ist nicht einmal unwahrscheinlich, da nämlich dort, wo die Justiz das Zwielicht aufsucht oder doch nicht scheut, alle in ihr tätigen Personen Rollen agieren, die ihnen im klaren Licht des Tages nicht übertragen würden.

Von dem, was darüber zu erzählen ist, kann jedenfalls nichts als erwiesen gelten – Vermutung, Kombination, kaum mehr. Es mag Leute geben, die geglaubt haben, von den Söhnen, die ja nach kurzer Haftzeit entlassen wurden, etwas über den Untergrund der Stadt erfahren zu können, doch erwies sich diese Annahme als irrig; kein Wort über die Geschehnisse und Erkenntnisse in der Nacht ihrer Verhaftung kam über ihre Lippen. Sehr bald schon wurde jedem Fragenden klar, daß man den Söhnen bei ihrer Entlassung ein Schweigegebot auferlegt hatte.

Man darf auch den Eifer der Bevölkerung, sich über das, was unter ihren Füßen lag – oder besser: unter ihren Füßen entschwunden war –, belehren zu lassen, nicht überschätzen; das Interesse hatte sich mehr und mehr anderen Dingen zugewandt, und die drei Gruppen, die sich Gedanken darüber machten, in welcher Form Hörsels Zusammentreffen mit der öffentlichen Gewalt sich abgespielt haben könne, stellten in ihrer Gesamtheit nur einen Bruchteil der Bevölkerung dar. Ein Kabarettist improvisierte gelegentlich einer Vorstellung das Wort: »In der Tiefe liegt nichts« – diese Äußerung, die ja mehr als *eine* Deutung zuläßt, rief Beifall hervor und durchlief ein paar Tage oder auch Wochen lang als geflügeltes Wort die Stadt.

Ebendies aber beweist auch, in welchem Maße Oberflächlichkeit und Mangel an Nachdenklichkeit gewachsen waren: Spott über eigenes Elend und Unvollkommenheit – das war alles, wozu sich aufzuraffen man noch bereit war. Diese Haltung der Bevölkerung wurde dadurch unterstützt, daß die Behörde das Verfahren, nach dem die Krater geflickt wurden, technisch immer mehr verbesserte – während die Beseitigung der ersten Trichter noch Tage erfordert hatte, gelangte man im Laufe der Zeit zu einer Arbeitsweise, die es gestattete, einen mittelgroßen Krater in zwei Stunden zu schließen; so kam die Entstehung der meisten Trichter überhaupt nicht mehr zur Kenntnis der Bevölkerung. Die Presse endlich hatte es aufgegeben, über die Bewegung des Untergrunds, und was mit ihr zusammenhängen mochte, überhaupt zu berichten; ein zum Zynismus neigender Chefredakteur erwiderte auf eine Frage, die die Schweigsamkeit der Journale über dies Gebiet zum Gegenstand hatte, man habe sich damit abzufinden, daß alle Dinge nur insoweit existierten, als die Zeitung sie durch das gedruckte Wort zur Existenz einlasse.

Es kann unter solchen Umständen nicht verwundern, daß man die Bemerkung eines Predigers nicht ernst nahm, der sagte, daß auch, wenn angebliche Beobachtungen eines Forschers – hier war offenbar der alte Hörsel gemeint – als übertrieben gelten müßten, dennoch mit Eifer darüber nachgedacht werden solle, ob man nicht dabei sei, alle die Gründe wieder zu verlieren, die sich früher als fähig erwiesen hätten, die menschlichen Anker zu halten. Man lächelte über das Wort – überhaupt gab es kaum noch etwas, worüber man nicht lächelte. Die Blickrichtung war eine andere geworden.

Der alte Hörsel blieb verschwunden. Man erzählte sich, auch ihm sei die Freiheit angeboten worden, falls er sich verpflichte, über seine Wahrnehmungen in der Nacht der Verhaftung unnachgiebig zu schweigen. Diese Bedingung habe er abgelehnt: niemals, so sei seine Antwort gewesen, werde er der Bevölkerung verschweigen, was er gesehen habe, wenn er irgend die Möglichkeit erhalte, es ihr zu offenbaren. Der Partner des Gesprächs – mag es nun ein Richter, ein Beamter des Tiefbauamts oder ein Gefängniswärter gewesen sein – soll darauf geantwortet haben, die Bevölkerung werde kaum glücklicher werden, wenn man ihr etwas mitteile, was sie durchaus nicht zu erfahren wünsche. Darauf habe Hörsel, so erzählt man, den Kopf geschüttelt und ausgerufen:

»Aber nein! Sie könnte sich retten, die Bevölkerung, weg-ziehen von hier, übersiedeln. Es wird wohl noch Distrikte geben, in denen man Städte mit Wurzeln findet.«

Der Vernehmende soll geantwortet haben:

»Das ist mindestens zweifelhaft. Aber selbst wenn es solche Städte gäbe – wo einer geboren ist, kann er nicht weg-ziehen. Er hätte sich ja selbst mitzunehmen; zuviel Gepäck für die Reise. Nicht einmal Sie allein – wenn ich Sie gehen ließe – würden es können.«

Später ist die Stadt versunken, die ganze – ob ein Platz zum Bereich des Tiefbauamts oder ob er einem Privatmann gehörte, wurde von einem bestimmten Zeitpunkt an nicht mehr beachtet, die Spielregeln erwiesen sich plötzlich als geändert; zwar hatte man immer gewußt, daß das Hemd einem näher sitzt als der Rock, aber man hatte übersehen, daß das nur gilt, wenn man ein Hemd *hat* – sonst nämlich sitzt einem der Rock auf der bloßen Haut.

Irgendwann, mitten in der Nacht, zerbrach die Erde, ließ die Stadt zur Tiefe stürzen; im Juli und unter einem von Sternen glitzernden Himmel – kurz zuvor noch war von einem Gemischtwarenhändler die Frage aufgeworfen worden, ob eine Stadt ohne Wurzeln nicht lebensfähiger, beweglicher sei als eine, der der Ballast verjährten Faserwerks unter den Füßen hänge. Die Allgemeinheit hatte begonnen, sich des eine Art neuer Schau offenbarenden Gedankens an-zunehmen, ihn zu ventilieren, wie man sich ausdrückte – dies war nun nicht mehr notwendig: als die letzten Wurzeln zerfallen und vermodert waren, auf denen die Stadt einst ge-ruht hatte, erwies die dünne Schale unter ihr sich als nicht stark genug, das sinnverwirrend angehäufte Kunstgestein aus verwegenen Hoffnungen, verzerrten Wertungen und er-probter Unerfüllbarkeit, das nun auf ihr allein lastete, zu tragen. Indem sie zerbrach, ließ sie weder Zweifel noch Fra-gen zurück.

Aber das war viel später; lange noch mußte das uralte Rad sich drehen, ehe es soweit war. Dergleichen geschieht nie von heute auf morgen.

H. P. Lovecraft

Cthulhus Ruf

> Ein Überleben jener großen Mächte
> oder Wesen ist durchaus vorstellbar,
> ein Überleben aus einer fernen Zeit,
> als das Bewußtsein sich vielleicht in
> Formen offenbarte, die vor dem Her-
> aufdämmern der Menschheit wieder
> verschwunden sind, Formen, von wel-
> chen allein Dichtung und Sage eine
> flüchtige Erinnerung bewahrt haben,
> und die von ihnen Götter, Monstren,
> mythische Wesen genannt wurden.
>
> *Algernon Blackwood*

I
Das Basrelief

Die größte Gnade auf dieser Welt ist, so scheint es mir, das Nichtvermögen des menschlichen Geistes, all ihre inneren Geschehnisse miteinander in Verbindung zu bringen. Wir leben auf einem friedlichen Eiland des Unwissens inmitten schwarzer Meere der Unendlichkeit, und es ist uns nicht bestimmt, diese weit zu bereisen. Die Wissenschaften – deren jede in eine eigene Richtung zielt – haben uns bis jetzt wenig gekümmert; aber eines Tages wird das Zusammenfügen der einzelnen Erkenntnisse so erschreckende Aspekte der Wirklichkeit eröffnen, daß wir durch diese Enthüllung entweder dem Wahnsinn verfallen oder aus dem tödlichen Licht in den Frieden und die Sicherheit eines neuen, dunklen Zeitalters fliehen werden.

Theosophen haben die schreckliche Größe des kosmischen Zyklus geahnt, in dem unsere Welt und menschliche Rasse nur flüchtige Zufälle sind. Sie haben die Existenz merkwürdiger Überwesen angedeutet in Worten, die unser Blut erstarren ließen, wären sie nicht hinter einem schmeichelnden Optimismus versteckt. Aber nicht durch sie wurde der einzelne flüchtige Blick in verbotene Äonen ausgelöst, der mich frösteln macht, wenn ich daran denke, und wahnsinnig, wenn ich davon träume. Dieser Blick, wie jede furchtbare Schau der Wahrheit, blitzte aus einem zufälligen Zusammensetzen zweier getrennter Dinge auf – in diesem Fall einer alten Zeitungsnotiz und der Aufzeichnungen eines verstorbenen Professors. Ich hoffe, niemand mehr wird dieses Zusammensetzen durchführen – ich für meinen Teil werde nicht wissentlich auch nur ein Glied dieser grauenhaften Kette preisgeben. Ich glaube, auch der Professor hatte vorgehabt, Schweigen zu bewahren über das, was er wußte, und er hätte seine Notizen vernichtet, wäre er nicht plötzlich vom Tod überrascht worden.

Meine Berührung mit dem *Ding* begann im Winter 1926/27, mit dem Tod meines Großonkels George Gammell Angell, emeritierter Professor für semitische Sprachen an der Brown-University, Providence, Rhode Island. Prof. Angell war eine Autorität für alte Inschriften gewesen, und oft letzter Ausweg für die Leiter prominenter Museen; viele werden sich an sein Hinscheiden im Alter von 92 Jahren erinnern. Am Orte selbst gewann der Todesfall durch seine seltsamen Begleitumstände an Bedeutung. Es traf den Professor, als er von der Newport-Fähre ·nach Hause zurückkehrte; er stürzte plötzlich zu Boden, nachdem er laut Aussage mehrerer Zeugen von einem seemännisch aussehenden Neger angerempelt worden war, der aus einem der obskuren Hinterhöfe auf der Steilseite des Hügels kam, die eine Abkürzung von der Anlegestelle zum Hause des Verstorbenen in der Wiliam-Street bildeten. Die Ärzte konnten keine sichtbare Verletzung feststellen; sie beschlossen nach langem Hin und Her, daß irgendein verborgener Herzschaden, verursacht durch den schnellen, steilen Anstieg des schon bejahrten Mannes, den Tod herbeigeführt haben müsse. Damals sah ich keinen Grund, warum ich mich mit dieser Darstellung nicht zufriedengeben sollte; aber in letzter Zeit neige ich dazu, mir Fragen zu stellen – und mehr als nur das …

Als Erbe und Testamentsvollstrecker meines Großonkels – denn er starb als kinderloser Witwer – hatte ich seine Papiere mit einiger Sorgfalt durchzusehen; zu diesem Zwecke schaffte ich seine ganzen Stapel von Zetteln und Schachteln in meine Wohnung nach Boston. Viel von diesem Material wird später durch die American Archeological Society veröffentlicht werden; aber da gab es eine Schachtel, die mir äußerst rätselhaft erschien, und es widerstrebte mir, sie anderen zu zeigen. Sie war verschlossen, und ich fand nicht den Schlüssel, bis ich auf den Gedanken kam, den privaten Schlüsselbund des Professors zu untersuchen, den er stets in seinen Taschen getragen hatte. Daraufhin gelang es mir tatsächlich, sie zu öffnen; aber ich sah mich nur einem größeren Hindernis gegenüber. Denn was konnte die Bedeutung jenes merkwürdigen Basreliefs sein, dieses unzusammenhängende wuchernde Gewirr, das ich vorfand? Sollte mein Onkel plötzlich, im hohen Alter, an irgendeinen oberflächlichen Schwindel geglaubt haben? Ich war fest entschlossen, den exzentrischen Bildhauer herauszufinden, der für diese so offensichtliche Geistesverwirrung des alten Mannes verantwortlich war.

Das Basrelief bestand aus einem groben Rechteck, war weniger als 1 Inch breit und betrug etwa 5 bis 6 Inches Flächeninhalt; sehr wahrscheinlich stammte es aus jüngster Zeit. Die Zeichnungen darauf jedoch waren in Stimmung und Suggestion alles andere als modern; denn obwohl die Fantasien des Kubismus und Futurismus vielfältig und abenteuerlich sind, zeigen sie kaum diese geheime Regelmäßigkeit, die in prähistorischen Inschriften verborgen ist. Und irgendeine Schrift war diese Anhäufung von Zeichen sicherlich; aber obwohl ich sehr mit den Papieren und Sammlungen meines Onkels vertraut war, gelang es mir nicht, irgendeine besondere Zugehörigkeit herauszufinden, nicht einmal eine entfernteste Verwandtschaft.

Über diesen Hieroglyphen befand sich etwas, das allem Anschein nach ein Bild sein sollte, dessen impressionistische

Ausführung jedoch ein genaues Erkennen verhinderte. Es schien eine Art Monster zu sein, oder ein Symbol, das ein Monster darstellte, von einer Gestalt, wie sie nur krankhafte Fantasie ersinnen kann. Wenn ich sage, daß meine irgendwie überspannte Vorstellungskraft gleichzeitige Bilder eines Tintenfisches, eines Drachen und der Karikatur eines Menschen lieferte, werde ich, glaube ich, dem Geist der Sache entfernt gerecht. Ein fleischiger, mit Fangarmen versehener Kopf saß auf einem grotesken, schuppigen Körper mit rudimentären Schwingen; aber es war die Anlage des Ganzen, die es so fürchterlich erschreckend machte. Hinter der Figur war die nebulose Andeutung einer zyklopischen Architektonik.

Die Notizen, die diese Wunderlichkeit begleiteten, waren, neben einer Menge Zeitungsartikel, in Prof. Angells eigener, letzter Handschrift, und erhoben keinen Anspruch auf literarischen Stil. Was das Hauptdokument zu sein schien, war »Cthulhu Kult« überschrieben, in peinlich genau gemalten Buchstaben, wohl um ein falsches Buchstabieren dieses so fremdartigen Wortes auszuschließen. Das Manuskript war in zwei Abschnitte unterteilt, dessen erster »1925 – Traum und Traumresultate von H. A. Wilcox, 7 Thomas Street, Providence, R. I.« überschrieben war und der zweite »Darstellung von Inspector John. R. Legrasse, 121 Bienville St., New Orleans, La, 1908 A. A. S. Mtg. – Bemerkungen eben darüber & Prof. Webbs Bericht.« Die anderen Manuskriptbögen enthielten durchwegs kurze Notizen, einige von ihnen waren Berichte über merkwürdige Träume von verschiedenen Personen, andere Zitate aus theosophischen Büchern und Zeitschriften (bemerkenswert W. Scott-Elliotts *Atlantis und das Verlorene Lemuria*), und der Rest von ihnen Bemerkungen über langbestehende Geheimverbindungen und verborgene Kulte, mit Bezug auf Abschnitte in solchen mythologischen und anthropologischen Quellenwerken wie Frazers *Goldener Zweig* und Miss Murrays *Hexenkult in Westeuropa*. Die Zeitungsausschnitte wiesen größtenteils auf Fälle von extremem Wahnsinn und Auftreten von Massenpsychosen oder Manien im Frühjahr 1925 hin.

Die erste Seite des Manuskripts berichtete von einer sehr merkwürdigen Geschichte. Es scheint, daß am ersten März 1925 ein schmaler, dunkler Mann von überspanntem neurotischem Äußeren Prof. Angell besuchte und das eigenartige Basrelief mitbrachte, das ganz feucht und frisch war. Seine Karte trug den Namen Henry Anthony Wilcox, und mein Onkel hatte in ihm den jüngsten Sohn einer upper-class-Familie erkannt, mit der er befreundet war. In letzter Zeit hatte er in der Rhode Island School of Design Bildhauerei studiert und wohnte in der Nähe des Instituts im Fleur-de-Lys-Gebäude. Wilcox war ein genialer, aber exzentrischer junger Mann. Von Kindheit an hatte er Aufmerksamkeit auf sich gelenkt durch die seltsamen Geschichten und merkwürdigen Träume, die er für gewöhnlich erzählte. Er selbst bezeichnete sich als psychisch hypersensitiv; die nüchternen Bewohner der alten Handelsstadt taten ihn als einfach verrückt ab. Nie hatte er sich sehr mit seinesgleichen abgegeben, ließ sich immer seltener in der Gesellschaft sehen und war nun nur noch einem kleinen Kreis von ästhetisch Interessierten aus anderen Städten bekannt. Selbst der Providence Art Club, der darauf bedacht ist, seine konservative Linie zu erhalten, hatte ihn eher hoffnungslos gefunden.

Bei diesem Besuch, so hieß es im Manuskript des Professors, erbat er sich abrupt die Vorteile des archäologischen Fachwissens seines Gastgebers und wollte von ihm die Hieroglyphen auf dem Basrelief entziffert wissen. Er sprach in abwesender, geschraubter Manier, die Pose vermuten ließ und Sympathien entzog; und mein Onkel antwortete mit einiger Schärfe, denn die augenfällige Frische der Tafel implizierte Verwandtschaft mit allem möglichen, nur nicht mit Archäologie. Des jungen Wilcox Erwiderung, die meinen Onkel immerhin so beeindruckte, daß er sich später an ihren genauen Wortlaut erinnerte, war von einem fantastischen poetischen Flair, das dieses ganze Gespräch gekennzeichnet haben muß und das ich seitdem so charakteristisch für ihn finde. Was er sagte, war: »Das Relief ist tatsächlich ganz neu, denn ich fertigte es heute Nacht in einem Traum, der von fremdartigen Städten handelte; und Träume sind älter als der brütende Tyrus, oder Sphinx, die nachdenkliche, oder das gartenumkränzte Babylon.«

An dieser Stelle begann er also mit der verworrenen Erzählung, die auf schlummernde Erinnerungen zurückgeht und sofort das fieberhafte Interesse meines Onkels besaß. In der Nacht zuvor hatte es ein leichtes Erdbeben gegeben, seit Jahren die spürbarste Erschütterung in Neu England; und Wilcox' Imagination war in hohem Maße erregt worden. Nachdem er eingeschlafen war, befiel ihn ein noch nie dagewesener Traum von riesigen Zyklopenstädten aus titanischen Blöcken und vom Himmel gestürzten Monolithen, die vor grünem Schlamm troffen und unheilvolle Schrecken bargen. Wände und Säulen waren von Hieroglyphen bedeckt, und von unten, unbestimmbar, von wo, war eine Stimme erklungen, die keine Stimme war; eine chaotische Sensation, die nur der phantastischste Wahnsinn in Laute übersetzen konnte; die er durch die fast nicht aussprechbare Unordnung von Buchstaben, durch »Cthulhu fhtagn« wiederzugeben suchte. Dieses Lautgewirr war der Schlüssel zu dem ungeheuren Interesse, das den Professor packte und beunruhigte. Er fragte den Bildhauer mit wissenschaftlicher Genauigkeit aus und untersuchte mit nahezu panischer Intensität das Basrelief, das zu schaffen sich der junge Mann überraschte, fröstelnd, nur mit dem Pyjama bekleidet, als er das wache Bewußtsein langsam wiedererlangte. Mein Onkel entschuldigte es, wie mir Wilcox später sagte, mit seinem Alter, daß er nicht sofort die Hieroglyphen und die Zeichnung erkannt habe. Viele seiner Fragen schienen dem Besucher höchst fehl am Platze, vor allem jene, die die Figur mit fremdartigen Kulten und Gesellschaftsformen in Verbindung zu bringen suchten; und Wilcox verstand nicht das wiederholte Versprechen des Professors, Schweigen zu bewahren, wenn er dafür nur die Mitgliedschaft zu irgendeiner mystischen oder heidnischen Sekte erhielte. Als Prof. Angell endlich davon überzeugt war, daß der Bildhauer tatsächlich weder einen Kult kannte noch ein System kryptischer Überlieferung, bat er seinen Besucher eindringlich, ihm doch auch weiterhin über seine Träume zu berichten. Darauf ging Wilcox bereitwillig ein, und schon nach dem ersten Gespräch berichtet das Manuskript von täglichen Besuchen des jungen Mannes, während der er erregende Fragmente nächtlicher Bilderfolgen lieferte; gigantischer Terror türmt sich auf, von riesigen Monolithen tropft dunkler Schlamm, unterirdische Stimmen fressen sich quälend in das Gehirn ...

Die beiden am häufigsten vorkommenden Laute sind durch die Buchstabierung »Cthulhu r'lyeh« annähernd wiedergegeben.

Am 23. März, so hieß es weiter im Manuskript, erschien Wilcox nicht wie üblich, und Nachfragen ergaben, daß ihn ein merkwürdiges Fieber befallen hatte und er war zu seiner Familie in die Watermann Street gebracht worden. Er hatte in der Nacht mehrere andere Künstler im Hause durch einen Schrei geweckt und befand sich seitdem in einem Dämmerzustand zwischen Bewußtlosigkeit und Fieberphantasien.

Mein Onkel setzte sich sofort mit der Familie in Verbindung und überwachte von nun an den Fall aufs gewissenhafteste; oft rief er Dr. Tobey, der den Kranken betreute, in seiner Praxis in der Thayer Street an.

Der fiebernde Geist des jungen Bildhauers brütete offensichtlich über grauenvoll seltsamen Dingen; und hin und wieder schauderte der Arzt, wenn er von ihnen sprach. Sie schlossen nicht nur eine Wiederholung des zuvor Geträumten ein, sondern berührten ganz unzusammenhängend ein gigantisches Ding, »Meilen hoch«, ein Umhergepolter und Getapse. Nie beschrieb er genau diesen Gegenstand, aber gelegentlich hervorgestoßene Worte, die Dr. Tobey wiederholte, überzeugten den Professor, daß er mit der unaussprechlichen Monstrosität identisch sein müsse, die der junge Mann in seiner Traumskulptur bildlich darzustellen versucht hatte. Wenn er dieses Objekt erwähnte, so bedeutete das das Vorspiel für einen unweigerlichen Rückfall in Lethargie, fügte der Doktor hinzu. Es befremde, daß seine Körpertemperatur gar nicht viel über der normalen liege, aber sein ganzer

Zustand ließe ansonst eher echtes Fieber vermuten als geistige Verwirrung.

Am 2. April, etwa gegen drei Uhr nachmittags, schwand plötzlich jede Spur von Wilcox' Krankheit. Er saß, erstaunt, sich zu Hause zu finden, aufrecht in seinem Bett und erinnerte sich nicht im leisesten, was, in Traum oder Wirklichkeit, seit der Nacht des 22. März geschehen war. Vom Arzt für gesund befunden, kehrte er nach drei Tagen in seine Wohnung zurück; für Prof. Angell aber konnte er nicht länger von Nutzen sein. Alle Spuren kosmischer Träume waren mit dem Augenblick seiner Genesung geschwunden, und nachdem mein Onkel eine Woche lang eine Reihe von sinnlosen und unbedeutenden Berichten über völlig normale Visionen aufgenommen hatte, ließ er es sein.

Hier endet der erste Teil des Manuskriptes; aber Hinweise auf gewisse einzelne Notizen gaben mir viel zu denken – so viel in der Tat, daß ich es nur auf das eingewurzelte Mißtrauen, das damals meine Philosophie ausmachte, zurückführen kann, daß ich dem jungen Künstler noch immer mißtraute. Die fraglichen Aufzeichnungen waren die, die Träume verschiedener Personen in der gleichen Periode beschrieben, in der der junge Wilcox seine nächtlichen Visionen hatte. Mein Onkel, so scheint es, hatte schnell einen erstaunlich weit gezogenen Kreis von Umfragen an diejenigen Freunde gerichtet, an die er sich ohne Ungehörigkeit wenden konnte; sie bat er um Berichte ihrer Traumgesichte und um die genauen Daten irgendwelcher bemerkenswerter Visionen in letzter Zeit. Seine Umfrage scheint verschieden aufgenommen zu sein; aber schließlich muß er doch mehr Antworten erhalten haben, als ein normaler Mensch sie ohne Sekretär hätte auswerten können. Die Originalkorrespondenz war zwar nicht erhalten, aber seine Notizen bildeten eine gründliche und wirklich umfassende Sammlung. Durchschnittliche Leute aus Gesellschaft und Geschäftsleben – Neu Englands traditionelles »Salz der Erde« – lieferten ein fast völlig negatives Ergebnis, obwohl vereinzelte Fälle von beängstigenden, aber formlosen Eindrücken hier und dort auftauchen, stets zwischen dem 23. März und dem 2. April – dem Zeitabschnitt also, in dem der junge Wilcox im Delirium versank. Wissenschaftler waren wenig mehr angegriffen, obgleich vier Fälle in vagen Beschreibungen flüchtige Eindrücke fremdartiger Landschaften erstellen, und in einem Fall ist von grauenhafter Angst vor etwas Übernatürlichem die Rede. Die wichtigsten Antworten kamen von Malern und Dichtern, und ich bin überzeugt, daß Panik unter ihnen ausgebrochen wäre, hätten sie ihre Aussagen untereinander vergleichen können. Da ihre Originalbriefe fehlten, hatte ich den Kompilator halb im Verdacht, Suggestivfragen gestellt zu haben oder sich um die Korrespondenz nur zur Bekräftigung dessen bemüht zu haben, was er im geheimen zu finden entschlossen war. Darum kam ich auch nicht von dem Gedanken los, daß Wilcox, wissend um die Unterlagen, die mein Onkel besaß, den greisen Wissenschaftler bewußt getäuscht hatte. Diese Antworten der Ästheten ergaben eine verwirrende, beunruhigende Geschichte. Zwischen dem 28. Februar und dem 1. April hatte ein großer Teil von ihnen höchst bizarre Dinge geträumt, und die Intensität dieser Träume steigerte sich während Wilcox' Delirium ins Unermeßliche. Über ein Viertel derer, die irgendwelche Angaben machten, berichteten von Szenen und wirren Lauten, nicht unähnlich denen, die Wilcox beschrieben hatte. Und einige der Träumer gestanden heftige Furcht vor dem gigantischen namenlosen Ding, das gegen Ende in Erscheinung trat. Ein Fall, dem sich die Anmerkungen mit Nachdruck widmeten, war tragisch. Das Objekt, ein sehr bekannter Architekt mit Neigungen für Theosophie und Okkultismus, wurde genau am gleichen Tag wie Wilcox von heftigem Wahnsinn befallen und starb einige Monate später nach endlosem Schreien, ihn doch vor ausgebrochenen Bewohnern der Hölle zu retten. Hätte sich mein Onkel in all diesen Fällen auf Namen bezogen anstatt auf bloße Zahlen, hätte ich zu ihrer Bestätigung einige private Nachforschungen unternommen; so aber gelang es mir, nur wenige ausfindig zu machen. Diese jedoch unterstützten die Notizen voll und ganz.

Ich habe mich oft gefragt, ob wohl alle Objekte dieser Untersuchung so außer sich waren wie diese kleine Gruppe. Es ist jedenfalls gut, daß sie nie eine Erklärung erreichen wird.

Die Zeitungsausschnitte, wie ich schon andeutete, berührten Fälle von Panik, Manie und exzentrischem Verhalten während der fraglichen Zeit. Prof. Angell muß ein ganzes Büro beschäftigt haben, denn die Anzahl der ausgeschnittenen Artikel war überwältigend, und ihre Quellen waren über die ganze Erde verteilt. Hier ein nächtlicher Selbstmord in London, wo sich ein einsamer Schläfer nach einem grauenhaften Schrei aus dem Fenster gestürzt hatte; da ein weitschweifiger Brief an den Herausgeber eines Blattes in Südamerika, in dem ein Fanatiker ein gräßliches Zukunftsbild nach seinen Visionen entwirft; dort bringt eine Depesche aus Kalifornien eine Meldung über eine Theosophenvereinigung, die sich aus Anlaß einer »glorreichen Erfüllung«, die nie eintritt, mit weißen Gewändern schmückt, während verschiedene Notizen aus Indien gegen Ende Mai ernstzunehmende Unruhen unter den Eingeborenen berühren. Vudu-Orgien nehmen in Haiti zu, und afrikanische Vorposten melden rätselhaftes Gemurre im Busch. Amerikanische Offiziere auf den Philippinen finden gewisse Dschungelstämme um diese Zeit aufrührerisch, und New Yorker Polizisten werden in der Nacht vom 22. zum 23. März von hysterischen Levantinern terrorisiert. Auch der Westen Irlands ist voll von wilden Gerüchten und Legenden, und ein Maler der phantastischen Schule namens Ardois-Bonnot hängt in die Pariser Frühlingsausstellung 1926 eine blasphemische Traumlandschaft. Und so zahlreich sind die gemeldeten Fälle in Nervenheilanstalten, daß es nur auf ein Wunder zurückzuführen sein kann, daß die Ärzteschaft nicht diese beunruhigenden Parallelen sah und dunkle Schlüsse zog. Alles in allem ein grausiger Haufen Zeitungsausschnitte; und heute kann ich mir kaum diesen dreisten Rationalismus mehr vorstellen, mit dem ich ihn beiseite schob. Damals aber war ich eben überzeugt, daß der junge Wilcox um die uralten verbotenen Dinge wußte, die der Professor erwähnte.

II
Die Erzählung des Inspektors Legrasse

Die alten Dinge, die den Alptraum des Bildhauers und das Basrelief für meinen Onkel so bedeutungsvoll gemacht hatten, bildeten das Thema der anderen Hälfte seines langen Manuskriptes. Schon früher einmal, so scheint es, hatte Prof. Angell die infernalischen Umrisse der unaussprechlichen Ungeheuerlichkeiten gesehen, über den unbekannten Hieroglyphen gerätselt und die enigmatischen Silben gehört, die nur mit »Cthulhu« wiederzugeben sind; und all das in so aufregendem und schrecklichem Zusammenhang, daß es nicht wundernimmt, wenn er den jungen Wilcox mit Fragen bedrängte.

Diese frühere Erfahrung stammte aus dem Jahre 1908, siebzehn Jahre zuvor, als die American Archeological Society ihren Jahreskongreß in St. Louis abhielt. Prof. Angell nahm als anerkannte Kapazität bei allen Beratungen eine erste Stellung ein; und er war auch einer der ersten, dem sich die zahlreichen Außenstehenden, die diese Versammlung zum Anlaß nahmen, sich Fragen und Probleme beantworten zu lassen, zuwandten. Deren Wortführer und innerhalb kurzer Zeit für alle Teilnehmer der Mittelpunkt des Interesses war ein durchschnittlich aussehender Mann mittleren Alters, der von New Orleans angereist war, um Erklärung zu suchen, die er von keiner anderen Seite erwarten konnte. Es war der Polizeiinspektor John Raymond Legrasse; er brachte den Gegenstand mit, um dessentwillen er gekommen war – eine groteske, ungeheuerlich abstoßende und augenscheinlich sehr alte Steinstatuette, deren Ursprung er nicht zu bestimmen vermochte.

Man glaube nur nicht, Inspektor Legrasse habe auch bloß das geringste Interesse für Archäologie gehabt. Im Gegenteil, sein Wunsch nach Aufklärung entsprang rein beruflichen Erwägungen. Die Statue, Idol, Fetisch oder was immer es sein mochte, war einige Monate zuvor in den dicht bewaldeten Sümpfen südlich New Orleans' während eines Streifzuges sichergestellt worden; man hatte ein Vudu-Treffen vermutet. Die damit verknüpften Riten waren in ihrer Grausamkeit so einzigartig, daß die Polizei annahm, auf einen dunklen Kult gestoßen zu sein, der ihnen völlig unbekannt war und unglaublich diabolischer als selbst die schwärzesten der afro-amerikanischen Vudu-Zirkel. Der Ursprung der Figur war absolut nicht festzustellen – wenn man von den kargen und unglaubhaften Erzählungen, die man aus den Gefangenen herauspreßte, absieht; daher das Verlangen der Polizei nach irgendeiner Erklärung der Altertumsforscher, die ihnen dienlich sein könnte, das unheilvolle Symbol einzuordnen und daraufhin den ganzen Kult mit Stumpf und Stiel auszurotten.

Inspektor Legrasse hatte wohl kaum mit dem Aufsehen gerechnet, das seine Eröffnung machen würde. Ein einziger Blick auf die Statuette hatte genügt, um die versammelten Wissenschaftler in einen Zustand ungeheurer Spannung zu versetzen, und ohne Zeit zu verlieren, scharten sie sich um ihn und starrten auf die winzige Figur, deren Fremdartigkeit und Ausstrahlung wahrhaft unergründlichen Alters möglicherweise archaische, bisher ungeschaute Ausblicke eröffnete. Keine erkennbare Schule der Bildhauerkunst hatte diesen grauenvollen Gegenstand belebt; doch Jahrhunderte, ja sogar Jahrtausende schienen in dem Staub und der grünlichen Oberfläche des nicht einzuordnenden Steines festgehalten.

Die Figur, die schließlich herumgereicht wurde, damit sie jeder sorgfältig von nahem studieren könne, besaß eine Höhe von 7 bis 8 Inches und war künstlerisch vollkommen. Sie stellte ein Ungeheuer von entfernt menschenähnlichen Umrissen dar, hatte aber einen tintenfischgleichen Kopf, dessen Gesicht aus einem Wirrwarr von Tentakeln bestand; darunter ein schuppiger molluskenhaft aussehender Körper, eklige Klauen an Hinter- und Vorderfüßen und lange schmale Flügel auf dem Rücken.

Dieses Ding, in dem Naturtrieb mit fürchterlicher widernatürlicher Bösartigkeit gemischt zu sein schien, war von aufgedunsener Beleibtheit und hockte, ekelerregend, auf einem rechteckigen Block oder Podest, das mit unleserlichen Zeichen bedeckt war. Die Flügelspitzen berührten den hinteren Rand des Blocks, das Ding selbst nahm die Mitte ein, während die langen säbelartigen Klauen der gekrümmten Hinterpfoten die Vorderkante in den Griff genommen hatten und bis über ein Viertel des Sockels hinabhingen. Der kephalopode Kopf war nach vorne geneigt, so daß die Fühlarme des Gesichts die Rückseite der gewaltigen Vorderpranken streiften, die dessen ungeheueres Knie umklammert hielten. Der Anblick des Ganzen hatte abnormerweise nichts Unnatürliches an sich und verbreitete um so mehr geheime Furcht, als der Ursprung der Statue völlig unbekannt war. Sein unermeßliches, nicht berechenbares Alter war unverkennbar; doch gab es nicht einen einzigen Hinweis, der auf eine Zugehörigkeit zu irgendeiner bekannten Kultur unserer jüngeren Zivilisation – oder irgendeiner anderen Epoche – hätte schließen lassen.

Ein Geheimnis für sich war das Material; denn der schmierige grünlich-schwarze Stein mit seinen goldenen oder irisierenden Flächen und Furchungen hatte mit Geologie oder Mineralogie nichts gemein. Rätselhaft waren auch die Zeichen auf dem Sockel; und keiner der Kongreßteilnehmer, obwohl sie etwa die Hälfte der Experten auf diesem Gebiet repräsentierten, konnte auch nur die entfernteste sprachliche Verwandtschaft feststellen. Die Zeichen gehörten, wie der Gegenstand und sein Material, zu etwas grauenhaft außerhalb Liegendem und von der Menschheit, wie sie uns bekannt ist, Getrenntem; etwas, das in schrecklicher Weise alte, unheilige Zusammenhänge des Lebens ahnen läßt, an denen unsere Welt und unsere Vorstellungen nicht teilhaben.

Und doch, als jeder der Teilnehmer den Kopf schüttelte und dem Inspektor eine Niederlage eingestehen mußte, gab es einen Mann in der Versammlung, der einen Schimmer von bizarrer Verwandtschaft in der monströsen Gestalt und Schrift erkennen wollte, und der, wenn auch mit einiger Schüchternheit, das merkwürdige Wenige erzählte, das er wußte. Dieser Mann war der nun verstorbene William Channing Webb, Prof. für Anthropologie an der Princeton University, ein Forscher von nicht geringem Ruf.

Prof. Webb war vor 48 Jahren auf einer Expedition in Grönland und Island auf der Suche nach Runenschriften gewesen, die er jedoch nicht fand; und hoch oben an der Küste Westgrönlands war er auf einen vereinzelten Stamm oder Kult degenerierter Eskimos gestoßen, deren Religion, eine seltsame Form der Teufelsanbetung, ihn durch ihre kalte Blutrünstigkeit und Widerwärtigkeit abstieß. Es war ein Glaube, der unter den übrigen Eskimos kaum bekannt war, den sie nur mit Schaudern erwähnten und behaupteten, er sei aus schrecklichen, uralten Äonen herabgestiegen, noch bevor die Welt geschaffen worden sei. Neben unaussprechlichen Riten und Menschenopfern gab es gewisse merkwürdige überlieferte Rituale, die an den höchsten ältesten Teufel oder *tornasuk* gerichtet waren; und davon hatte Prof. Webb durch einen alten *angekok* oder Teufelsschamanen eine sorgfältige phonetische Kopie, die die Laute, so gut es ging, in lateinische Buchstaben übertrug. Aber von größter Bedeutung war im Augenblick der Fetisch, den dieser Kult verehrt hatte und um den sie tanzten, wenn das Nordlicht hoch über den Eisklippen aufglühte. Er war, so berichtete der Professor, ein rohes Basrelief aus Stein, mit einem grauenerregenden Bildnis und kryptischen Schriftzeichen darauf. Und soviel er glaubte, war er in allen wesentlichen Zügen eine grobe Parallele dieses bestialischen Dinges, das da vor ihnen lag.

Diese Angaben, mit Spannung und Erstaunen von den versammelten Teilnehmern aufgenommen, schienen für Inspektor Legrasse doppelt aufregend zu sein; er begann sofort, seinen Informanten mit Fragen zu bedrängen. Da er ein Ritual der Kultverehrer aus dem Sumpf, die seine Leute festgenommen hatten, aufgezeichnet hatte, bat er den Professor inständig, sich so genau wie nur möglich an die Laute zu erinnern, die er bei den teuflischen Eskimos schriftlich niedergelegt hatte. Es folgte ein erschöpfender Vergleich von Details und ein Augenblick wahrhaft schauerergriffenen Schweigens, als der Detektiv und der Wissenschaftler übereinkamen, daß der Satz, der beiden höllischen Ritualen gemeinsam war – die doch Welten an Entfernung auseinander lagen – tatsächlich identisch sei. Was im wesentlichen die Eskimozauberer und die Sumpfpriester aus Lousiana zu ihren gleichartigen Götzenbildern sangen, ähnelte folgendem (die Wortunterteilungen sind angenommen, nach den Pausen im Satz so wie sie ihn sangen):

»*Ph'nglui mglw'nafh Cthulhu R'lyeh wgah'nagl fhtagn.*«

Legrasse hatte Prof. Webb eines voraus – einige der Bastardpriester hatten ihm wiederholt, was ältere Zelebranten noch wußten, nämlich die Bedeutung dieser Worte. Der Text hieß, ihnen zufolge, etwa:

»In diesem Haus in R'lyeh wartet träumend der tote Cthulhu.«

Und jetzt, da ihn alle bedrängten, erzählte Inspektor Legrasse so ausführlich wie möglich sein Abenteuer mit den Sumpfanbetern; eine Geschichte, der, wie ich sah, mein Onkel größte Bedeutung zumaß. Sie erfüllte die wildesten Träume der Mythenschöpfer und Theosophen und offenbarte ein erstaunliches Maß an kosmischer Vorstellungskraft unter solchen half-casts und Parias, wo man sie am wenigsten vermutet. Am 1. November 1907 hatten die Bewohner der Sümpfe und Lagunen im Süden von New Orleans ein dringendes Schreiben an die Polizei gerichtet. Die Ansiedler dieser Gegend, meist einfache, gutartige Nachkommen der Lafitte-Leute, befanden sich in einem Zustand nackter Angst vor einem Ding, das über Nacht gekommen war. Offensichtlich handelte es sich um Vudu, aber in einer schrecklicheren Form, als sie es je erfahren hatten; und einige ihrer Frauen und Kinder waren spurlos verschwunden, seit das bösartige tomtom mit seinem ununterbrochenen Getrommel in den schwarzen verfluchten Wäldern eingesetzt hatte, in die sich kein Mensch wagte. Da waren wahnsinnige Rufe und gehirnzermarternde Schreie, schaurige wilde Litaneien und irrlichternde Teufelsflammen; und, fügte der verschreckte Bote hinzu, das Volk könne es nicht länger ertragen.

So waren zwanzig Polizisten in zwei Pferdewagen und einem Automobil am späten Nachmittag mit dem zitternden Siedler als Führer ausgerückt. Als die passierbare Straße zu Ende war, stiegen sie aus und kämpften sich meilenweit unter Schweigen durch die schrecklichen Zypressenwälder, die niemals Tageslicht gesehen hatten. Widerwärtige Wurzeln und die feindseligen Schlingen des Spanischen Mooses behinderten auf Schritt und Tritt ihren Marsch, und hier und da verstärkten ein Haufen schleimigkühler Steine oder die Reste einer verfaulenden Mauer durch ihre Andeutung auf vergangene morbide Behausungen ein ungutes Gefühl, das jeder mißgebildete Baum, jedes weißschimmelige Pilznest schafft. Schließlich kam die Ansiedlung in Sicht, ein armseliger Haufen von Hütten, aus denen die hysterischen Bewohner herausstürzten, um sich um die flackernde Laterne zu scharen. Das dumpfe Trommeln der tomtoms war nun in der Ferne ganz schwach hörbar; und markerschütterndes Kreischen drang, wenn der Wind sich drehte, in unregelmäßigen Abständen herüber. Auch schien ein rötlicher Schimmer durch das mondbleiche Unterholz zu leuchten, jenseits des endlosen Nachtdunkels. Obwohl ihnen davor graute, wieder allein gelassen zu werden, wies es jeder einzelne der verschreckten Bewohner weit von sich, auch nur einen Schritt weiter in das Gebiet jener unheiligen Anbetung vorzudringen, so daß Inspektor Legrasse nichts anderes übrigblieb, als mit seinen neunzehn Kollegen führerlos in die schwarzen Gewölbe des Schreckens einzutauchen, in die nie jemand vor ihnen je den Fuß gesetzt hatte.

Das Gebiet, in das die Polizeitruppe jetzt drang, hatte schon seit jeher als unheilvoll gegolten. Es war völlig undurchforscht, kein Weißer hatte es je durchquert. Es spannen sich Legenden um einen verborgenen See, in dem, unberührt von den Augen Sterblicher, ein riesiges, formloses, fahles, tintenfischähnliches Ding mit glühenden Augen lebte; die Ansiedler flüsterten, daß fledermausflügelige Teufel aus Höhlen im Inneren der Erde kamen, um es um Mitternacht zu verehren. Sie sagten, es sei vor D'Iberville dagewesen, vor La

Salle, noch vor den Indianern und selbst vor den Tieren und Vögeln des Waldes. Es war der Nachtmahr persönlich, und ihn sehen hieß sterben. Aber er stieg hin und wieder in die Träume der Menschen, und so wußten sie sich vor ihm zu hüten. Die gegenwärtige Vudu-Orgie fand tatsächlich ganz am Rande dieser Schreckenszone statt; dieser Platz war schon schlimm genug; vielleicht hatte eben dieser Ort der Anbetung die Siedler mehr erschreckt als die entsetzlichen Schreie und die vorhergegangenen makabren Zwischenfälle.

Nur Dichtkunst oder Wahnsinn können den Geräuschen gerecht werden, die Legrasses Männer hörten, als sie sich durch den schmatzenden Morast in Richtung auf das rote Leuchten und das gedämpfte tomtom arbeiteten. Es gibt stimmliche Eigenheiten, die für Menschen charakteristisch sind, und andere, die auf Tiere hinweisen; und es macht einen schaudern, die einen zu hören, wenn ihr Ursprung der der anderen sein sollte. Hier übertrafen sich animalische Raserei und menschliche Ausschweifung, gipfelten in dämonischem Geheule und grellen Ekstasen, die diese nächtlichen Wälder zerrissen und in ihnen widerhallten, als wären es pestartige Stürme aus den Schlünden der Hölle. Hin und wieder pflegte das wahnsinnige Geheule abzubrechen, und ein geordneter Chor rauher Stimmen erhob sich in dem Singsang des schrekkensvollen Satzes, des rituellen, »Ph'nglui mglw'nafh Cthulhu R'lyeh wgah'nagl fhtagn«.

Die Männer kamen nun in einen Teil des Waldes, wo sich die Bäume lichteten, und plötzlich sahen sie sich dem Schauspiel selbst gegenüber. Vier von ihnen wankten, einer brach bewußtlos zusammen, und zwei wurden von wahnsinnigen Schreikrämpfen geschüttelt, die durch die tolle Kakophonie glücklicherweise gedämpft wurden. Legrasse flößte dem Ohnmächtigen etwas Kentucky Bourbon ein, und alle standen zitternd und vor Schreck wie hypnotisiert.

In der Sumpflichtung befand sich eine grasbewachsene Insel von vielleicht einem *acre* Ausmaß, baumlos und relativ trocken. Darauf nun hopste und wand sich eine Horde von so unbeschreiblicher menschlicher Abnormität, wie sie niemand außer einem Sime oder Angarola malen könnte. Völlig unbekleidet wieherten, heulten und zuckten sie um ein riesiges kreisförmiges Feuer; gelegentliche Öffnungen in dem Flammenvorhang enthüllten in der Mitte einen gigantischen Granitmonolithen, einige acht Fuß hoch, auf dessen Spitze, grotesk in ihrer Winzigkeit, die unheilschwangere gemeißelte Statuette thronte. In einem großen Kreis waren zehn Gerüste in regelmäßigen Abständen mit dem flammenumgürteten Monolithen als Zentrum aufgebaut, an denen, mit dem Kopf nach unten, die grausig verzerrten Körper der hilflosen Siedler hingen, die als verschwunden gemeldet worden waren. Innerhalb dieses Kreises stampfte und brüllte die Kette der Götzenanbeter, wobei die Hauptrichtung der Bewegung von links nach rechts lief, in einem unendlichen Bacchanal zwischen dem Ring der Körper und dem Ring des Feuers.

Es mag nur Einbildung gewesen sein oder ein Echo, das einen der Leute, einen erregbaren Spanier, veranlaßte, sich einzubilden, er höre antiphonale Antworten auf das unheilige Ritual irgendwo aus der dunklen Ferne, tiefer in dem Wald des Grauens und der alten Legenden. Diesen Mann, einen gewissen Joseph D. Galvez, traf ich später und fragte ihn aus; und er zeigte sich in beunruhigender Weise phantasiereich, ging sogar so weit, ein entferntes Flügelrauschen, das Schimmern glänzender Augen und eine gebirgige fahlweise Masse hinter den Wipfeln der Bäume anzudeuten – aber ich glaube, er hatte wohl bloß zu viel von dem Aberglauben der Einheimischen gehört.

Tatsächlich dauerte die Erstarrung der Männer nur relativ kurze Zeit. Obwohl sich in der Menge etwa hundert dieser Bastardpriester befanden, vertrauten die Polizeibeamten auf ihre Waffen und stürzten sich entschlossen in die ekelhafte Meute. Für fünf Minuten herrschte ein unbeschreibliches Getöse und ein Chaos aus Schlägen, Schüssen und Fluchtversuchen; aber schließlich konnte Legrasse 47 trotzige Gefangene zählen, die sich ankleiden und zwischen zwei Reihen von Polizisten aufstellen mußten. Vier der Götzenanbeter lagen tot am Boden, und zwei Schwerverletzte wurden von ihren Mitgefangenen auf rasch improvisierten Bahren transportiert. Das Bildwerk auf dem Monolithen wurde vorsichtig heruntergeholt und Legrasse anvertraut.

Nach einem Marsch äußerster Anstrengung und Strapazen wurden die Gefangenen im Hauptquartier untersucht, und sie alle stellten sich als Menschen von sehr niedrigem Typus heraus, mischblütig und geistig unausgeglichen. Die meisten von ihnen waren Seeleute; und ein paar Neger und Mulatten, meist Leute von den Antillen oder Bravaportugiesen, brachten eine Spur von Vudu in den ursprünglich heterogenen Kult. Aber bevor noch viele Fragen gestellt wurden, zeigte sich bereits, daß es sich hier um etwas viel Tiefergehendes und Älteres handelte als um bloßen schwarzafrikanischen Fetischismus. Heruntergekommen und unwissend wie sie waren, hielten diese viehischen Kreaturen doch mit erstaunlicher Beharrlichkeit an der zentralen Idee ihres verabscheuungswürdigen Glaubens fest.

Sie verehrten, so sagten sie, die *Großen Alten*, die Äonen vor der Existenz des Menschen gelebt hätten und die aus dem All in die junge Welt kämen. Die *Alten* hätten sich nun in das Erdinnere und in das Meer zurückgezogen; ihre toten Leiber jedoch hätten ihr Geheimnis einem Mann anvertraut, der daraus einen Kult schuf, der seither nicht ausgestorben ist. Das war eben dieser Kult, und die Gefangenen behaupteten, er habe immer existiert und werde immer existieren, in entlegenen Einöden und an dunklen Orten über die ganze Welt verstreut, bis der große Priester Cthulhu aus seinem dunklen Haus in der mächtigen Stadt R'lyeh vom Grund des Ozeans auftauche und die Erde wieder unter seine Herrschaft zwinge. Eines Tages würde er rufen, wenn die Gestirne günstig seien, und der geheime Kult wäre zu jeder Zeit bereit, ihn zu befreien.

Doch nichts Weiteres durfte erzählt werden. Es bestand ein Geheimnis, das selbst die Folter nicht entlocken konnte. Der Mensch war nicht alleine inmitten der ihm bewußten Dinge auf der Erde, denn Schemen kamen aus dem Schatten, die wenigen Gläubigen aufzusuchen. Aber das waren nicht die *Großen Alten*. Kein Sterblicher hatte je die *Großen Alten* zu Gesicht bekommen. Das gemeißelte Idol war der *Große Cthulhu*, aber niemand hätte sagen können, ob die anderen gleich ihm waren. Heute konnte niemand mehr die Schriftzeichen lesen, aber es wurden Dinge erzählt … Das gesungene Ritual enthielt nicht das Geheimnis – das wurde nie laut ausgesprochen, nur geflüstert. Der Gesang bedeutet nur »*In diesem Hause wartet träumend der große Cthulhu*«.

Nur zwei der Gefangenen wurden für gesund genug befunden, gehängt zu werden; der Rest wurde verschiedenen Institutionen übergeben. Alle leugneten hartnäckig, an den Ritualmorden beteiligt gewesen zu sein, und gaben vor, die Tötungen seien von den *Schwarzgeflügelten* durchgeführt worden, die von ihrem Versammlungsort in den fluchbeladenen Wäldern zu ihnen gekommen seien. Aber über deren geheimen Pfade konnte nichts Näheres in Erfahrung gebracht werden. Was die Polizei überhaupt herausfinden konnte, das kam hauptsächlich von einem steinalten Mestizen namens Castro, der behauptete, er sei in fremde, ferne Häfen gesegelt und habe in den Gebirgen Chinas mit den todlosen Führern des Kults gesprochen.

Der alte Castro erinnerte sich schwach an schreckliche Legenden, die die Spekulationen der Theosophen verblassen und den Menschen und seine Welt tatsächlich ganz jung und vergänglich erscheinen ließen. Es hatte Äonen gegeben, in denen andere Dinge die Welt beherrschten, und *sie* hatten große Städte besessen: Überreste von denen, wie der todlose Chinese ihm erzählt habe, noch als zyklopische Felsen auf Inseln im Stillen Ozean zu finden seien. Sie alle starben ganze Zeitalter, bevor der Mensch kam, aber es gab gewisse Künste, durch die *Sie* wiederbelebt werden konnten, wenn die Gestirne wieder in die richtige Position in dem Zyklus der Ewigkeit gelangten. *Sie* waren nämlich selbst von den Sternen gekommen und hatten *Ihre* Abbilder mitgenommen.

Diese *Großen Alten* beständen nicht vollständig aus Fleisch und Blut, fuhr Castro fort, sie besäßen Gestalt – bewies das denn nicht dieses sterngeprägte Bildnis? –, aber die war nicht stofflich. Wenn die Gestirne richtig standen, konnten *Sie* durch das All von Welt zu Welt tauchen; standen sie aber falsch, konnten *Sie* nicht leben. Aber obwohl *Sie* nicht länger am Leben waren, so würden *Sie* dennoch nie wirklich sterben. *Sie* alle ruhten in Felshäusern ihrer großen Stadt R'lyeh, geschützt durch den Zauber des mächtigen Cthulhu bis zu *Ihrer* glorreichen Auferstehung, wenn Sterne und Erde wieder für *Sie* bereit seien. Aber zu dem Zeitpunkt bedürften *Sie* einer Kraft von außerhalb, die *Ihre* Körper befreien mußte. Die Beschwörungen, die *Sie* behüteten, verhinderten gleichzeitig, daß *Sie* sich bewegten, und so konnten *Sie* nichts tun, als wach im Dunkel zu liegen und nachzudenken, während ungezählte Jahrmillionen vorüberzogen. *Sie* wußten von allem, was im Universum vor sich ging, denn ihre Art zu sprechen bestand in der Vermittlung von Gedanken. Auch jetzt unterhielten *Sie* sich in *Ihren* Gräbern. Dann, flüsterte Castro, schufen die Menschen einen traumbefohlenen Kult um die kleinen Idole, die ihnen die *Großen Alten* gezeigt hatten; Bilder, die in den düsteren Zeiten von dunklen Sternen zu ihnen gebracht worden waren. Niemals würde dieser Kult sterben, bis die Gestirne die rechte Position zueinander hätten, und die geheimen Priester würden den großen Cthulhu aus seinem Grab holen, um seine Untertanen ins Leben zurückzurufen und wieder seiner Weltherrschaft zu dienen. Dieser Zeitpunkt wäre leicht zu erkennen, denn der Mensch sei dann wie die *Großen Alten* geworden: wild und frei jenseits von Gut und Böse; Gesetze und Moral wären dann niedergerissen, und alle Menschen brüllten, töteten und schwelgten in Lust. Dann würden ihnen die *Großen Alten* neue Wege zu brüllen, zu töten, zu schwelgen und zu genießen zeigen, und die Erde würde in Vernichtung, Ekstase und Freiheit flammen. In der Zwischenzeit müßte der Kult durch angemessene Riten die Erinnerung wachhalten und *Ihre* sichere Rückkehr prophezeien.

In früheren Zeiten hätten auserwählte Männer mit den eingeschlossenen *Alten* in ihren Träumen geredet, aber dann sei etwas geschehen. Die gewaltige Steinstadt R'lyeh sei mitsamt ihren Monolithen und Grabstätten im Meer versunken; und die tiefen Wässer, voller Urgeheimnisse, durch die nicht einmal Gedanken dringen, hätten die spektrischen Strahlen durchschnitten. Aber die Erinnerung lebte weiter, und hohe Priester sagten, die Stadt tauche wieder auf, sobald die Sterne günstig seien … Hier aber unterbrach sich der alte Castro hastig, und keine Überredung oder List konnten ihm mehr in dieser Richtung entlocken. Auch die Größe der *Alten* weigerte er sich kurioserweise zu beschreiben. Er glaube, setzte er fort, das Zentrum des Kultes befände sich inmitten unwegsamer Wüsten Arabiens, wo Irem, die Stadt der Säulen, im verborgenen träumt. Mit der europäischen Hexerei stünde der Kult nicht in Verbindung, und im Grunde genommen wisse man außerhalb seiner Mitglieder nichts Genaues über ihn.

In keinem Buch sei ein Hinweis auf ihn enthalten; aber der todlose Chinese habe gesagt, im *Necronomicon* des wahnsinnigen Arabers Abdul Alhazred seien gewisse Doppeldeutigkeiten enthalten, die die Eingeweihten so lesen konnten, wie sie mochten, vor allem der umstrittene Vers

»Das ist nicht tot, was ewig lie(lü)gen kann,
Da selbst der Tod als solcher sterben kann.«

Legrasse, zutiefst beeindruckt und nicht im geringsten erstaunt, hatte vergeblich nachgeforscht, worauf der Kult zurückzuführen sei. Castro schien zweifellos die Wahrheit gesagt zu haben, als er behauptete, das sei ganz und gar geheim. Die Autoritäten der Tulane University konnten kein Licht in die Angelegenheit bringen, weder was den Kult betraf noch das Götzenbild; und nun war der Detektiv zu der größten Autorität gekommen und stieß auf nichts Geringeres als auf die Grönlandgeschichte Prof. Webbs.

Das fieberhafte Interesse, das Legrasses Bericht bei der Versammlung weckte – den die Statue unterbaute – spiegelt sich in der Korrespondenz derer wider, die damals zugegen waren; in der Öffentlichkeit allerdings fand diese Geschichte kaum Erwähnung. Vorsicht ist die erste Sorge derer, die gelegentlich Betrug und Scharlatanerie ausgesetzt sind. Legrasse lieh Prof. Webb für einige Zeit das Bildnis, aber nach dessen Tod wurde es ihm wieder ausgehändigt und befindet sich noch heute in seinem Besitz, wo ich es vor nicht langer Zeit selbst in Augenschein nahm. Es ist wirklich ein grauenhaftes Ding und zweifellos der Traumskulptur des jungen Wilcox ähnlich.

Es erstaunte mich keineswegs, daß mein Onkel durch die Erzählung des Bildhauers so in Erregung versetzt wurde, denn was für Gedanken müssen auftauchen, wenn man, nachdem man weiß, was Legrasse über den Kult erfahren hatte, von einem jungen sensitiven Mann hört, der nicht nur die Figur und die genauen Hieroglyphen des im Sumpf gefundenen Bildnisses und der grönländischen Höllentafel träumt, sondern der sich in seinen Träumen an mindestens drei der exakten Worte der Formel erinnert, die die schwarzen Eskimoschamanen gleichermaßen aussprachen wie die Bastarde in Lousiana. Daß Prof. Angell sofort eine Untersuchung von allergrößter Genauigkeit begann, versteht sich von selbst; obwohl ich persönlich den jungen Wilcox im Verdacht hatte, daß er auf irgendeine Weise von dem Kult erfahren und eine Folge von Träumen erfunden hatte, um das Geheimnis auf Kosten meines Großonkels zu steigern. Die Traumberichte und Zeitungsausschnitte, die der Professor gesammelt hatte, lieferten jedoch eine eindeutige Bestätigung; aber meine rationalistische Einstellung und die Ausgefallenheit der ganzen Geschichte ließen mich, wie ich glaubte, sehr vernünftige Schlußfolgerungen ziehen.

Nachdem ich also das Manuskript noch einmal gründlich studiert hatte und die theosophischen und anthropologischen Bemerkungen mit Legrasses Bericht über den Kult in Beziehung gebracht hatte, machte ich mich auf den Weg nach Providence, um den Bildhauer zu besuchen und ihn zu tadeln, daß er es gewagt habe, einen gelehrten alten Mann derart dreist hinters Licht zu führen.

Wilcox wohnte noch immer alleine in dem Fleur-de-Lys-

Gebäude in der Thomas Street, einer unschönen viktoriani-
schen Nachahmung bretonischer Architektur des 17. Jahrhunderts, das mit seiner Stuckfront zwischen den hübschen
Häusern im Kolonialstil auf dem alten Hügel prunkt, genau
im Schatten des schönsten georgianischen Kirchturms von
Amerika. Ich traf ihn in seinem Zimmer bei der Arbeit an
und mußte sofort zugeben, daß er wirklich, nach den Plasti-
ken zu urteilen, die herumstanden, außerordentliches Genie
besaß. Er wird, glaube ich, sich in einiger Zeit als einer der
großen *décadents* einen Namen machen; denn er hat jene
Schemen und Phantasien in Ton geformt – und wird sie eines
Tages in Marmor hauen –, wie sie Arthur Machen in Prosa
beschwört und Clark Ashton Smith in Versen und Gemäl-
den erstehen läßt.

Dunkelhaarig, schwächlich und etwas vernachlässigt sah
er aus; müde drehte er sich auf mein Klopfen hin mir zu und
fragte mich, ohne sich zu erheben, was ich denn wolle. Als
ich ihm sagte, wer ich sei, zeigte er einiges Interesse; denn
mein Onkel hatte seine Neugierde geweckt, als er seine befremdlichen Träume untersuchte, jedoch nie eine Begründung hierfür angab. Auch ich gab ihm, was diese Dinge betraf, keine Aufklärung, versuchte aber, ihn vorsichtig aus
seiner Reserve zu locken.

Innerhalb kurzer Zeit war ich von seiner absoluten Aufrichtigkeit überzeugt, denn er sprach von seinen Träumen in
nicht mißzuverstehender Weise. Sie und ihre unterbewuß-
ten Folgen hatten seine Kunst entscheidend beeinflußt, und
er zeigte mir eine morbide Statue, deren Umrisse mich fast
durch ihre Macht schwarzer Suggestion zittern machten. Er
konnte sich nicht erinnern, ein Original dieses Dinges gesehen zu haben außer in seinem geträumten Basrelief; die Kon-
turen hatten sich selbst unmerklich unter seinen Händen geformt. Zweifellos handelte es sich um die riesenhafte Gestalt,
von der er in seinem Delirium phantasiert hatte. Daß er
tatsächlich nichts über den geheimen Kult wußte, außer dem,
was die erbarmungslosen Fragen meines Großonkels angedeutet hatten, wurde mir bald vollständig klar; und wieder

überlegte ich angestrengt, auf welchem möglichen Weg er zu den grausigen Eindrücken gekommen war.

Er sprach von seinen Träumen in einer merkwürdigen poetischen Weise; er zeigte mir mit schrecklicher Ausdruckskraft die düstere titanische Schattenstadt aus schleimigen grünen Blöcken – deren *Geometrie*, wie er seltsamerweise sagte, *gar nicht stimmte* –, und ich vernahm mit banger Erwartung das endlose Rufen aus der Unteren Welt:

»Cthulhu fhtagn, Cthulhu fhtagn.«

Diese Worte hatten zu dem schrecklichen Ritual gehört, das von der Traumvigilie des toten Cthulhu in seinem Steingewölbe in R'lyeh erzählt, und trotz meiner rationalistischen Auffassung der Dinge war ich sehr bewegt. Wilcox hatte, dessen war ich ziemlich sicher, in einem Gespräch etwas über den Kult aufgeschnappt, dann war es aber in der Masse seines schauerlichen Lesestoffes und Einbildungsvermögens untergegangen. Später hatte es dann, da es so aufwühlend war, unterschwellig in seinen Träumen, in dem Basrelief und in der fürchterlichen Statue, die ich jetzt in meinen Händen hielt, Ausdruck gefunden. Mithin war dieser Betrug meines Großonkels ein recht unschuldiger. Der junge Mann war von einem Typ, den ich nicht sonderlich leiden konnte; ein wenig blasiert und arrogant; aber ich erkannte jetzt durchaus seine Aufrichtigkeit und sein Genie an. Freundschaftlich verabschiedete ich mich von ihm und wünschte ihm den Erfolg, den sein Talent versprach.

Alles, was mit dem Kult zusammenhing, faszinierte mich noch immer, und zuweilen träumte ich, daß ich durch Untersuchungen über seinen Ursprung und seine Zusammenhänge zu Ruhm gelangte. Ich reiste nach New Orleans, suchte Legrasse und andere auf, die seinerzeit an der Razzia beteiligt gewesen waren, sah die grauenerregende Statue und befragte sogar die gefangengenommenen Mischlinge, soweit sie noch am Leben waren. Der alte Castro war leider vor einigen Jahren gestorben. Was ich nun so lebhaft, aus berufenem Mund, hörte – obwohl es tatsächlich nichts anderes war als eine genaue Bestätigung der Aufzeichnungen meines Großonkels –, erschreckte mich von neuem; ich war sicher, mich auf der Spur einer sehr ursprünglichen, sehr geheimen, sehr alten Religion zu befinden, deren Entdeckung mich zu einem Anthropologen von Ruf machen würde. Meine Einstellung war damals noch absolut materialistisch – *wie ich wünschte, daß sie es noch heute wäre* –, und mit unerklärlichem Eigensinn nahm ich das Zusammentreffen der Traumberichte und der Zeitungsausschnitte als ganz natürlich hin.

Was mir verdächtig zu sein begann und was ich jetzt fürchte zu *wissen*, ist, daß das Ableben meines Großonkels alles andere als natürlich war. Er stürzte in einer schmalen, engen Gasse, die vom Hafenkai den Berg hinaufführt und die von fremden Mischlingen wimmelte, nach dem rücksichtslosen Stoß eines schwarzen Seemannes. Ich habe nicht die Methoden der Kultanhänger in Louisiana vergessen, und es würde mich nicht wundern, von geheimen Tricks und vergifteten Nadeln zu hören, die ebenso alt und gnadenlos sind wie lichtscheue Riten und Aberglaube. Legrasse und seine Männer sind zwar gut davongekommen, aber ein Mann in Norwegen, der gewisse Dinge sah, ist tot. Können nicht die Nachforschungen meines Großonkels, nachdem sie durch die Träume des Bildhauers intensiviert worden waren, sinistren Mächten zu Ohren gelangt sein? Ich glaube, Prof. Angell mußte sterben, weil er zuviel wußte oder weil er auf dem Wege war, zuviel zu erfahren. Ob mir ein gleiches Schicksal wie ihm bestimmt ist, das wird sich zeigen; auch ich weiß jetzt eine ganze Menge.

III
Der Wahnsinn aus der See

Wenn der Himmel mir je eine Gnade gewährte, so wünschte ich die Folgen eines reinen Zufalls vergessen zu können, der meinen Blick auf ein altes Zeitungsblatt, das als Unterlage diente, fesselte. Normalerweise hätte ich es überhaupt nicht beachtet, denn es war die alte Nummer einer australischen Zeitschrift, des »Sydney Bulletin«, vom 18. April 1925. Es muß dem Team entgangen sein, das zur Zeit dieses Erscheinungstermins eifrig Stoff für die Untersuchung meines Großonkels sammelte.

Ich hatte meine Nachforschungen über das, was Prof. Angell den »Cthulhu-Kult« nannte, schon fast aufgegeben und war bei einem gelehrten Freund in Paterson, New Jersey, zu Besuch; dem bekannten Mineralogen und Kurator des städtischen Museums. Ich schaute mir einige unausgestellte Exemplare an, die in einem Magazin des Museums ungeordnet in einem Regal aufgestellt waren, als mein Blick auf ein seltsames Bild in einer der alten Zeitungen fiel, die man unter den Steinen ausgebreitet hatte. Es war das schon erwähnte »Sydney Bulletin«; das Foto zeigte ein grauenvolles Steinbild, das fast mit dem identisch war, das Legrasse in den Louisianasümpfen gefunden hatte.

Fieberhaft entfernte ich die wertvollen Steine von dem Blatt und durchflog den Artikel; war aber enttäuscht, daß er nichts Ausführliches brachte. Was er jedoch enthielt, war von unerhörter Bedeutung für meine ins Stocken geratene Untersuchung, und ich riß ihn sorgfältig heraus. Er hieß wie folgt:

Geheimnisvolles Wrack im Meer

Vigilant läuft Hafen mit seeuntüchtiger Neuseelandyacht im Schlepptau an. Ein Überlebender und ein Toter an Bord gefunden. Bericht über verzweifelte Schlacht und Menschenverluste auf dem Meer. Geretteter Seemann verweigert Einzelheiten über Vorfälle. Rätselhaftes Götzenbild in seinem Besitz gefunden. Untersuchung folgt.

Der Morrisons Companies Frachter *Vigilant* erreichte heute morgen auf dem Rückweg von Valparaiso Darling Harbour und führte im Schlepptau die seeuntüchtig gewordene, aber schwer bestückte Dampfyacht *Alert* aus Dunedin, Neuseeland, mit sich, die zuletzt am 12. April in 34° 21' südl. Breite und 152° 17' westl. Länge gesichtet wurde; an Bord befanden sich ein lebender und ein toter Mann.

Die *Vigilant* hatte Valparaiso am 25. März verlassen und wurde am 2. April durch ungewöhnlich schwere Stürme und Brecher von ihrem Kurs beträchtlich nach Süden abgetrieben. Am 12. April wurde sie als Wrack gesichtet. An Bord wurde ein halb irrsinniger Überlebender und ein Mann, der allem Anschein nach seit über einer Woche tot war, aufgefunden. Der Überlebende hielt in seinen Händen ein steinernes Idol unbekannten Ursprungs umklammert, über das die Autoritäten der Sydney University der Royal Society und das College Street Museum keinerlei Aufschluß zu geben vermochten. Der Überlebende behauptete, er habe es in einer Kabine der Yacht in einem geschnitzten Kästchen gefunden.

Der Mann erzählte eine außerordentlich merkwürdige Geschichte von Piraterie und Gemetzel. Er nennt sich Gustaf Johansen, ist Norweger, ziemlich intelligent, und fuhr als zweiter Maat auf dem Zweimastschoner *Emma* aus Auckland, der am 20. Februar mit einer Besatzung von 11 Mann nach Callao in See stach.

Die *Emma*, so sagte er, wurde am 1. März durch die stürmische Wetterlage weit von ihrem Kurs abgetrieben und traf am 22. März 49° 51' südl. Breite und 128° 34' westl. Länge auf die *Alert*, die mit einer ziemlich übelwirkenden crew aus Kanaken und half-casts bemannt war. Auf ihre kategorische Forderung hin umzukehren, weigerte sich Capt. Collins, worauf die *Alert* ohne Vorwarnung aus allen Rohren zu schießen begann. Die Männer der *Emma* setzten sich zur Wehr, und obwohl der Schoner durch Schüsse leckgeschlagen war und zu sinken drohte, gelang es ihnen dennoch, ihr Schiff an die feindliche Yacht zu manövrieren und sie zu entern. An Bord entspann sich ein Kampf mit der wilden Besatzung, und man sah sich gezwungen, sie alle zu töten – es handelte sich bei ihnen um nahezu tierische Menschen, die, obgleich in der Überzahl, nicht richtig zu kämpfen verstanden. Drei Leute, darunter Capt. Collins und der erste Maat Green, fielen im Kampf; und die restlichen acht unter Befehl des zweiten Maats Johansen navigierten mit der gekaperten Yacht weiter, und zwar mit gleichem Kurs, um festzustellen, warum man sie an der Weiterfahrt hatte hindern wollen.

Am nächsten Tag legten sie an einer Insel an (in diesem Teil des Ozeans ist keine Insel bekannt, Anm. d. Red.) und sechs der Männer kamen in der Folge auf irgendeine Weise um. Johansen gibt an, sie seien in eine Felsspalte gestürzt, und verweigert jede weitere Aussage über ihren Tod.

Später seien er und ein anderer zur Yacht zurückgekehrt und hätten sie zu steuern versucht, sie seien aber durch den Sturm am 2. April verschlagen worden.

Von diesem Zeitpunkt bis zu seiner Bergung am 12. weist der Mann eine Gedächtnislücke auf; er erinnert sich auch nicht, wann sein Gefährte William Briden starb. Bridens Todesursache ist nicht festzustellen; wahrscheinlich beruht sie auf Erschöpfung.

Aus Dunedin wird gekabelt, daß die *Alert* als Inselfrachter bekannt ist und entlang der Küste in üblem Ruf steht. Sie gehörte einer merkwürdigen Gruppe half-casts, deren häufige Zusammenkünfte und nächtliche Streifereien durch Wälder nicht geringe Neugier weckte; sie habe sofort nach dem Sturm und dem Erdbeben vom 1. März in großer Hast Segel gesetzt.

Unser Korrespondent in Auckland bestätigt der Mannschaft der *Emma* ihren hervorragenden Ruf und schildert Johansen als einen achtbaren und besonnenen Mann.

Die Admiralität wird morgen mit der Untersuchung der Angelegenheit beginnen, und man wird nichts unversucht lassen, um Johansen zum freieren Reden zu veranlassen, als er es bisher getan hat.

Das war alles; das und das teuflische Bildnis; aber was für Gedanken löste es nicht in mir aus! Hier waren neue Angaben über den Cthulhu-Kult enthalten und Beweise, daß man sich auf dem Wasser wie auf dem Festland intensiv mit ihm beschäftigte. Was hatte die Mannschaft der *Alert*, die mit ihrem schrecklichen Götzenbild an Bord herumkreuzte, veranlaßt, die *Emma* an der Weiterfahrt zu hindern? Was hatte es mit dem unbekannten Eiland auf sich, auf dem sechs Leute der *Emma* umgekommen waren und über das der Maat Johansen so hartnäckig schwieg? Was hatte die Untersuchung der Vizeadmiralität ergeben und wieviel war über den verderblichen Kult in Dunedin bekannt? Und, am erregendsten von allem, was für eine hintergründige und mehr als natürliche Verkettung von Daten war das, die nun eine unheilvolle und unleugbare Bedeutung der verschiedenen Ereignisse ergab, die mein Onkel so sorgfältig notiert hatte?

Am 1. März – unserem 28. Februar – hatte das Erdbeben stattgefunden, und Sturm war aufgekommen. Aus Dunedin brach ganz plötzlich die *Alert* auf, als hätte sie einen Befehl von oben erhalten, und auf der anderen Seite der Erdkugel begannen Dichter und Künstler von einer merkwürdigen dumpfen Zyklopenstadt zu träumen, und der junge Bildhauer formte im Traum die Gestalt des furchtbaren Cthulhu. Am 23. März landete die Mannschaft der *Emma* auf einer unbekannten Insel, ließ dort sechs Tote; und genau zu diesem Zeitpunkt steigerten sich die Träume der sensitiven Künstler zu ihrem Höhepunkt und schwärzten sich in Furcht vor der grauenhaften Verfolgung eines titanischen Ungeheuers, und ein Architekt war wahnsinnig geworden, und ein Bildhauer war plötzlich im Delirium versunken! Und was hatte es mit diesem Sturm vom 2. April auf sich – dem Datum, da alle Träume von der feuchtkalten Stadt mit einem Male abbrachen und Wilcox unversehrt aus der Knechtschaft seines seltsamen Fiebers zurückkehrte? Was hatte all das zu bedeuten – und was die Andeutungen des alten Castro über die versunkenen, sterngeborenen *Alten* und ihre kommende Herrschaft; deren gläubige Verehrung und ihre *Beherrschung der Träume*? Wankte ich am Rande kosmischer Schrecken, die weit über die Kraft des Menschen hinausgehen? Wenn es so sein sollte, mußte das Grauen allein im Bewußtsein liegen, denn auf irgendeine Weise war die infernalische Bedrohung plötzlich abgebrochen, die begonnen hatte, von den Menschen Besitz zu ergreifen.

Noch am selben Abend, nachdem ich eiligst alles Nötige arrangiert hatte, sagte ich meinem Gastgeber Lebewohl und nahm den Zug nach San Francisco. Nach knapp einem Monat war ich in Dunedin: dort jedoch fand ich kaum etwas über die eigenartigen Kultanhänger heraus, die in den kleinen Hafenspelunken herumgelungert waren; doch stieß ich auf Andeutungen über eine Fahrt ins Landesinnere, die die Mischlinge gemacht hatten, während der man auf entfernten Hügeln schwaches Trommeln und rötliches Leuchten bemerkte.

In Auckland erfuhr ich, daß Johansen weißhaarig aus einem ergebnislosen Verhör in Sydney zurückgekehrt war, seine Wohnung in der West Street aufgegeben hatte und mit seiner Frau nach Oslo gereist war. Von seinen Erfahrungen wollte er auch Freunden nicht mehr als das erzählen, was er bereits der Admiralität zu Protokoll gegeben hatte, und alles, was man für mich tun konnte, war, mir seine Osloer Adresse zu nennen.

Danach reiste ich nach Sydney und führte fruchtlose Gespräche mit Seeleuten und Mitgliedern des Admiralsgerichtes. Ich besichtigte die *Alert*, die verkauft worden war und nun Handelszwecken diente, fand aber nichts, was mich interessiert hätte. Die hockende Statue mit dem Tintenfischkopf wurde im Hyde Park Museum aufbewahrt; ich studierte sie lange und sorgfältig und fand, daß sie von schrecklicher Vollkommenheit war, von eben dem gleichen Geheimnis, dem grausigen Alter und dem außerirdisch fremden Material, das mir bei Legrasses kleinerem Exemplar aufgefallen war. Geologen, so sagte mir der Museumsdirektor, war das ein völliges Rätsel; sie schworen, auf der Erde gebe es keinen Stein, der diesem gleiche. Mit Schaudern entsann ich mich, was der alte Castro Legrasse über die *Frühen Alten* erzählt hatte: »*Sie* kamen von den Sternen, und *Sie* brachten *Ihre* Bildnisse mit sich.«

Von innerem Aufruhr geschüttelt, wie ich ihn nie zuvor gekannt hatte, beschloß ich endlich, Johansen in Oslo aufzusuchen. Ich fuhr nach London, schiffte mich unverzüglich nach der norwegischen Hauptstadt ein und betrat an einem Herbsttag den schmucken Hafenkai im Schatten des Egebergs. Ich legte den kurzen Weg in der Droschke zurück und klopfte an die Tür eines hübschen kleinen Hauses. Eine traurig blickende Frau in Schwarz beantwortete meine Fragen, und ich war bitter enttäuscht, als ich hörte, daß Johansen tot sei.

Er habe seine Ankunft nicht lange überlebt, sagte seine Frau, denn die Geschehnisse auf See im Jahre 1925 hätten ihn zugrunde gerichtet. Auch ihr habe er nicht mehr erzählt als den anderen; er habe aber ein langes auf Englisch geschriebenes Manuskript hinterlassen, das sie nicht verstünde. Auf einem Spaziergang durch eine enge Gasse nahe den Göteborgdocks habe ihn ein Ballen Papier, der von einem Dachfenster herunterfiel, zu Boden gerissen. Zwei Lascer-Matrosen hätten ihm sofort wieder auf die Beine geholfen, aber noch vor dem Eintreffen der Ambulanz war er tot. Die Ärzte konnten keinen plausiblen Grund für sein Ableben entdecken und führten es auf Herzschwäche zurück.

Ich überzeugte die Witwe von meiner engen Beziehung zu ihrem toten Gatten, so daß sie mir das Manuskript zu treuen Händen übergab; ich nahm das Dokument mit mir und begann es gleich während der Überfahrt nach London zu lesen.

Es war eine einfache, eher zusammenhanglose Geschichte – der naive Versuch eines nachträglichen Tagebuchs –, und sie bemühte sich, jeden Tag dieser letzten schrecklichen Reise zurückzurufen. Ich will nicht versuchen, sie wörtlich in ihrer ganzen Unklarheit und Weitschweifigkeit wiederzugeben, aber ich werde das Wesentliche daraus zusammenfassen, um zu zeigen, warum das Klatschen des Wassers gegen die Wände der Yacht für mich so unerträglich wurde, daß ich mir die Ohren verstopfte.

Johansen wußte Gott sei Dank nicht alles, obwohl er die Stadt und das Ding erblickt hatte; ich aber werde nie wieder ruhig schlafen können, wenn ich an das Grauen denke, das unaufhörlich hinter dem Leben in Zeit und Raum lauert, und an jene unerhörten Blasphemien von den alten Sternen, die im Ozean träumen; verehrt und angebetet durch einen Alptraum von Kult, der jederzeit bereit ist, es zu befreien und auf die Welt loszulassen, wenn je wieder ein Erdbeben seine monströse Felsstadt zu Sonne und Licht erhebt.

Johansens Reise hatte begonnen, wie er es der Admiralität berichtet hatte. Die *Emma* hatte mit Fracht am 20. Februar Auckland verlassen und war in die volle Gewalt des erdbebengeborenen Sturmes geraten, der aus dem Grunde des Meers die Schrecken emporgeholt hatte, die sich in die Träume der Menschen fraßen. Als man das Schiff wieder unter Kontrolle bekommen hatte, segelten sie auf neuem Kurs weiter, bis sie am 22. März von der *Alert* aufgehalten wurden. Von den dunkelhäutigen Kultteufeln spricht der Maat nur mit äußerstem Ekel. Irgendeine Scheußlichkeit war um sie, die ihre Vernichtung fast zur Pflicht machte, und Johansen zeigt aufrichtiges Erstaunen, als man ihm im Lauf der Verhandlung Grausamkeit vorwirft. Dann, als Neugierde sie unter Johansens Kommando auf der gekaperten Yacht weitersegeln läßt, erblicken die Männer eine große steinerne Säule, die aus dem Meer herausragt, und in 47° 9′ südl. Breite und 126° 43′ westl. Länge stoßen sie auf die Umrisse schlamm-, schlick- und tangverwesten Quaderwerks zyklopischer Ausmaße, das nichts anderes ist als das greifbare Grauen, das die Erde nur einmal aufzuweisen hat – die schreckgespenstische Leichenstadt R'lyeh, die unabsehbare Äonen vor der Geschichte von jenen grausenhaften Riesen errichtet wurde, die von dunklen Sternen zur Erde stiegen. Hier ruhten der große Cthulhu und seine Horden in grünschleimigen Gewölben, und von hier aus sendeten sie schließlich nach unmeßbaren Jahrtausenden jene Gedanken, die in den Träumen der Empfindsamen Furcht und Grauen verbreiteten und die Gläubigen gebieterisch zur Pilgerschaft zu ihrer Befreiung und Wiedereinsetzung befahlen. All das ahnte Johansen nicht, aber, weiß Gott, er sah genug!

Ich vermute, daß tatsächlich nur eine einzelne Bergkuppe, die grausige monolithgekrönte Zitadelle, in der der große

Cthulhu begraben lag, aus den Fluten herausragte. Wenn ich an die Ausmaße all dessen denke, was da unten im verborgenen schlummern mag, wünschte ich fast, mich auf der Stelle umzubringen. Johansen und seine Leute waren vor der kosmischen Majestät dieses triefenden Babels alter Dämonen von panischer Furcht ergriffen, und sie ahnten, daß dies nicht von diesem oder irgendeinem anderen heilen Planeten stammen konnte. Horror vor der unglaublichen Größe der grünlichen Steinblöcke, vor der schwindelerregenden Höhe des großen gemeißelten Monolithen und vor der verblüffenden Ähnlichkeit der mächtigen Statuen und Basreliefs mit dem befremdlichen Bildnis, das sie auf der Alert gefunden hatten, ist in jeder Zeile der angstvollen Beschreibung nur zu deutlich spürbar.

Ohne zu wissen, was Futurismus ist, kam Johansen dem sehr nahe, als er von der Stadt sprach; denn anstatt irgendeine präzise Struktur oder ein Gebäude zu beschreiben, verweilt er nur bei Eindrücken weiter Winkel und Steinoberflächen – Oberflächen, die zu groß waren, um von dieser Erde zu sein; unselig, mit schauderhaften Bildern und blasphemischen Hieroglyphen bedeckt. Ich erwähne seine Bemerkung über die Winkel deshalb, weil sie auf etwas hinweist, das Wilcox mir aus seinen Schreckensträumen erzählt hatte. Er hatte gesagt: die Geometrie der Traumstädte, die er sah, sei abnorm, un-euklidisch und in ekelhafter Weise von Sphären und Dimensionen erfüllt gewesen, die fern von den unseren seien. Nun fühlte ein einfacher Seemann dasselbe, da er auf die schaudervolle Realität blickte.

Johansen und seine Leute gelangten über eine ansteigende Sandbank in diese monströse Akropolis, und sie erklommen titanische, von schlüpfrigem, grauenhaft grünem Tang überwucherte Blöcke, die niemals eine Treppe für Menschenmaß gewesen sein konnten. Sogar die Sonne am Himmel schien verzerrt, als sie durch das polarisierte Miasma strahlte, das aus diesen widernatürlichen Wässern wie Gift hochstieg; und fratzenhafte Bedrohung und Spannung grinste boshaft aus diesen trügerischen Ecken und Winkeln der behauenen

Felsen, die auf den ersten Blick konkav erschienen und auf den zweiten konvex.

Furcht hatte alle Abenteurer ergriffen, noch bevor sie etwas anderes als nur Felsen, Schlick und Tang erblickt hatten. Jeder von ihnen wäre lieber geflüchtet, hätte er nicht die Verachtung der anderen gescheut; und nur mit halbem Herzen suchten sie – vergeblich, wie sich herausstellte – nach irgendeinem beweglichen Objekt, das sie als Andenken hätten mitnehmen können.

Rodriguez der Portugiese war es, der den Sockel des Monolithen erkletterte und herunterrief, was er entdeckt habe. Die übrigen folgten ihm und schauten neugierig auf die gewaltige gemeißelte Tür mit dem nun schon bekannten Oktopus – oder drachenähnlichen als Basrelief gehauenen Bildwerk. Sie war, so berichtet Johansen, wie ein großes Scheunentor; und alle fühlten, daß es sich um eine Tür handeln müsse wegen der verzierten Schwellen und Pfosten, die sie umgaben, doch sie konnten sich nicht klar darüber werden, ob sie flach wie eine Falltüre oder schrägliegend wie eine im Freien befindliche Kellertür war. Wie Wilcox gesagt haben würde: die Geometrie dieses Ortes war völlig verkehrt. Sie wußten nicht genau, ob das Meer und der Grund, auf dem sie sich bewegten, in der Horizontale lagen, infolgedessen war die relative Position alles übrigen auf phantastische Weise variabel.

Briden drückte an mehreren Stellen auf dem Stein herum, doch ohne Ergebnis. Dann tastete Donovan sorgfältig die Ränder ab und befühlte jeden einzelnen Punkt. Er kletterte an diesem grotesken Steingebilde unendlich hoch – das heißt, wenn man es klettern nennen wollte – vielleicht war das Ding am Ende doch horizontal? – und alle Männer fragten sich, wie es eine so hohe Tür im Universum überhaupt geben könne. Da begann plötzlich die mehrere *acres* große Tür ganz sanft und leise am oberen Ende nachzugeben; und sie sahen, daß sie ausbalanciert war. Donovan glitt die Pfosten herunter und beobachtete zusammen mit seinen Kameraden das unheimliche Zurückweichen des monströsen Portals. In dieser verrückten prismatischen Verzerrung bewegte sie sich völlig pervers, in einer Diagonale, und alle Regeln von Materie und Perspektive schienen auf dem Kopf zu stehen.

Die Öffnung war tiefschwarz, von einer Dunkelheit, die fast stofflich war. Diese Finsternis war tatsächlich von *positiver Qualität*; sie quoll wie Rauch aus ihrem jahrtausendealten Gefängnis heraus und verdunkelte sichtbar die Sonne, als sie mit schlagenden häutigen Flügeln dem zurückweichenden Himmel entgegenkroch. Der Geruch, der aus den frischgeöffneten Tiefen drang, war unerträglich. Schließlich glaubte der feinhörige Hawkins ein ekelhaft schlurfendes Geräusch dort unten zu vernehmen. Jeder lauschte, lauschte noch immer, als ES sabbernd hervortappte und tastend seine gallertartige grüne Masse durch die schwarze Öffnung in die durchgiftete Luft dieser wahnsinnigen Stadt preßte.

Die Handschrift des armen Johansen versagte fast, da er dies beschrieb. Zwei der sechs Männer, die das Schiff nie wieder erreichten, starben in diesem verfluchten Augenblick, wahrscheinlich aus reinem Grauen. Das *Ding* kann unmöglich beschrieben werden – es gibt keine Sprache für solche Abgründe brüllenden unvorstellbaren Irrsinns, für diese Verneinung von Materie, kosmischer Gültigkeit und Ordnung. Ein Berg bewegte sich wie eine Qualle, stolperte schlingernd einher. O Gott! war es da zu verwundern, daß auf der anderen Seite der Erde ein großer Architekt verrückt wurde und der unglückliche Wilcox in diesem telepathischen Augenblick im Fieber raste? Das *Ding* der Idole, das schleimgrüne klebrige Gezücht der Sterne, war aufgestanden, um sein Recht zu beanspruchen. Die Planeten standen wieder in der richtigen Position, und was ein jahrtausendealter Kult vergeblich beabsichtigt hatte, das hatte durch Zufall ein Haufen nichtsahnender Seeleute vollbracht. Nach Vigintillionen Jahren erblickte der große Cthulhu zum erstenmal wieder das Licht, und er raste vor Lust.

Drei der Leute wurden von den glitschigen Fängen verschlungen, noch bevor sich jemand bewegte. Gott möge ihnen Frieden schenken – wenn es irgendeinen Frieden im Universum gibt! Es waren Donovan, Guerrera und Angström. Parker glitt aus, als die übrigen drei in panischem Schrecken über endlose Flächen grünverkrusteter Felsen zum Boot stürzten, und Johansen geht jeden Eid ein, daß er von einem Winkel in dem Quaderwerk verschluckt wurde, den es eigentlich gar nicht hätte geben dürfen; einem Winkel, der spitz war, aber alle Eigenschaften eines stumpfen besaß. So erreichten nur Briden und Johansen das Boot, und sie ruderten verzweifelt auf die *Alert* zu, als sich das gebirgige monströse Schleimding die glitschigen Felsen herunterplumpsen ließ und zögernd im seichten Wasser umherwatete. Es war nur das Werk von ein paar Sekunden, fieberhaftes Hin- und Herhasten zwischen Dampfkesseln und Steuerhaus, um die *Alert* flottzumachen; langsam begann sie inmitten dieser grauenhaften unbeschreiblichen Szene die lethalen Gewässer aufzuwühlen; während auf den Felsblöcken dieser Leichenküste, die nicht von dieser Welt war, das *Ding* von den unseligen Sternen geiferte und sabberte und grunzte wie Polyphem, der das fliehende Boot des Odysseus verfluchte. Dann glitt der große Cthulhu, verwegener als der historische Kyklops, schleimig ins Wasser und machte sich mit wellenaufwühlenden Schlägen von kosmischer Gewalt auf die Verfolgung. Briden verlor den Verstand, als er zurückschaute, und wurde von wildem Lachen geschüttelt, das erst sein Tod eines Nachts beendete, während Johansen wie im Delirium auf dem Schiff herumirrte.

Aber Johansen hatte noch nicht aufgegeben. Er wußte, daß das *Ding* die *Alert* leicht überholen konnte, auch wenn die Yacht das Letzte hergab; er wußte, daß er nur eine einzige Chance hatte; und er ging mit dem Schiff auf volle Geschwindigkeit und riß das Steuer herum. Da die aufgewühlte See schäumte und wirbelte und der Dampf höher und höher stieg, lenkte der wackere Norweger den Bug des Schiffes geradewegs gegen die ihn verfolgende Gallertmasse, die sich aus diesem unreinen Schaum wie das Heck einer grausigen Galleone erhob. Der scheußliche Tintenfischkopf mit den wühlenden Armen berührte schon fast den Bugspriet der Yacht, aber Johansen steuerte unnachgiebig weiter.

Es folgte ein Bersten wie von einer Blase, die birst, eine schlammige eitergelbe Ekligkeit wie die eines geplatzten Mondfisches, ein Gestank wie aus Millionen offenen Gräbern und ein Geräusch, das zu beschreiben sich die Feder des Chronisten sträubt. Für einen Augenblick war das Schiff von einer beißenden und blindmachenden grünen Wolke eingehüllt; dann wallte es achterwärts giftig auf, wo – Gott im Himmel – die versprengte Plastizität dieser namenlosen Himmelsbrut sich nebelhaft wieder zu seiner verhaßten ursprünglichen Gestalt zusammensetzte, während sich die Distanz mit jedem Augenblick vergrößerte und die *Alert* neuen Antrieb aus dem hochsteigenden Dampf erhielt.

Das war alles. Danach brütete Johansen bloß noch über dem Götzenbild in der Schiffskabine, nahm kaum etwas zu sich und schenkte dem lachenden Irren an seiner Seite wenig Aufmerksamkeit. Er versuchte gar nicht mehr, das Schiff zu steuern, denn der Umschwung hatte irgend etwas in seinem Inneren zerstört. Dann kam der Sturm vom 2. April, und hier verdichteten sich die Wolken in seinem Erinnerungsvermögen. Er weiß nur von gespenstischem Wirbeln durch die Strudel der Unendlichkeit, von schwindelerregenden Ritten auf Kometenschweifen durch schwankende Welten und von hysterischen Stürzen vom Mond in die höllischen Abgründe und zurück aus den Tiefen auf den Mond; all das begleitet vom brüllenden Gelächter der ausgelassenen *Alten Götter* und der grünen fledermausflügeligen spottenden Teufel des Tartarus.

Rettung aus diesen Träumen kam durch die *Vigilant*, das Admiralitätsgericht, die Straßen von Dunedin und die lange Reise heimwärts, in sein Haus am Egeberg. Er konnte einfach nichts erzählen – man würde ihn für verrückt halten. Er wollte aufschreiben, was er wußte, bevor der Tod zu ihm kam; aber seine Frau durfte nichts erfahren. Der Tod war ja eine Gnade, wenn er nur diese Erinnerungen auslöschen konnte.

Das war das Dokument, das ich las, und nun liegt es in der

Kassette neben dem Basrelief und Prof. Angells Papieren. Meine eigene Niederschrift werde ich hinzufügen – diesen Beweis meiner Zurechnungsfähigkeit, in dem ich aneinanderfügte, was, wie ich hoffe, nie wieder jemand aneinanderfügen wird. Ich habe gesehen, was das Universum nur an Grauenvollem besitzt, und danach müssen mir selbst der Frühlingshimmel und die Sommerblumen vergiftet sein. Aber ich glaube nicht, daß ich noch lange leben werde. Wie mein Großonkel ging, wie Johansen ging, so werde auch ich gehen. Ich weiß zuviel, und der Kult ist noch lebendig.

Und Cthulhu lebt noch – wie ich annehme –, wieder in dem steinernen Abgrund, der ihn schützt seit der Zeit, da die Sonne jung war. Seine verfluchte Stadt ist wieder versunken, denn die *Vigilant* segelte nach dem Aprilsturm über die Stelle hinweg; aber seine Diener auf Erden heulen, tanzen und morden noch immer in abgelegenen Wäldern um götzengekrönte Monolithen. *Er* muß beim Untertauchen wieder in seiner schwarzschlündigen Versenkung verschwunden sein, sonst würde jetzt die Welt in Furcht und Schrecken rasen. Wer weiß das Ende? Was aufstieg, kann wieder untergehen, und was versank, kann wieder erscheinen. Grauenvolles wartet und träumt in der Tiefe, und Fäulnis kommt über die wankenden Städte der Menschen. Es wird eine Zeit geben – aber ich darf und kann daran nicht denken! Ich bete darum, daß, falls ich das Manuskript nicht überleben sollte, meine Testamentsvollstrecker Vorsicht und Wagemut walten lassen und dafür sorgen, daß kein anderes Auge es je erblickt.

Dino Buzzati
Die Einweihung

Die Einweihung der neuen, sechsundachtzig Kilometer langen Straße, die San Piero mit der Hauptstadt verbinden sollte, war schon vor langer Zeit auf den 20. Juni festgesetzt worden. Die 40 000 Einwohner zählende Stadt lag fast an den Grenzen des Reiches, inmitten unbewohnter Heide und in völliger Einsamkeit. Die Arbeiten waren schon unter dem früheren Gouverneur begonnen worden. Der neue, der erst seit zwei Monaten sein Amt inne hatte, zeigte kein übergroßes Interesse für das Unternehmen und ließ sich deshalb auch bei den Feierlichkeiten von seinem Innenminister, dem Grafen Carlo Mortimer, vertreten.

Die Einweihungsfahrt wurde organisiert, obgleich die Straße noch nicht vollständig fertiggestellt war und die letzten zwanzig Kilometer gegen San Piero zu nur primitiv verbessert werden konnten. Der leitende Ingenieur garantierte, daß die Straße rechtzeitig bis zur Stadt durchgeführt und befahrbar sein würde. Die Bevölkerung von San Piero hatte zudem mit zu großer Begeisterung auf diesen Tag gewartet, als daß man an ein Verschieben der Feierlichkeit denken konnte. Am 1. Juni trafen in der Hauptstadt Brieftauben mit Ergebenheitsbeteuerungen für den Gouverneur und mit der Mitteilung ein, daß in San Piero große Feierlichkeiten vorbereitet worden seien.

So setzte sich denn der Einweihungsfestzug am 19. Juni in Bewegung. Er bestand aus einem Fähnlein der berittenen Wache und vier Wagen. Im ersten hatten Graf Mortimer und sein Sekretär Vasco Detui Platz genommen, außerdem der Inspektor der öffentlichen Arbeiten Vincenzo Lagosi (Vater jenes Lagosi, der später in der Schlacht von Riante den Heldentod finden sollte) und der Ingenieur Franco Mazzaroli, der den Bau der Straße geleitet hatte. Im zweiten Wagen saßen der General Antes Lequoz und seine Gattin, eine mutige, aber etwas wunderliche Dame, mit zwei Beamten der Regierung. Im dritten der Zeremonienmeister Don Diego Crampi mit seiner Frau und dem noch sehr jungen Arzt Gerolamo Attesi. Der vierte war für die Dienstboten und für Lebensmittel bestimmt, da man nicht damit rechnen konnte, während der Fahrt etwas kaufen zu können.

Bis zu dem kleinen Dorf Passo Terne, wo die Gesellschaft übernachtete, ging die Reise glatt vor sich. Für den nächsten Tag blieben also nur noch dreißig Kilometer übrig, von denen man wahrscheinlich zwanzig wegen der schon erwähnten Unvollständigkeit der Straße im Schritt zurücklegen mußte. Um die kühlen Morgenstunden auszunützen, fuhr man um 6 Uhr früh weiter. Alle waren feierlich gestimmt, obwohl die Gegend, durch die sie jetzt fuhren, besonders trostlos war. Eine von der Sonne ausgedörrte Ebene dehnte sich, nur hier und da von roten, hohen Sandhügeln unterbrochen, vor ihnen aus. Der Baumwuchs wurde immer spärlicher und seltener, die menschlichen Behausungen ebenfalls. Sie sahen nur dann und wann kleine Bretterhütten, die den Straßenarbeitern zum Aufenthalt gedient hatten.

Nach einer Stunde zügigen Trabens kamen die Reisenden an die Stelle, wo die Straße unvollständig, unregelmäßig und schmal wurde und der Boden steinig und uneben. Um eine primitive Ehrenpforte geschart, die mit Zweigen und bunten Tüchern geschmückt war, warteten hier viele Arbeiter auf sie. Die Pferde wurden nun zu einer gemäßigten Gangart gezwungen, doch die Wagen fingen trotz ihrer stabilen Bauart an zu schwanken und zu knarren. Es war drückend heiß und in der unbeweglichen Luft hingen feuchte Schwaden. Die Landschaft, eine weite rötliche Ebene, die sich bis zum Horizont hinzog, wurde immer weniger anziehend.

Mühselig schleppten sich die Gespräche in den Wagen hin, denn die Reisenden standen unter dem Druck einer bleiernen Müdigkeit. Nur Graf Mortimer schien unruhig und schaute unverwandt vor sich auf die Straße, die von Meter zu Meter unwegsamer wurde.

Plötzlich hielt der dritte Wagen schwankend an; ein Rad war in einem tiefen Loch steckengeblieben und löste sich bald ganz unter den vergeblichen Versuchen, es wieder zu befreien. So mußten der Zeremonienmeister, seine Gattin, der Sekretär und der Arzt in den anderen Wagen untergebracht werden.

Zwei Stunden dauerte dieses mühselige Fahren nun schon. Es konnte also nicht mehr viel weiter als zehn Kilometer bis San Piero sein, als auch der erste Wagen nach einigen heftigen Stößen anhielt. Der Kutscher war auf dem Bock eingenickt und hatte nicht rechtzeitig bemerkt, daß die Beschotterung aufgehört hatte und die Straße sich plötzlich in ein steiniges und aufgewühltes Terrain verlor. Ein Pferd war dabei unglücklich gefallen und der Wagen selbst beinahe umgestürzt.

Alle stiegen aus und blieben blaß und betroffen stehen: jede Spur einer Straße hörte an dieser Stelle auf, ja weiter vorne war nicht einmal das leiseste Anzeichen irgendwelcher Arbeiten zu sehen. Empört rief Mortimer nach dem verantwortlichen Bauleiter, aber Mazzaroli war auf unerklärliche Weise verschwunden.

Eine undefinierbare Angst bemächtigte sich aller; doch als sich Mortimer überzeugt hatte, daß Mazzaroli nicht mehr herbeizuschaffen war und es unter diesen Umständen müßig sei, über seinen schamlosen Wortbruch zu schelten, schickte er einen Mann von der Wache zu einem kleinen Haus, das ungefähr dreihundert Meter entfernt hoch an einem steil aufsteigenden Felsen lag. Dort wohnte ein alter Mann, der zu Mortimer geführt wurde.

Er sagte aus, daß er, was die Straße betreffe, auch nichts weiter zu vermelden hätte. San Piero aber, welches er vor zwanzig Jahren das letztemal besucht habe, liege noch zwei gute Wegstunden entfernt, und um dahin zu gelangen, müsse man jenes felsige Hochplateau übersteigen, das sich gegen den Horizont abhob. Dann sei noch ein Moor zu umgehen.

Er fügte auch hinzu, daß die ganze Gegend vollständig unbewohnt sei und daß es keine Wege gebe.

Das war eine solche Ungeheuerlichkeit, daß alle, auch Mortimer, vernichtet schwiegen. Vollständig unerklärlich blieb nur die Tatsache, daß die Straße wie abgebrochen endete und weithin auch nicht die geringste Spur begonnener Arbeit, und seien es auch nur ein paar weggewälzte Steine, zu sehen war. Nach einer Weile des Nachdenkens schien es deshalb allen die beste Lösung, schleunigst umzukehren und zu versuchen, den drohenden Skandal zu ersticken und die Verantwortlichen zu bestrafen.

Zur Verwunderung aller jedoch erklärte plötzlich Mortimer mit erhobener Stimme, daß er fest entschlossen sei, den Weg fortzusetzen, und zwar zu Fuß, da er nicht reiten könne. In San Piero erwarte ihn die Bevölkerung, arme Leute, die sich in Unkosten gestürzt hätten, um ihn würdig zu empfangen. Die anderen möchten ruhig umkehren, er aber habe eine Pflicht zu erfüllen.

Alle Anstrengungen, ihn von seinem Vorhaben abzubringen, waren erfolglos. So setzten sich denn gegen Mittag die Repräsentanten der Behörden, die sich verpflichtet fühlten, dem Minister zu folgen, wieder in Marsch. Die Wache mit dem Proviant ritt voraus. Nur die beiden Damen kehrten mit dem Wagen in die Stadt zurück.

Auf der Heide herrschte eine schreckliche Hitze, der Boden war steinhart und hatte riesige Sprünge. Unendlich langsam und mühselig bewegte sich die Gruppe vorwärts. Die Galaschuhe, die die Herren trugen, waren wenig für dieses unebene Terrain geeignet, und keiner wagte seine gefütterte und mit Orden behangene Uniformjacke auszuziehen, da Mortimer scheinbar mühelos und unbekümmert voranschritt.

Der Marsch dauerte schon fast eine Stunde, als der Kommandant der Wache dem Minister mitteilte, daß die Pferde sich ohne erkennbaren Grund weigerten, weiter zu gehen, ja daß sie sich sogar lieber mit den Sporen traktieren ließen, als auch nur einen Schritt vorwärts zu tun.

Diesmal stieg der Zorn in Mortimer auf, und er ordnete

an, daß die Wache, mit Ausnahme von vier Soldaten, die die Gesellschaft begleiten sollten, auf eigene Faust zurückreiten könne.

Gegen zwei Uhr am Nachmittag kamen sie an eine verfallene Hütte. Einem Bauern war es hier, wer weiß wie, gelungen, ein kleines Stück Erde fruchtbar zu machen und ein paar Ziegen aufzuziehen, deren Milch die durstenden und niedergeschlagenen Reisenden erquickte. Doch das Aufatmen war nur von kurzer Dauer, denn der Mann erklärte, daß man San Piero unmöglich in weniger als vier Stunden, und das auch nur bei guter Gangart, erreichen könne.

Die auf unerklärliche Weise unterbrochene Straße, die trostlose Heide, dieses San Piero, das sich immer weiter zu entfernen schien, alles zusammen stürzte die Begleiter Mortimers in tiefe Mutlosigkeit. Sie umringten den Minister und flehten ihn an, auf seinen Plan zu verzichten. Es sei höchste Zeit, diesen Alptraum abzuschütteln. Die Gefahr, sich in dieser Einöde zu verirren, sei groß, und wer würde ihnen dann Hilfe leisten können? Ohne Zweifel stehe ihr Vorhaben unter einem dunklen Fluch, von dessen Art und Anlaß sie allerdings nichts wissen könnten; aber es wäre gewiß besser zu fliehen, und zwar so schnell wie möglich, ohne noch eine Minute Zeit zu verlieren.

Da erklärte Mortimer, die Reise allein weiterführen zu wollen. Ein unwiderruflicher Entschluß sprach aus seinen Augen. Nachdem er sich ein Bündel mit Eßwaren und eine Flasche Wasser hatte geben lassen, verließ er mit langen Schritten die Hütte und wanderte auf das steinige Hochland zu, von dem – so hatte der Bauer versichert – die Türme und Zinnen von San Piero deutlich zu sehen sein sollten. Einige Minuten lang wagte keiner zu atmen, dann standen zwei von ihnen auf und folgten dem Minister: Vasco Detui, sein Sekretär, und der junge Arzt Attesi. Sie rechneten damit, noch vor Dunkelwerden anzukommen.

Schweigend, mit schmerzenden Füßen schritten die drei auf rauhem, steinigem Boden unter der erbarmungslosen Sonne dahin. Nach zwei Stunden waren sie endlich auf der felsigen Hochebene angelangt, aber sie konnten San Piero nicht sehen. Dichter Nebel verhinderte die Sicht.

Angstvoll hielten sie nach dem Umriß eines Kirchturmes Ausschau, aber es war vergeblich, vor ihnen lag nichts als gestaltloser Nebel. Entweder hatten sie einen Umweg gemacht oder die Geschwindigkeit ihres Marsches mit allzu großem Optimismus berechnet, viel konnte aber auf alle Fälle nicht mehr bis zum Ziele fehlen.

Die Sonne neigte sich schon zum Untergang, als den dreien ein alter Mann auf einem Esel entgegenritt. Auf Befragen erklärte er, daß er von seinem Anwesen komme, das hier in der Nähe liege, und daß er in Passo Terne Besorgungen zu machen habe.

»Ist es noch sehr weit nach San Piero?« fragte Mortimer.

»San Piero?« wiederholte der Alte, als habe er nicht richtig verstanden.

»Ja aber, bei Gott, den Ort San Piero wirst du doch wohl kennen?«

»San Piero?« sagte der Alte wie im Selbstgespräch. »Sie haben recht, mein Herr, der Name ist mir nicht ganz unbekannt. Ja (fügte er nach einer Pause hinzu), jetzt erinnere ich mich, daß mir mein Vater einmal von einer Stadt erzählt hat, die dort (und er zeigte mit der Hand zum Horizont) liegen soll, eine große Stadt mit einem ähnlich klingenden Namen. Wie sagten Sie doch? San Piero oder San Pedro. Aber eigentlich habe ich nie recht daran geglaubt.«

Damit entfernte sich der Alte auf seinem Esel. Schweigend ließen sich die drei Männer auf die Steine nieder. Keiner wagte, als erster die Stille zu durchbrechen. So kam langsam die Nacht heran.

Endlich sprach Mortimer, und seine Stimme klang aus der Dunkelheit, als komme sie aus großer Ferne:

»Liebe Freunde, ihr habt schon zuviel für mich getan. Sowie der Tag anbricht, macht ihr euch wieder auf den Heimweg. Ich werde noch weiter gehen. Zwar komme ich zu spät, aber ich möchte doch nicht, daß die Leute von San Piero ganz umsonst gewartet haben.«

Später erzählten Detui und Attesi, daß am nächsten Morgen ein kräftiger Wind die Nebel aus der Ebene gefegt habe, ohne daß aber die ersehnten Häuser von San Piero zum Vorschein gekommen wären. Mortimer blieb jedoch all ihren Bitten gegenüber taub und beharrte darauf, allein die Reise durch die kahle, anscheinend endlose Wüste nach dem trostlosen Horizont fortzusetzen.

Sie sahen ihn mit langsamen, aber entschiedenen Schritten zwischen den dürren Sträuchern und spitzen Steinen dahingehen, bis er ihren Blicken entschwand. Zwei- oder dreimal noch schien es ihnen, als sähen sie ein Aufblitzen: das Flimmern der Sonne auf den Knöpfen seiner Uniform.

Quellennachweis

I

Der Untergang von Sodom. Aus: Die Bibel. Nach der deutschen Übersetzung Martin Luthers. Evangelische Haupt-Bibelgesellschaft zu Berlin o. J.

Gustav Schwab: Deukalion und Pyrrha. Philemon und Baucis. Aus: Schwab, Das Goldene Vlies. Die schönsten Sagen des klassischen Altertums I. Aufbau-Verlag Berlin und Weimar 1974

Platon: Atlantis. Aus: Platons Dialoge. Timaios und Kritias. Übersetzt und erläutert von Otto Apelt. 2., durchgesehene Auflage, Felix Meiner Verlag, Leipzig 1922. Vgl. auch die neue Übersetzung von Hans G. Zekl in der »Philosophischen Bibliothek«, Band 444, Felix Meiner Verlag 1992

Plinius der Jüngere: Der Untergang von Pompeji. Zwei Briefe. Aus: Plinius der Jüngere, Briefe in einem Band. Hrsg. und übersetzt von Werner Krenkel. Aufbau-Verlag Berlin und Weimar 1984

II

Karl Müllenhoff: Flutsagen von Nord- und Ostsee. Aus: Müllenhoff, Sagen, Märchen und Lieder der Herzogtümer Schleswig, Holstein und Lauenburg. Neue Ausgabe besorgt von Otto Mensing. Verlag Julius Bergas, Schleswig 1921

Theodor Storm: Eine Halligfahrt. Aus: Storm, Sämtliche Werke in vier Bänden. Hrsg. von Peter Goldammer. 7., überarbeitete Auflage, Aufbau-Verlag Berlin und Weimar 1992, Band 2

Detlev von Liliencron: Trutz, Blanke Hans. Aus: Liliencron, Gesammelte Werke, Band 2: Gedichte. 4. Auflage, Berlin: Schuster & Loeffler 1914

Heinrich Heine: Strandgang. Seegespenst. Aus: Heine, Werke und Briefe. Hrsg. von Hans Kaufmann. Band 3: Reisebilder, und Band 1: Gedichte. Buch der Lieder. Die Nordsee. Erster Zyklus. 3. Auflage, Aufbau-Verlag Berlin und Weimar 1980

Albert Burkhardt: Vineta, die Stadt auf dem Meeresgrund. Aus: Vineta. Sagen und Märchen vom Ostseestrand. Hrsg. von Albert Burkhardt. 3. Auflage, Hinstorff Verlag Rostock 1969

Wilhelm Müller: Vineta. Aus: Müller, Gedichte. Hrsg. von James Taft Hatfield. Berlin: B. Behr's Verlag 1906

Selma Lagerlöf: Die Stadt auf dem Meeresgrunde. Aus: Lagerlöf, Wunderbare Reise des kleinen Nils Holgersson mit den Wildgänsen. Aus dem Schwedischen übersetzt von Pauline Klaiber-Gottschau. © 1948 by Nymphenburger Verlag in der F. A. Herbig Verlagsbuchhandlung GmbH, München

Ludwig Uhland, Das versunkene Kloster. Aus: Uhland, Gedichte. Hrsg. von Erich Schmidt und Julius Hartmann. Band 1, Stuttgart: Verlag der J. G. Cottaschen Buchhandlung 1898

Flutsagen aus dem Binnenland: Das traurige Schicksal der schönen Königstochter Meredith. Aus: Märchen. Ausgewählt und aus dem Englischen übersetzt von Helga Gebert. © 1987 Beltz Verlag, Weinheim und Basel, Programm Beltz & Gelberg, Weinheim – Das versunkene Kloster. Aus: Sagen aus Baden und der Umgegend. Baden-Baden: Verlag von D. R. Marx 1854 – Der Titisee. Aus: Alemannische Sagen. Hrsg. von Ulf Diederichs und Christa Hinze. © 1984 Eugen Diederichs Verlag, München – Der Bodenlose See: Aus: Schwäbische Volkssagen. Hrsg. von Friedrich Heinz Schmidt-Ebhausen. Stuttgart: Verlag W. Kohlhammer 1966 – Der Drachensee; Die Seaba. Aus: Deutsche Alpensagen. Gesammelt und hrsg. von Johann Nepomuk Ritter von Alpenburg. Wien: Wilhelm Braumüller 1861 – Das versunkene Schloß bei Dubring. Aus: Sagen der Lausitz. Eine Auswahl. Bautzen: Domowina-Verlag 1965 – Seeburger See. Aus: Die deutschen Sagen der Brüder Grimm. Erster Teil. Ortssagen. Hrsg. von Hermann Schneider. Berlin – Leipzig: Deutsches Verlagshaus Bong & Co. o. J. – Die Jungfrauen und das Rote Moor. Aus: Sagen und Geschichten aus Hessen. Hrsg. von Waltari Bergmann, Ernst Schad, Horst Tunger. 2. Auflage, Frankfurt a. M. – Berlin – Bonn – München: Verlag Moritz Diesterweg 1966

Friedrich Gerstäcker: Germelshausen. Aus: Die Toten sind unersätt-
lich. Gespenstergeschichten. Ausgewählt von Hans-Joachim Kruse.
Aufbau-Verlag Berlin und Weimar 1986

III

Heinrich von Kleist: Das Erdbeben in Chili. Aus: Kleist, Werke und
Briefe in vier Bänden. Hrsg. von Siegfried Streller in Zusammen-
arbeit mit Peter Goldammer und Wolfgang Barthel, Anita Golz,
Rudolf Loch. Band 3, 4. Auflage, Berlin: Aufbau-Verlag 1995

Arno Schmidt: Öreland. Aus: Schmidt, Brand's Haide. © 1951 by
Rowohlt Verlag GmbH, Hamburg. Alle Rechte vorbehalten S. Fischer Verlag GmbH, Frankfurt am Main

Manfred Hausmann: Soest. Aus: Hausmann, Jahre des Lebens. Gedichte. © 1974 Neukirchener Verlag, Neukirchen-Vluyn

Christa Reinig: die steine von finisterre. Aus: Reinig, Sämtliche Gedichte. © 1984 Verlag Eremiten-Presse, Düsseldorf

Michael Ende: Das versunkene Königreich. Aus: Ende, Jim Knopf
und die Wilde Dreizehn. © 1962 by K. Thienemanns Verlag, Stuttgart – Wien – Bern

Heinz Risse: Die Stadt ohne Wurzeln. Aus: Risse, Die Stadt ohne
Wurzeln. Erzählungen. Ausgewählt und mit einem Nachwort von
Stephanie Risse. © Piper Verlag GmbH, München 1995

Howard Phillips Lovecraft: Cthulhus Ruf. Aus: Lovecraft, Cthulhu.
Geistergeschichten. Deutsch von H. C. Artmann. Suhrkamp 1972.
© Insel Verlag, Frankfurt am Main

Dino Buzzati: Die Einweihung. Aus: Buzzati, Der Hund, der Gott
gesehen hatte. Novellen. Aus dem Italienischen übersetzt von Ingrid
Parigi. Stuttgart: Hans E. Günther Verlag 1956. © Arnoldo Monda-
dori Editore S. p. A., Milano

A*t*V

Band 1258

Alles Liebe

Die schönsten Liebesgeschichten

Herausgegeben von Reinhard Rohn

280 Seiten
ISBN 3-7466-1258-6

Die Liebe! Wie könnten die Menschen ohne sie leben? Wie wollten die Autoren ohne sie ihre Geschichten erzählen? Mal ist die Liebe jung, mal romantisch, mal kommt sie wie ein zarter Windhauch daher, dann wieder voller Melancholie, aber nie ist die Liebe so wie beim Mal zuvor. Jede Liebe hat ihre Geschichte, und einige der schönsten sind in dieser Anthologie versammelt.

A^tV

Band 1337

Miau! Mio!

Die frechsten Katzengeschichten

Herausgegeben von Lesley O'Mara

268 Seiten
ISBN 3-7466-1337-X

Hat Ihre Katze schon mal versucht, einen Ehepartner für Sie aufzutreiben? Oder hat sie Sie gezwungen, Ihren Beruf zu wechseln? Geht Ihr flotter Kater mit Nachbars weißer Mieze fremd? Oder hat das freche Biest den Leuten vorzugaukeln versucht, daß er eigentlich ein Tiger ist? Trägt Ihre Katze gar die Schuld an einem Mord? Unsere Sammlung beweist einmal mehr, was die meisten Katzenliebhaber ohnehin längst wissen: Katzen sind den Menschen einfach überlegen! Wenn Sie Katzen mögen, werden Ihnen diese Geschichten von Mark Twain, Rudyard Kipling, Gottfried Keller, Charles Perrault, Ann Granger u.v.a. gefallen.

Band 1336

Neues vom Storch

Geschichten vom Kinderkriegen

263 Seiten
ISBN 3-7466-1336-1

Fast als hätten sie eine gewisse Scheu, sich diesem Geheimnis literarisch zu nähern, haben sich relativ wenig Autoren an Geburts-Geschichten gewagt. Einige der schönsten sind hier versammelt: Hemingway erzählt von der Indianerin oben in Kanada und Maxim Gorki von der Russin am Schwarzen Meer; Erich Loest und Irmtraus Morgner berichten vom Geborenwerden; Janusz Korczak gibt gute Ratschläge für den Umgang mit Neugeborenen; Michail Bulgakow, Arzt und Dichter, erzählt aus seiner Praxis; John Updike erinnert sich an die Zeit, als alle schwanger waren, und Christine Nöstlinger erzählt uns die Geschichte aus der Sicht des Babys.

A*t*V

Band 1393

Salto mortale!

Geschichten aus dem Zirkuszelt

Herausgegeben von Johanna von Koppenfels

256 Seiten
ISBN 3-7466-1393-0

»Was war das für ein Wunder! Butanow
empfand die Begeisterung eines Fünf-
jährigen, der zum erstenmal im Zirkus ist.
Die Übungsmanege war ganz echt: Es roch
genauso nach Sägespänen, Tieren und
Talkum. Kugeln, farbige Kegel und
schlanke Mädchen flogen durch die Luft.
Es war eine besondere, einzigartige Welt,
das spürte er mit jeder Zelle seines Körpers.«

Ljudmila Ulitzkaja

Manege frei für eine Sammlung aufregender
Texte zum schillernden Leben im Zirkus!

AtV

Band 1446

Giftige Genüsse

angerichtet von Edgar Allan Poe, Dorothy
Sayers, Arthur Conan Doyle, Ruth Rendell,
George Simenon u.a.

Zusammengestellt von Elga Abramowitz

307 Seiten
ISBN 3-7466-1446-5

Gift – ein uraltes, scheinbar bequemes
Mittel, seine Feinde, Nebenbuhler, Kon-
kurrenten aus dem Wege zu räumen.
Geradezu grenzenlose Phantasie ent-
wickeln die Täter im Mischen und Anrich-
ten von tödlich wirkenden Pülverchen,
Getränken und Speisen, und sie nutzen
die alltäglichsten Situationen oder klügeln
die seltsamsten Zufälle aus, um sie ihren
Opfern zu verabreichen. Von gelungenen
und mißglückten Giftmorden erzählen
Edgar Allan Poe, Guy de Maupassant,
Arthur Conan Doyle, Dorothy Sayers,
Aldous Huxley, Georges Simenon, Margery
Allingham, Henry Slesar, Ruth Rendell,
Roald Dahl u. a.

AtV

Band 1248

Von schwarzen Schatten schwer

Über das Glück, traurig zu sein

Herausgegeben von Johanna von Koppenfels
und Annette C. Anton

270 Seiten
ISBN 3-7466-1248-9

In der Antike bezeichnete Melancholie
einen der vier Körpersäfte, die schwarze
Galle, und damit zugleich einen krank-
haften Zustand, ein abnormes Tempera-
ment. Spätere Epochen brachten den
Melancholiker gern mit Satan in Verbindung, und erst in den letzten Jahrhunderten bekommt die Melancholie in der
Literatur jenen bittersüßen Ton, den auch
Victor Hugo noch trifft, wenn er sie mit
den Worten umschreibt: »Die Melancholie
ist das Glück, traurig zu sein.« Die in dieser
Anthologie versammelten Texte aus vier
Jahrhunderten spiegeln diese Entwicklung
in den Charakteren ihrer schwermütigen
Helden. Hinter den schwarzen Schatten,
die sie umgeben, sehen sie – und für einen
kurzen Moment auch der Leser – eine
tiefere Wahrheit.

A*t*V

Band 1343

Sammeln! Sammeln! Sammeln!

Geschichten von einer besitzergreifenden
Leidenschaft

Zusammengestellt von Tamara Trautner

191 Seiten
ISBN 3-7466-1343-4

Ob Briefmarken oder Bleistiftanspitzer,
Telefonkarten oder Teddybären, Schuhe
oder Schlümpfe, edle Weine oder Regale
voller Kinder-Überraschungen aus Schoko-
eiern – wer kennt sie nicht, jene unbändige
Sucht, immer mehr von etwas zu besitzen!
Die hier zusammengestellten Texte gehen
der Lust am Sammeln auf den Grund.
Dabei kommen klassische Schriftsteller
ebenso zu Wort wie Journalisten. Ein
bestärkendes Handbuch für Betroffene –
und das ideale Geschenk, wenn man nicht
mit dem tausendsten Bierdeckel aufwarten
will.